Herrinnen der Welt

Jürgen Kaiser

HERRINNEN DER WELT

Kaiserinnen des Hochmittelalters

Verlag Friedrich Pustet
Regensburg

Bibliografische Information der Deutschen Nationalbibliothek
Die Deutsche Nationalbibliothek verzeichnet diese Publikation in der Deutschen Nationalbibliografie; detaillierte bibliografische Angaben sind im Internet über http://dnb.d-nb.de abrufbar.

www.pustet.de

ISBN 978-3-7917-2246-7

Satz: Vollnhals Fotosatz, Neustadt a. d. Donau
Druck und Bindung: Friedrich Pustet, Regensburg
Printed in Germany 2010

Inhalt

HERRINNEN DER WELT

Unter allen Epochen deutscher Geschichte erweckt das Mittelalter bis heute das stärkste Interesse. Seit sich im 19. Jahrhundert ein eigener Wissenschaftszweig zu dessen Erforschung formierte, stehen die großen Herrschergestalten im Mittelpunkt. Erstaunlicherweise fanden ihre Gemahlinnen nur wenig Beachtung. Vielmehr projizierte die bis heute auf professoraler Ebene immer noch überwiegend männlich besetzte Historikerzunft meist ihre eigenen häuslichen Verhältnisse der im Stillen wirkenden Hausfrau und Mutter auf die Vergangenheit. Den Ehefrauen des Königs und Kaisers wurde von ihnen keine eigenständige Rolle zugebilligt. Erst in den vergangenen drei Jahrzehnten wendet sich ein Teil der Forschung nun auch ihnen zu, teils mit erstaunlichen Ergebnissen, wozu Historikerinnen einen nicht geringen Betrag geleistet haben.

Die Kaiserin erscheint nun nicht mehr als dekoratives Anhängsel ihres Gatten, die wie eine heutige Königin rein repräsentative Aufgaben wahrnahm, sondern als wichtiger Teil eines „Herrschaftsteams". Der mit Kaiserin Adelheid in der zweiten Hälfte des 10. Jahrhunderts in die Urkunden aufgenommene Titel einer *consors regni* (Mitinhaberin des Königtums) kann dank neuerer Forschung jetzt nicht mehr als inhaltsleere Ehrbezeugung abgetan werden. Vielmehr ist ein eigenständiger Aufgabenbereich erkennbar, wenn letztendlich auch immer in Abhängigkeit vom Ehemann. Hochrangigen Bittstellern wie Bischöfen und Klöstern verhalf sie beim König zum Erhalt des Gewünschten. Im Gegenzug konnte sie sich so ein eigenes, immer dichteres Netzwerk an Freunden und Helfern aufbauen, die sich für ihre Gunst irgendwann einmal revanchierten. Seit dem Tag ihrer Hochzeit begleitete die Königin und Kaiserin lebenslang ihren Mann und den Hof auf dessen dauerhafter Reise durch das hauptstadtlose Reich. Hier lernte sie allmählich alle Großen des Landes kennen und einzuschätzen, sodass sie für den König zur wichtigen Ratgeberin wurde, zumal sie als Einzige des Hofes ständig Zugang zu ihm hatte.

Einen großen Einfluss konnte sie auch auf die königliche Personalpolitik nehmen, indem sie dafür sorgte, dass einer ihrer Hofgeistlichen einen freigewordenen Bischofssitz erhielt. In Ausnahmefällen war es ihr durchaus möglich, selbst bei der Vergabe eines Herzogtums eine Entscheidung zu treffen oder anstelle ihres abwesenden Gemahls die Statthalterschaft in einem Reichsteil in seinem Namen auszuüben und dort unter anderem Gerichtssitzungen zu leiten. Darüber hinaus erwartete die mittelalterliche Gesellschaft von ihr, dafür zu sorgen, dass ihr Gemahl nicht von der in ihren Augen wichtigsten Herrschertugend, der Milde, abwich, weshalb sie es war, die ihm reuige Feinde auf Hoftagen zur Versöhnung zuführte. Doch neben all dieser politischen Wirksamkeit darf natürlich nicht die Hauptaufgabe der Königin vergessen werden, nämlich dem Reich einen gesunden männlichen Erben zu schenken.

Aufgrund der vielfältigen Aufgaben seiner künftigen Gemahlin betrieb der deutsche König als mächtigster Herrscher Europas die Auswahl seiner Braut mit äußerster Sorgfalt. Nicht selten dauerten die Verhandlungen zwischen den beteiligten Höfen und Familien jahrelang. Verlobungen oder Eheverabredungen fanden meist schon im Kindesalter der Braut statt. Diese war oftmals erheblich jünger als ihr Bräutigam, um den Zeitrahmen der Gebärfähigkeit voll auszunutzen. Mit zwölf Jahren galt die Auserwählte schon als ehefähig. Neben einem einwandfreien Stammbaum, Gebärfähigkeit und einer robusten Gesundheit erweiterten Ausbildung, Intelligenz, Frömmigkeit und ein unbefleckter Ruf das hohe Anforderungsprofil an die Braut. Die Eheschließung des Königs war keine Privatangelegenheit, sondern besiegelte ein politisches Bündnis und erfolgte daher nach Beratung und mit Zustimmung der Großen des Reiches. Zunehmende Schwierigkeiten bei der Brautwahl brachte das von der Kirche immer stärker eingeforderte Eheverbot bei zu naher Verwandtschaft, hatte doch die Heiratspolitik des Hochadels zu einer immer engeren Verflechtung der wichtigsten Familien beigetragen. Da es jedoch verschiedene Zählweisen des jeweiligen Verwandtschaftsgrades gab, standen sich oftmals die strenge Auslegung der Kirche und die etwas lockere Interpretation der beteiligten Familien gegenüber. Ein päpstlicher Ehedispens verhalf aus dieser Schwierigkeit, wenn an einer zu nahe verwandten Braut aus bestimmten Gründen unbedingt festgehalten werden sollte.

Seit dem frühen 11. Jahrhundert wurde die Königin in einem eigenständigen Zeremoniell durch den Erzbischof von Mainz oder Köln gekrönt, wobei sich der dreistufige Akt aus Weihe, Salbung und Krönung an demjenigen ihres Mannes orientierte. Wie dieser erhielt sie damit eine geistliche Weihe, was die Rolle des Königspaares als Vermittler des göttlichen Heilsplanes deutlich machen sollte. In ottonischer und vor allem salischer Zeit verstand sich der deutsche König als Stellvertreter Christi auf Erden, dem so eine ebenbürtige Gemahlin zur Seite gestellt werden sollte. Deshalb fand bei einigen Königinnen die Krönung sogar noch vor der Hochzeit statt. Zusammen mit dem König erhielt die Königin dann zu einem späteren Zeitpunkt im Petersdom in Rom durch den Papst den europäischen Spitzenrang einer Kaiserin, da sich das mittelalterliche Reich als Fortsetzung des römischen Staates verstand. Seit dem frühen 13. Jahrhundert wurde auf eine eigenständige Königinnenkrönung zugunsten einer gemeinsamen Zeremonie wieder verzichtet.

Auch wenn wir nicht allzu viel vom Alltagsleben einer deutschen Königin und Kaiserin wissen, so kann dieses im Vergleich zu ihren byzantinischen ‚Amtsschwestern' nicht allzu luxuriös gewesen sein. Da es keine Hauptstadt gab, zog der Hof sommers wie winters von Pfalz zu Pfalz quer durch die verschiedenen Reichsteile. Kam dann noch ein Zug über die Alpen nach Italien dazu, konnte sich die im Jahr zurückgelegte Strecke durchaus auf 4000 Kilometer summieren. Da die Pfalzen nur für eine gewisse Zeit dem Aufenthalt des Hofes dienten, waren sie nicht besonders aufwendig ausgestaltet. In der Regel glichen sie in ottonischer und salischer Zeit meist großen, befestigten Gutshöfen mit Kapelle und Herrenhaus. Ein Großteil des auf rund 200 Menschen geschätzten Trosses des umherziehenden Hofes musste dort gar mit Zelten vorliebnehmen. Nur an den Hoftagen, an denen sich die Großen des Reiches beim König einfanden und der meist mit einem hohen Kirchenfest verbunden war und in bedeutenderen Städten oder Pfalzen stattfand, präsentierte sich das Königspaar mit der größtmöglichen Prachtentfaltung. Da man geradezu von einer mittelalterlichen Festkultur sprechen kann, das heißt der öffentlichen Bekanntmachung politischer Beschlüsse, Bündnisse und Hierarchien mittels zeremoniell ausgeklügelter Feierlichkeiten, stand auch hier die Königin an der Seite ihres Gemahls im Mittelpunkt. Ihr kaiserlicher Rang machte sie allen anderen Königinnen des Kontinents überlegen, was sie mit ihrem Erscheinungsbild und Auftreten entsprechend zum Ausdruck brachte.

Die nicht gerade einfache Reiseplanung des umherziehenden Hofes unterstand der Königin. Als Vorsteherin des königlichen Haushalts war sie nicht nur für alle Bediensteten verantwortlich, sondern überwachte auch die Einkünfte des Hofes. Zusammen mit dem sogenannten Kämmerer musste sie für eine ausreichende Ausstattung und den Unterhalt des Hofes sorgen. Schwierig wurde es dadurch, dass sich die Zusammensetzung des Hofes und damit die Zahl der zu versorgenden Menschen unterwegs ständig änderte. Immer wieder begleiteten jeweils die Großen des gerade besuchten Landstriches samt repräsentativem Gefolge ihren höchsten Herrn einige Zeit, zumal, wenn sie besondere Anliegen hatten, die sie vorbringen wollten. Das größte Problem für den königlichen Haushalt und damit letztendlich für die Königin war es, die notwendigen Nahrungsmengen rechtzeitig herbeizuschaffen und für Unterkünfte zu sorgen. Für längere Stationen auf dem Weg durch das Reich wurden deshalb Pfalzen angesteuert, die inmitten umfangreichen Königsgutes lagen.

Um die Dinge nicht unnötig kompliziert zu machen, aber auch um für ein Mindestmaß an dauerhafter Ausstattung vor Ort zu sorgen, kristallisierten sich unter den jeweiligen Herrscherpaaren bestimmte Lieblingspfalzen heraus, die entsprechend repräsentativ ausgebaut wurden, wie zum Beispiel Goslar unter Heinrich III. und Agnes. Eine weitere Vereinfachung des mühevollen Reiselebens bedeutete der Aufenthalt des Hofes an kirchlichen Hochfesten wie Pfingsten, Ostern und Weihnachten an den immer gleichen Orten, meist verbunden mit einer Reichsversammlung. So entwickelte sich für die Ottonen zum Beispiel das Familienstift Quedlinburg mit seiner Pfalz zum beliebten Osteraufenthalt.

Die Strapazen dieses ständigen Umherziehens wollte das Herrscherpaar seinen Kindern nicht zumuten. Schon im Säuglingsalter wurden die Söhne und Töchter Ammen übergeben. Die Töchter kamen bald in eines der vornehmen Damenstifte wie Gandersheim oder Quedlinburg zur Erziehung, während die Söhne adeligen Männern und Gelehrten anvertraut wurden.

Die im vorliegenden Band getroffene Auswahl deutscher Königinnen und Kaiserinnen beschränkt sich auf das Hochmittelalter und damit auf jene Epoche, in der mit der ottonischen und salischen Dynastie eine einmalige Machtfülle innerhalb Europas erreicht wurde, wovon die Herrscherfrauen in einem nicht unbeträchtlichen Maß profitierten. Drei der vorgestellten Damen konnten zudem als Regentinnen im Namen eines noch minderjährigen Kinderkönigs das Reich regieren, allerdings immer im Konsens mit den Großen des Reiches und meist mit dem gleichen „Regierungsteam", das auch schon ihrem Mann gedient hatte. Bei diesen drei, Adelheid, Theophanu und Agnes, sind die Möglichkeiten, aber auch Grenzen weiblicher Machtausübung besonders deutlich erkennbar. Kaiserin Mathilde, die schon als Kinderbraut von England ins Reich geschickt worden war, beeindruckt hingegen durch ihren hartnäckigen Kampf um die englische Krone nach dem frühen Tod ihres Mannes Heinrich V. Die Darstellung des Lebens der Kaiserin Kunigunde bietet zwar ebenfalls Momente bemerkenswerter Machtdelegation an die Herrschergemahlin, besitzt aber durch die lange nach ihrem Tod erfolgte „Neuerfindung" als Heilige einen besonderen Reiz. Mit Ausnahme Kunigundes stammten die übrigen vier Königinnen und Kaiserinnen aus fremden Kulturkreisen und bereicherten damit Gebräuche, Mode und Geschmack des Hofes, erweiterten aber auch auf unterschiedliche Weise den geistigen und politischen Horizont ihres Ehemannes.

Die Lebensspanne der fünf im vorliegenden Buch versammelten Herrscherinnen umfasst annähernd zwei Jahrhunderte weiblicher Machtbeteiligung. Jede von ihnen war mit ganz eigenen Herausforderungen konfrontiert, die diese Frauen von Format mit den Mitteln ihrer Zeit bewältigten. Höchster Glanz als Kaiserinnen und „Herrinnen der Welt", so ihr Selbstverständnis, mühevolles politisches Alltagsgeschäft, aber auch der Absturz in tiefste Krisen wechselten sich zeitweise recht abrupt ab. Begleiten Sie fünf Kaiserinnen des Hochmittelalters auf ihrem spannenden Lebensweg und tauchen Sie ein in eine uns oft so ferne und fremde, aber manchmal wieder überraschend nahe Zeit.

„Mutter der Königreiche"

KAISERIN ADELHEID

um 931–999

Kein geringerer als Abt Odilo von Cluny stellte Adelheid in seinem Nachruf ein hervorragendes Zeugnis aus: *„Von allen Kaiserinnen verdient diese als die kaiserlichste genannt und verehrt zu werden."* Mit nur zwanzig Jahren gelangte die Königin von Italien durch die Heirat mit Otto dem Großen auf den deutschen Thron, nachdem sie gerade der Haft und demütigenden Behandlung ihrer Feinde durch eine abenteuerliche Flucht entkommen war. Ihr verdankte Otto nicht nur zu einem guten Teil die italienische Königskrone, sondern auch den Anspruch auf die Kaiserwürde, wie sie überhaupt in einundzwanzig Ehejahren erstmals eine deutliche Herrschaftsbeteiligung der deutschen Königin durchsetzte. Eine geschickte Heiratspolitik machte sie zur „Mutter der Königreiche", sodass sie in ihrer Person gleichsam den allumfassenden Grundgedanken des Kaisertums verkörperte.

Da das Verhältnis zu ihrer Schwiegertochter Theophanu wohl recht spannungsvoll war, zog sie sich nach dem Tod ihres Mannes bald vom Hof zurück und vertrat die Reichsinteressen in Norditalien. Nach dem unerwartet frühen Tod ihres Sohnes Otto II. sicherte sie zusammen mit ihrer Schwiegertochter dem dreijährigen Enkel Otto III. den Thron. Als auch Kaiserin Theophanu mit nur 30 Jahren verstarb, kehrte sie nochmals an den deutschen Hof zurück, bis der König volljährig war. Ihre letzten

Jahre verbrachte sie in dem von ihr gegründeten Kloster Selz, wo sie auch bestattet wurde. Nachdem sich immer mehr Wunder an ihrem Grab ereigneten, sprach sie Papst Urban II. knapp einhundert Jahre nach ihrem Tod als Musterbeispiel einer christlichen Herrscherin heilig.

Macht und Ohnmacht – Adelheids Jugend

Wie so viele Frauen des Hochadels geriet Adelheid schon im Kindesalter in die Mühlen großer Politik. Als sie gerade einmal sechs Jahre alt war, verstarb 937 ihr Vater König Rudolf II. von Hochburgund. Dieser hatte für kurze Zeit auch als König über Nord- und Mittelitalien geherrscht, war dort aber von Hugo von Vienne vertrieben worden. Um seine Macht wenigstens in Hochburgund noch zu retten, unterstellte Rudolf II. sein Land dem Schutz des deutschen Königs Heinrich I. Als sichtbares Zeichen dieser neuen Verbindung übergab er seinem Schutzherrn die sogenannte Heilige Lanze mit einem eingearbeiteten Nagel des Kreuzes Christi, die für die Ottonen zum wichtigsten Teil der Reichsinsignien werden sollte. Rudolfs Witwe, die schwäbische Herzogstochter Berta, handelte nach dem Tod ihres Mannes rasch und ließ ihren noch unmündigen Sohn Konrad umgehend in der Kathedrale von Lausanne zum neuen König Hochburgunds krönen. In Vorahnung der kommenden Ereignisse übergab Berta den kleinen König und seinen Bruder einigen Vertrauten, die beide an den Hof des burgundischen Schutzherrn König Otto I. brachten, der ein Jahr zuvor den deutschen Thron bestiegen hatte. Für Berta war es besonders beruhigend, dass sie so ihre Söhne nicht nur in den sicheren Händen ihres Lehensherrn wusste, denn es gab auch verwandtschaftliche Verbindungen an den deutschen Hof. König Otto war seit einigen Jahren mit der angelsächsischen Prinzessin Edgitha verheiratet. Diese war einst mit ihrer Schwester Edgiva von ihrem Vater nach Deutschland geschickt worden, damit sich Otto eine von beiden als Ehefrau wählen konnte. Otto entschied sich für Edgitha, woraufhin Edgiva mit Graf Ludwig von Hochburgund vermählt wurde, dem Bruder König Rudolfs II. Für Berta konnte es daher keine einflussreichere und verlässlichere Beschützerin ihrer Söhne geben als deren Tante Edgitha, Gemahlin des deutschen Königs.

Kaum hatte sie ihre Söhne in Sicherheit gebracht, geschah das Befürchtete: Der Feind und Thronräuber ihres Mannes, König Hugo von Italien, erschien an Bertas Hof. Seine überaus zahlreiche militärische Begleitung zeigte ihr auf den ersten Blick, dass Hugo keinen Kondolenzbesuch absolvieren wollte. Zu verlockend war für ihn die Aussicht, sein norditalienisches Reich durch eine Heirat mit der Königinwitwe um Hochburgund zu erweitern und nach Norden auszudehnen. Aufgrund seiner Alpenpässe besaß das kleine Reich eine besondere Bedeutung für ihn. Berta sah keine andere Wahl, als sich seinem massiven Druck zu beugen und in die erzwungene Heirat einzuwilligen. Doch Hugo gab sich damit noch nicht zufrieden. Um seinen Anspruch dauerhaft zu festigen, wurde auch Bertas kleine Tochter Adelheid mit seinem Sohn und Mitkönig Lothar verlobt. Wenigstens gelang es der Königinwitwe, sich und ihre Tochter so teuer wie möglich zu verkaufen. Denn beide bekamen von Hugo und Lothar eine mehr als königliche Morgengabe zum dauerhaften Besitz und zur uneingeschränkten Verfügung zugesprochen. Zusammen erhielten sie vier Abteien, 21 Königshöfe und 6640 Bauernhöfe, wobei der Großteil allerdings auf Adelheid entfiel. Schließlich brachte Hugo seine neue Frau und die noch kleine künftige Schwiegertochter wie Siegestrophäen in seine Hauptstadt Pavia.

Auch wenn der dortige Hof umso vieles glanzvoller als jener ihrer alten Heimat war und den beiden Damen jeden nur erdenklichen Luxus bot, spürte zumindest Berta schnell den hohen Preis, den sie zu zahlen hatte. Ihr fünfzigjähriger Mann, der schon zwei Ehen hinter sich gebracht hatte, führte sich nicht nur als Herrscher, sondern ebenso als Ehemann wie ein unberechenbarer Tyrann auf. Zudem demütigte er seine neue Königin unmittelbar nach deren Einzug in Pavia mit seinen öffentlich zur

Schau gestellten außerehelichen Verhältnissen. Sowohl Hugo wie seine jungen Mätressen trieben ihren frechen Spott mit Berta und ließen sie spüren, dass sie nur dem Namen nach hier Königin war. Dem jüngsten Spross seiner aktuellen Geliebten gab Hugo gar den Namen seiner Frau. Bertas Position am Hof von Pavia wurde schließlich unhaltbar, als es ihrem inzwischen volljährigen Sohn Konrad gelang, sich 942 nicht allein in Hoch-, sondern auch noch in Niederburgund als König durchzusetzen. Sein Schutzherr König Otto hatte ihn hierbei entscheidend unterstützt. Für Hugo war nun seine Ehe mit Berta vollends wertlos. Ihren Rauswurf aus Pavia dürfte sie vermutlich als wahre Erlösung empfunden haben, konnte sie jetzt wieder zu ihrem Sohn an den burgundischen Hof zurückkehren, wo sie geliebt und geachtet war. Der einzige Wermutstropfen war für sie, dass Hugo die inzwischen elfjährige Adelheid zurückbehielt, offiziell als Verlobte seines Sohnes und Nachfolgers Lothar, inoffiziell wohl aber als eine Art Faustpfand für alle Fälle.

Im Gegensatz zu ihrer Mutter scheint Adelheid in Pavia insgesamt ihrem Rang als künftiger Königsgemahlin entsprechend recht gut behandelt worden zu sein. Hier in dieser intriganten, luxuriösen, aber ebenso ungemein anregenden Umgebung erhielt sie eine mehr als sorgfältige Ausbildung, die ihr ganzes Leben prägen sollte. Neben Sprachen und Literatur sog das intelligente Mädchen den Geschichtsunterricht in sich auf, der wohl ebenfalls auf ihrem Stundenplan stand. In die praktische Politik dürfte sie zunächst sicherlich durch die Erzählungen ihrer Mutter eingeführt worden sein, die ihr wohl äußerste Wachsamkeit am Hof zu ihrem eigenen Schutz einschärfte.

Berta hatte noch in ihrem letzten Jahr am Hof von Pavia versucht, gegen ihren ungeliebten Ehemann zu intrigieren. So warnte sie 941 Markgraf Berengar von Ivrea und seine Gemahlin Willa, beides entschiedene Gegner König Hugos, vor dessen Verfolgung und ermöglichte beiden die Flucht an den deutschen Hof König Ottos. Berengar war Enkel des gleichnamigen letzten Inhabers der westlichen Kaiserwürde, was seinen Anspruch auf Nord- und Mittelitalien legitimierte. Auch nach ihrer Vertreibung vom Hof in Pavia versuchte Berta von Burgund aus, Einfluss auf die italienische Politik zu nehmen, um dem ihr verhassten König Hugo zu schaden und gleichzeitig ihrer Tochter Adelheid und ihrem Schwiegersohn zu helfen. So erreichte sie bei ihren Eltern, dem schwäbischen Herzogspaar, entscheidende Truppenhilfe für Berengar, der so nach Norditalien zurückkehren und König Hugo faktisch entmachten konnte.

Wenige Wochen nach dem Tod seines Vaters heiratete der nun allein regierende Lothar Ende Juni 947 in Pavia die sechzehnjährige Adelheid. Ein Jahr später kam ihre Tochter Hemma auf die Welt. Da Adelheid selbst in ihren späteren Jahren ihrem ersten Gatten immer ein ehrendes Gedenken bewahrte, scheint die politisch erzwungene Verbindung zumindest privat für beide glücklich gewesen zu sein. Die äußeren Bedingungen waren für das junge Königspaar allerdings alles andere als günstig. Denn Berengar fungierte in ihrem Namen als eigentlicher Regent Italiens und engte ihren Entscheidungsfreiraum entscheidend ein. Daher war es für die gerade einmal neunzehnjährige Adelheid nicht nur eine private, sondern auch eine politische Katastrophe, als ihr junger Ehemann im Spätherbst 950 plötzlich verstarb. Da dieser Tod vor allem für Berengar Vorteile hatte, wurde schnell von einem Giftmord gemunkelt. Die Königinwitwe überführte den Leichnam Lothars nach Mailand, um ihn seinem Rang entsprechend an der Seite italienischer Könige in San Ambrogio beizusetzen.

Die Nachricht von der Wahl Berengars und seines Sohnes Adalbert zum König und Mitkönig in Italien Mitte Dezember 950 traf Adelheid anscheinend völlig unvorbereitet. Denn durch die Heirat mit König Lothar war sie zur *consors regni* geworden und damit zur Mitinhaberin der Königsherrschaft. Bei seinem Tod hatte der König ihr das Reich hinterlassen. Somit wäre die Krone bei einer erneuten Heirat auf ihren künftigen Ehemann mitübertragen worden. Durch die Krönung Berengars waren aber nicht nur ihre eigenen Ansprüche willkürlich übergangen worden. Vielmehr drohte ihr gewaltiger Besitz, den sie als Morgengabe von ihrem Mann erhalten hatte, verloren zu gehen. Adelheid wollte um ihr Erbe kämpfen und ritt direkt nach

Pavia, um Unterstützer zu gewinnen und Berengars Ansprüche abzuwehren. Dieser hatte jedoch die kurze Zeit seit seiner Krönung genutzt, sich durch vielfältige Zuwendungen die Großen des Königreiches gefügig zu machen. Die Königinwitwe änderte rasch ihre Pläne und reiste mit einigen Getreuen nach Norden. Im Gepäck führte sie ihren Schmuck und weitere Schätze mit sich, um mit dem Einsatz dieser Mittel Anhänger gewinnen und Truppen bezahlen zu können. Ob sie vorhatte, über die Alpen zu ziehen und in Schwaben oder gleich am deutschen Königshof um Unterstützung zu bitten, kann nur vermutet werden.

Adelheid gelangte jedenfalls nur bis Como, wo sie Berengar am 20. April 951 gefangen setzte und ihre Schätze raubte. Die junge Adelheid stieß ihren ganzen Zorn über die beiden undankbaren Thronräuber heraus, denen ihre Mutter Berta in schwerer Zeit entscheidend geholfen hatte. Was nun folgte, vergaß Adelheid ihr ganzes langes Leben nicht mehr: Vor allem ihre eigene Cousine Willa beließ es nicht allein bei Beschimpfungen. Sie riss Adelheid das königliche Diadem vom Kopf, zerrte an ihren Haaren, schlug und trat sie. Ihr Ehemann Berengar versuchte ebenfalls, den Trotz und Widerstandswillen Adelheids mit Gewalt zu brechen. Doch auch ihm gelang dies nicht. Schließlich ließen sie die Widerspenstige ins Verlies der Burg Garda am gleichnamigen See werfen. Anscheinend wollten Berengar und Willa ihre Konkurrentin um den Thron hier einfach verschwinden lassen, bis Kummer oder Krankheit ihr Leben baldmöglichst auslöschten. Denn eine freie Adelheid hätte erneut heiraten und damit um ihre eigenen Thronansprüche kämpfen können. Von ihrem königlichen Gefolge blieben ihr im Kerker nur eine Magd und ihr Beichtvater.

Adelheid empfand es später immer als Zeichen der göttlichen Vorsehung, dass ihr nach vier langen Monaten am 20. August unter abenteuerlichsten Umständen die Flucht gelang. Denn sie verzweifelte nicht in dieser scheinbar so aussichtslosen und lebensgefährlichen Lage, sondern betete zu Gott und handelte, indem sie mit ihren beiden Helfern heimlich einen Fluchttunnel grub. Schon die Stiftsdame und Schriftstellerin Roswitha von Gandersheim in ihrer Biografie Ottos des Großen und Abt Odilo von Cluny in seinem Nachruf Adelheids beschrieben detailreich die Flucht nach den späteren Erzählungen der Kaiserin.

Nachdem die drei Gefangenen nach wochenlanger Arbeit mit ihrem Tunnel endlich das Freie erreicht hatten, flohen sie den Burgberg hinab und liefen durch Felder und Weinberge davon. Da die Flucht erst kurz vor dem Morgengrauen gelang, entdeckten ihre Bewacher rasch das Verschwinden und begannen sofort mit der Suche nach den Geflohenen. Doch Adelheid und ihre beiden Begleiter konnten sich im dichten Gestrüpp den ganzen Tag verbergen und im Schutz der folgenden Nacht weiterlaufen. Fast wären sie wieder eingefangen worden. Denn am nächsten Tag, als Berengar von der Flucht Adelheids informiert worden war, führte dieser persönlich das Suchkommando an. Mit dem Spürsinn aller Bösen ließ er just genau jenes Getreidefeld von seinen Leuten mit Lanzen durchstreifen, in dem sich die Königinwitwe mit ihren Getreuen verbarg. Nur einen Atemzug von ihrer wohl endgültigen Gefangennahme entfernt, dürfte sie im Stillen nur noch Stoßgebete zum Himmel geschickt haben. Wie durch ein Wunder blieben sie jedoch unentdeckt und konnten weiter in ein Sumpfgebiet flüchten. Dort rettete schließlich ein einfacher Fischer die Halbverhungerten. Um von ihm nicht an Berengar verraten zu werden, gab sich Adelheid hier noch nicht zu erkennen, sondern schickte ihren Beichtvater aus, um die Lage zu sondieren. Dieser gelangte bis zum Bischof von Reggio, der weiterhin auf der Seite der Königinwitwe stand, und sie mit einem bewaffneten Reitertrupp aus ihrem Versteck im Sumpf auf die Burg von Canossa in Sicherheit bringen ließ. Adelheid empfand in der Rückschau ihre Gefangennahme als Prüfung durch Gott, die sie augenscheinlich bestanden hatte, da er ihr zur geglückten Flucht verholfen hatte. Später ließ sie diese beiden existenziellen Eckdaten ihrer Biografie in das ottonische Gebetsgedenken aufnehmen, um Gott auf ewig Dank abzustatten.

So wunderbar errettet, gönnte sich Adelheid aber keine Zeit der Erholung, sondern nahm umgehend Kontakt mit dem deutschen König Otto I. auf, der einst schon ihren Bruder Konrad unterstützt und ihm den burgundischen Thron gesichert hatte.

Vermutlich wusste die zwanzigjährige Witwe, dass der doppelt so alte Otto wenige Jahre zuvor seine Frau Edgitha verloren hatte. Denn von vorherein bat Adelheid wohl nicht allein um Ottos Schutz, sondern bot ihm ihre Hand und damit die Krone Italiens an. Der deutsche König und seine Berater zögerten keine Minute, da sie die einmalig günstige Gelegenheit erkannten, in der Nachfolge Karls des Großen nun auf einfachstem Weg das Reich südlich der Alpen zu erweitern. Noch im Spätsommer 951 zog Otto mit seinen Truppen über die Alpen. Berengar, den er einst in dessen Kampf um Norditalien unterstützt hatte, überließ dem deutschen Herrscher kampflos Pavia, wo dieser sich zum König von Italien ausrufen ließ. Als Brautwerber sandte Otto seinen Bruder Herzog Heinrich von Bayern zur Burg von Canossa. In feierlichem Zug geleitete er Adelheid mit allen Ehren nach Pavia, was eine lebenslange Freundschaft der Königin mit ihm und später mit seinem gleichnamigen Sohn begründete.

Beim Eintreffen seiner Braut dürfte Otto erleichtert festgestellt haben, dass dieses politische Geschäft der Machterweiterung nach Italien einen äußerst angenehmen Nebeneffekt besaß: Adelheid war eine junge, attraktive Frau und machte darüber hinaus mit ihrer Eleganz, Intelligenz und Bildung größten Eindruck auf ihren sächsischen Bräutigam. Seine Hofbeamten wiederum nahmen mit freudigem Erstaunen zur Kenntnis, welch hohe Einkünfte die großen italienischen Güter der neuen Königin einbrachten. Adelheid hingegen stieg durch die Heirat zur mächtigsten Königin des Kontinents auf. Auch sie dürfte beim ersten Anblick ihres künftigen Gemahls angenehm überrascht gewesen sein, rühmten Chronisten doch immer dessen stattliche Gestalt. Allerdings herrschte zwischen beiden Partnern ein erhebliches Bildungsgefälle, hatte Otto doch erst vor kurzem als Enddreißiger das Lesen gelernt. Anfang Oktober 951 gingen zwar beide in Pavia ihre zweite Ehe ein, doch war es sowohl für Otto als auch Adelheid die erste, über die sie selbstständig entscheiden konnten. Um sich durch ihre zweite Vermählung nicht schlechter zu stellen, handelte Adelheid bei Otto vor ihrer

Hochzeit eine reiche Morgengabe aus, die nun aber nördlich der Alpen in ihrer neuen Heimat lag.

Die Neuvermählten blieben den ganzen Winter über in Pavia, da König Otto anscheinend noch weitaus größere Pläne gefasst und eine Gesandtschaft nach Rom gesandt hatte. Vermutlich wollte der König nach dem Erwerb Italiens die Kaiserkrone erringen und damit vollends in die Fußstapfen Karls des Großen treten, was er schon mit seiner Aachener Krönung 936 angedeutet hatte. Papst Agapet II. verweigerte dies jedoch, da er völlig unter dem Einfluss des tatsächlichen Stadtherrn Alberich stand. Dieser hatte schon zwei Jahrzehnte zuvor die Ansprüche König Hugos auf die Kaiserkrone erfolgreich vereitelt. Adelheid besaß wohl einen nicht unerheblichen Einfluss auf die plötzliche Idee Ottos, nach Rom zu ziehen. Denn durch die Heirat mit ihr hatte sie ihm ja einen unangreifbaren Anspruch auf die italienische Königskrone, vor allem aber auf den Kaiserthron verschafft, der seit dem Ende der Karolinger traditionell an den italienischen König gefallen war. Erst durch Adelheid wurde dieser Anspruch nun auf den deutschen König übertragen, der ihn von Otto I. bis zum Ende des Reiches 1806 nicht mehr aufgab.

Die ungünstigen stadtrömischen Machtverhältnisse zwangen Otto also, seinen Kaiserplan vorerst zurückzustellen. Hinzu kam, dass unmittelbar nach seiner Hochzeit in Pavia der Sohn Liudolf aus seiner ersten Ehe verärgert und ohne Abschied zu nehmen nach Norden abgereist war. Dem König schwante Übles, war doch schon der Beginn seiner Herrschaft durch einen innerfamiliären Aufstand aufs Schwerste gefährdet worden. Daher brach der Hof vermutlich noch Ende Februar 952 auf, um wieder über die Alpen zu ziehen. Adelheid nahm Abschied von Pavia, wo sie unter schwierigsten Bedingungen aufgewachsen war und für kurze Zeit als Königin geherrscht hatte. In Zürich erwarteten sie ihre Tochter Hemma, ihre Mutter Berta und ihre Großmutter, die alte schwäbische Herzogin Reginlindis, um Adelheid nach der schwierigsten Zeit ihres Lebens wieder glücklich in die Arme zu schließen und ihre Rettung und den unerwarteten Aufstieg zur Königin von Deutschland und Italien gebührend zu feiern.

Otto führte seine neue Gemahlin bei ihrer Antrittsreise als deutsche Königin gleich bis an die östlichste Reichsgrenze nach Magdeburg. Hier begingen sie gemeinsam mit dem Hof das Osterfest, zu dem sich auch die wichtigsten Reichsfürsten und -bischöfe einfanden, um Adelheid zu begrüßen. Eigentlich hielt sich der ottonische Hof an diesem wichtigen Kirchenfest seit König Heinrich I. traditionsgemäß in Quedlinburg auf. Die Wahl von Magdeburg dürfte eine besondere Reverenz an Adelheid gewesen sein. Denn hier empfing sie mit den Reliquien des hl. Innocentius gleichsam ein alter Bekannter aus Kindertagen, besaßen doch die Heiligen für die Menschen des Mittelalters einen ganz anderen Realitätsgrad als heute. Diese kostbaren Gebeine hatte Adelheids Vater Rudolf von Hochburgund einst seinem Lehensherrn Otto übergeben, damit dieser einen eigenen Heiligen für seine Familienstiftung in Magdeburg besaß. Am Vorabend des Festes des hl. Mauritius, dem 21. September 937, konnte Otto dieses Dankgeschenk an Gott ein Jahr nach seiner Krönung feierlich einweihen. In der Stiftungsurkunde des Mauritius und Innocentius geweihten Magdeburger Klosters bestimmte Otto, dass die Mönche nicht allein für seine Familie, sondern auch für den wenige Wochen zuvor verstorbenen König Rudolf II. bis in alle Ewigkeit beten sollten.

Rudolf war im Juli 937 in der Abtei Saint-Maurice d'Agaune im Wallis begraben worden, dem Hauptsitz seiner Familie, wo auch seine Tochter Adelheid die ersten sechs Jahre ihres Lebens verbracht hatte. Die uralte Abtei im Rhônetal unweit des Genfer Sees hütete einen immensen Reliquienschatz, nämlich die Gebeine der sogenannten Thebäischen Legion und ihres Anführers Mauritius. Der Legende nach stammten die etwa sechstausend Soldaten aus der Nähe von Theben und waren frühe Christen. Als sie das Opfer für den heidnischen römischen Kaiser vor einem Feldzug über die Alpen verweigerten, verurteilte sie dieser Ende des 3. Jahrhunderts zum Märtyrertod. Die zahlreichen Reisenden nach Italien, die einen nahegelegenen Alpenpass nutzten, verbreiteten diese Geschichte im Norden. Daher glaubten auch Kirchen in Bonn, Köln, Xanten und Trier Teile dieser Märtyrerschar zu besitzen, zumal die Legende davon berichtete, Teile der Legion wären noch bis ins Rheinland und an die Mosel gelangt, wo sie dann ebenfalls hingerichtet wurden.

Für Otto und Adelheid waren somit diese Soldatenheiligen die besonderen Schutzpatrone ihrer Ehe und des Reiches, hatten diese doch im Himmel dafür gesorgt, dass beide zusammenkamen und ihre Länder vereinigen konnten. Im Jahr 960 gelangte der König mit Adelheids Hilfe angeblich auch an Reliquien des hl. Mauritius, der dann zum Hauptpatron der Magdeburger Kirche und zum ottonischen Reichsheiligen wurde. In der hoch auf einem Felsen über der Elbe gelegenen Klosterkirche ruhte seit ihrem frühen Tod im Januar 946 Ottos erste Gemahlin Edgitha und es war für Adelheid wohl von vornherein klar, dass ihr Mann einst an ihrer Seite begraben werden wollte. Deshalb setzte der König auch gegen viele Widerstände in langjährigem Ringen 968 die Erhebung Magdeburgs zur Erzdiözese für den Osten des Reiches durch. Neben der damaligen Klosterkirche errichtete Otto einen aufwendigen Palast, der deutlich spätantiken Vorbildern verpflichtet war, wiederum ein Anknüpfen des Königs an sein großes Vorbild Karl den Großen.

Beim Magdeburger Osterfest des Jahres 952 traf Adelheid nochmals auf ihren Widersacher Berengar. Ihn hatte der Salier Konrad der Rote, Herzog von Lothringen, der mit König Ottos Tochter aus erster Ehe, Liudgard, verheiratet war, in Italien gestellt, aber nicht als Gefangenen, sondern zum Friedensschluss an den Hof gebracht. Konrad hatte Berengar sein Ehrenwort gegeben, dass er entsprechend seinem Rang als König empfangen werden würde. Vermutlich war es Adelheid, die ihren alten Feind nicht einfach zu ihrem Ehemann durchmarschieren, sondern ihn höchst demütigend wie ein Bittsteller und Sünder drei Tage lang öffentlichkeitswirksam vor dem Palast warten ließ. Erst dann durfte er sich dem Herrscherpaar nähern. Doch sollte es noch bis zu einem Hoftag Anfang August 952 dauern, bis Berengar und sein Sohn Adalbert sich Otto und Adelheid unterwerfen und aus ihren Händen als Lehen das Königreich Italien wieder entgegennehmen konnten. Gerade die Königin scheint bei diesem Vorgang sich selbst überwunden zu haben, um ein unübersehbares Zeichen der wichtigsten mittelalterlichen Herrschertugend, der Milde gegenüber einstigen Gegnern, zu setzen. Diese Milde und Verzeihung war aber zugleich auch eine letztmalige Warnung, denn sie wurde immer nur einmal gewährt.

Schon Anfang 953 brachte Adelheid ihren ersten Sohn auf die Welt. Er erhielt nach seinem Großvater väterlicherseits den Namen Heinrich, verstarb aber noch als Säugling. Der zweite Sohn, den sie ein Jahr später gebar und den das Herrscherpaar nach Ottos Bruder Brun benannte, wurde gerade einmal drei Jahre alt. Erst die Tochter Mathilde, geboren zu Beginn des Jahres 955, und der spätere Otto II., der noch Ende dieses Jahres das Licht der Welt erblickte, erreichten das Erwachsenenalter.

Normalerweise war es für eine Königin ein persönlicher Triumph, gleich als erstes Kind einen Sohn zu bekommen. Doch im ottonischen Königshaus löste die Geburt des kleinen Heinrich ein Familien- und Politdrama aus. Denn Otto besaß mit Liudolf schon einen erwachsenen Sohn aus seiner ersten Ehe, den er einige Jahre zuvor bereits zum Nachfolger hatte wählen und bestätigen lassen. Liudolf fühlte sich durch die zweite Eheschließung seines Vaters mit der jungen Adelheid brüskiert, weshalb er Italien rasch verlassen und das Weihnachtsfest im thüringischen Saalfeld wie ein König gefeiert hatte. Ottos Bruder Heinrich verspottete Liudolf öffentlich und erhielt im Gegensatz zu diesem, der leer ausging, als Erweiterung seines bayerischen Herzogtums noch die Marken Verona und Aquileja. Nachdem Adelheid wohl ihren Mann dahingehend bearbeitet hatte, doch ihren gemeinsamen Sohn zum Thronerben zu bestimmen, entfachte Liudolf Ostern 953 einen Aufstand, der über ein Jahr lang das Reich und die Königsfamilie zerriss. Besondere Brisanz erhielt der Fall des so plötzlich abservierten Liudolf dadurch, dass seine Frau Ida, die ihm das schwäbische Herzogtum eingebracht hatte, eine Tante Adelheids war. Liudolf schlossen sich sein Schwager Herzog Konrad der Rote und der Mainzer Erzbischof an. Otto musste eine ähnlich schwierige Zeit durchstehen wie am Beginn seiner Herrschaft, als sich seine zwei Brüder Thankmar und Heinrich gegen ihn erhoben hatten.

Die Aufständischen, die zunächst großen Zulauf besaßen, brachten sich aber um ihren Erfolg, als bekannt wurde, dass sie gar mit den heidnischen Ungarnscharen paktiert hatten, die Süddeutschland schwer verwüsteten. Liudolf und Konrad verloren ihre Herzogtümer. Der König beließ ihnen nur ihren Privatbesitz, sah aber immerhin von einer Inhaftierung ab. Vielleicht war es vorrangig Adelheid, die versuchte, ihren Stiefsohn wieder zu rehabilitieren. Denn 956 schickte ihn sein Vater ausgerechnet nach Italien, um Berengar und Adalbert zu bekämpfen, die sich die innerdeutschen Wirren zunutze gemacht hatten, um ihre Lehensverpflichtungen abzuschütteln. Vermutlich hätte er deren Nachfolge antreten dürfen, wäre er nicht im September 957 in Italien an der Malaria gestorben.

Im schwierigen Jahr des Liudolf-Aufstands, als Sohn und Schwiegersohn Ottos zu seinen Gegner geworden waren, setzte der König zwei andere Familienmitglieder an wichtige Schaltstellen der Macht. 953 bestimmte Otto seinen Bruder Brun nicht nur zum Erzbischof von Köln, sondern auch gleich zum Herzog von Lothringen. Im folgenden Jahr übertrug er seinem außerehelichen ersten Sohn Wilhelm die Mainzer Erzbischofswürde. Zusammen mit seinem Bruder Herzog Heinrich von Bayern war dies die Kernmannschaft seiner Regierung. Allerdings verstarb Heinrich schon Ende 955. Für dessen unmündigen gleichnamigen Sohn, der später den Beinamen „der Zänker“ erhalten sollte, führte lange Jahre die Herzoginwitwe Judith in Regensburg die Regentschaft.

Einen ungeheuren Prestigegewinn nicht nur im Reich, sondern in ganz Europa brachte König Otto die siegreiche Schlacht gegen die Ungarn auf dem Lechfeld am 10. August 955. Erst durch sie endete auf einen Schlag die jahrzehntelange Verwüstung weiter Landstriche in Mitteleuropa. Denn die heidnischen

Ungarn tauchten als schnelle, mit Pfeil und Bogen bewaffnete Reitertruppen ohne Vorwarnung immer wieder plötzlich auf, mordeten, vergewaltigten und schleppten anschließend ihre reiche Beute und oft Hunderte von Gefangenen als Sklaven davon. Da sie sich gerne auch auf die reichen Klöster konzentrierten, erschienen sie den damaligen Menschen wie eine schreckliche Geißel Gottes. Im Sommer 955 belagerten sie die Stadt Augsburg, die von ihrem bald heiliggesprochenen Bischof Ulrich heldenhaft verteidigt wurde. Otto sammelte ein nicht allzu großes Heer, das den Ungarn zahlenmäßig deutlich unterlegen war. Siegesgewiss ließen sich die Belagerer entgegen ihren sonstigen Kampfgewohnheiten zu einer offenen Feldschlacht in der Lechebene südlich der Stadt überreden. Adelheid hatte Otto geraten, die sogenannte Heilige Lanze, die einst ihrem Vater gehört hatte, mitzuführen, um die Hilfe des Himmels herabzuflehen. Tatsächlich schrieb man dann auch den unerwarteten Sieg des Königs eindeutig dem Eingreifen Gottes zu.

Otto konnte sich daher in der Folgezeit nicht nur eines einzigartigen militärischen Erfolges gegen die christliches Land verheerenden Heiden rühmen, sondern sich überdies als Auserwählter des Herrn präsentieren – eine wichtige Etappe auf dem Weg zum Kaiserthron! In Wahrheit kam dem König wohl weniger der Himmel als der typische deutsche Sommer zu Hilfe. Denn während der Schlacht ging ein Wolkenbruch nieder, der die Verleimung der ungarischen Hornbögen, die nur auf trockene Witterung ausgelegt waren, auflöste, was die Kampfkraft der Ungarn entscheidend schwächte. Die Tage nach dem überragenden Sieg wurden genutzt, um alle Flüchtenden zu töten. Tatsächlich bedeutete die Lechfeldschlacht das Ende der verheerenden Ungarnzüge. Otto war nun nicht mehr einfach König, sondern ein vom Beistand des Himmels ausgezeichneter Held. Zum Dank versprach er dem Tagesheiligen Laurentius die Gründung eines eigenen Bistums, das allerdings erst 968 in Merseburg entstand.

Adelheid hatte die Idee des Kaisertums, die sie über ihren Stiefvater König Hugo kennen gelernt hatte, in all den Jahren in Deutschland nie vergessen. Durch ihre dauerhaften Kontakte zu Freunden und Verwandten in Italien blieb sie stets über die dortige Entwicklung auf dem Laufenden. Nach dem plötzlichen Tod Liudolfs führten sich König Berengar und sein Mitkönig Adalbert immer tyrannischer auf und ließen ihren Machtgelüsten freien Lauf. Nicht nur italienische Bischöfe und Adelige kamen an den deutschen Hof und baten um Hilfe, auch der Papst schickte Gesandte, befürchtete er doch, dass Berengar einen Angriff auf Rom plante. Adelheid drängte ihren Mann zu einem raschen Entschluss, denn wenn es ihrem alten Feind gelingen sollte, Rom zu erobern, dann würde er sich die Kaiserkrone aufsetzen und dem deutschen König seinen einzigartigen Rang streitig machen. Zudem war die Situation günstiger als beim verhinderten Romzug Anfang 951, war doch der den Deutschen feindlich gesinnte Stadtherr Alberich schon einige Jahre zuvor verstorben.

Adelheid und Otto wollten das große Unternehmen möglichst sorgfältig vorbereiten. Da der König mittlerweile schon einige schwere Krankheiten glücklich überstanden hatte und fast fünfzig Jahre alt war, kümmerte er sich vorsorglich um die Regelung seiner Nachfolge. Obwohl sein einziger lebender legitimer Sohn Otto gerade einmal fünf Jahre zählte, berief er im Mai 961 einen Hoftag nach Worms ein. Dort verkündete er seinen Plan eines Romzugs und ließ seinen Sohn zum Mitkönig wählen. Unmittelbar nach der Wahl reiste die ottonische Familie nach Aachen. In der Pfalzkapelle Karls des Großen erhielt der kleine Otto II. die Krone durch seinen Halbbruder Erzbischof Wilhelm von Mainz und seinen Onkel Erzbischof Brun von Köln, sodass der Staatsakt quasi familienintern abgewickelt werden konnte. Es muss für die Königin eine große Befriedigung gewesen sein, mitzuerleben, wie ihr kleiner Sohn die wichtigste Stufe zur Herrschaftsnachfolge erklomm. Die Aachener Krönung dürfte hauptsächlich auf ihre Initiative hin geschehen sein, hatte sie doch die Idee des Mitkönigtums durch ihren ersten Mann Lothar in Italien kennen gelernt. Und dass allein eine Wahl oder ein Schwur durch die Reichsfürsten nichts besagte, erfuhr sie durch das von ihr mitgelenkte Schicksal von Liudolf. Der Kinderkönig blieb nun zur weiteren Erziehung in der Obhut von Wilhelm, während Otto I. während seiner Abwesenheit die Leitung der Reichsregierung Brun übertrug.

Noch im August brach das Königspaar von Augsburg aus auf, wo sich das Heer gesammelt hatte. Denn sie wollten nicht allein die Kaiserkrone erringen, sondern auch die unbefriedigenden Machtverhältnisse in Adelheids altem Reich neu ordnen. Als sie mit Verona die erste wichtige Stadt auf italienischem Boden betraten, mussten sie erfahren, dass Berengar und Adalbert einer Schlacht feige auswichen und sich auf ihren Burgen verschanzten. Daher zog das Königspaar mit seinem Heer weiter in Adelheids einstige Hauptstadt Pavia, wo beide versuchten, das von ihren Feinden angerichtete Unrecht wenigstens teilweise wiedergutzumachen und sich so als die wahren Herrscher Italiens zu präsentieren. Das Weihnachtsfest feierten sie auch noch dort, bevor sie Anfang Januar in Richtung Rom aufbrachen. Die Kaiserkrönung fand im alten Petersdom am 2. Februar 962, dem Fest Maria Lichtmess, statt. Dieses Kirchenfest war mit Bedacht gewählt. So wie Maria Jesus in den Tempel führte, begleitete Adelheid nun Otto in die Hauptkirche der Christenheit, um ihm dort mit ihren Ansprüchen zur Kaiserkrone zu verhelfen. Das Fest beendete zugleich die Weihnachtszeit, in der die Menschwerdung Christi gefeiert wird. Somit betonte der Kaiser seine Funktion als Stellvertreter Christi auf Erden.

Den Glanz des Festes trübte allerdings die Person des Papstes. Es dürfte auch dem Herrscherpaar zu Ohren gekommen sein, wie unwürdig der von einer stadtrömischen Adelsclique ins höchste Kirchenamt geschobene Johannes XII. war. Der junge, unreife Mann frönte ungeniert allen Lastern und gab sich auch keine Mühe, dies sonderlich zu verbergen. Aber Otto und Adelheid drückten hier beide Augen zu, denn seine Absetzung hätte nur innerstädtische Wirren und Kämpfe zur Folge gehabt. Und schließlich verlieh ihnen aus ihrer Sicht ja letztendlich Gott selbst ihren einzigartigen Rang und nicht ein allzu lebenslustiger Papst. Die päpstliche Kanzlei sorgte allerdings dafür, dass die Krönung nicht ohne Gegenleistung erfolgte. So wurden alle möglichen echten und gefälschten Schenkungsurkunden früherer Kaiser an die Päpste hervorgeholt, die Otto bestätigen musste. Im Gegenzug erhielt er die Zusage, dass künftig die Papstwahl geordnet nach kirchlichen Regeln vonstatten gehen und durch den Kaiser bestätigt werden musste.

Otto hatte den Krönungsakt schon in der Heimat vorbereiten lassen, indem er seinen Sohn Erzbischof Wilhelm damit beauftragte, die notwendigen liturgischen Texte und Gebete zusammenzustellen. Diese Vorlage verwendeten dann alle seine Nachfolger bei ihrer Königs- und Kaiserkrönung. Adelheid hatte schon im Vorfeld abgeklärt, dass sie nicht einfach dekorativ den Festakt begleiten, sondern auch eigens gekrönt werden wollte. Daher musste Wilhelm auch Gebete für die Weihe, Salbung und Krönung der Kaiserin liefern. Damit setzte die stolze Adelheid nun auch für das Kaisertum jene weibliche Herrschaftsbeteiligung durch, die sie aus ihrer Zeit als italienische Königin gewohnt war. Aus ihrer Sicht hatte Otto ja erst durch die Heirat mit ihr einen rechtmäßigen Anspruch auf die Kaiserwürde erworben. Der Kaiser scheint ihre Meinung geteilt und ihr tatsächlich nach der Kaiserkrönung einen noch stärkeren Einfluss auf seine Politik gewährt zu haben. In den Urkunden tauchen nun bemerkenswerte Titulaturen für Adelheid auf wie „Mitinhaberin unseres Kaisertums/Königtums/unserer Reiche". Da sich das Kaiserpaar fast ein ganzes Jahrzehnt nur mit wenigen Unterbrechungen in ihrem Erbreich Italien aufhielt, dürfte es für Adelheid umso leichter gewesen sein, ihren gleichberechtigten Machtanspruch bei Otto durchzusetzen. Ihre Nachfolgerinnen im Königinnen- und Kaiserinnenamt sollten noch bis zum Ende der Salierzeit erheblich davon profitieren.

Der Einzug in Rom und die Krönung im Petersdom waren das glanzvollste Fest, das Adelheid in ihrem nicht gerade ereignisarmen Leben begehen konnte. Die nachfolgenden Tage besuchte sie alleine oder mit ihrem Mann viele römische Kirchen mit ihren Reliquienschätzen. Otto tauschte Gold und Edelsteine für eine rostige Eisenstange ein, die ihm der Papst aushändigte. Damit erhielt er aber in seinen Augen etwas viel Wertvolleres, nämlich einen Teil jenes Rostes, auf dem der hl. Laurentius, Ottos großer Helfer in der Lechfeldschlacht, verbrannt und dadurch zum Märtyrer geworden war. Denn Otto hatte sein großes Versprechen nicht vergessen, ihm ein eigenes Bistum zu widmen.

Die folgenden anderthalb Jahre war das Kaiserpaar überwiegend mit dem Kampf gegen König Berengar beschäftigt. Otto und das deutsche Heer machten bei den auffallend langwierigen Belagerungen der feindlichen Burgen keine allzu gute Figur. Sieben lange Monate dauerte es schließlich, bis Berengar und seine Gemahlin Willa bereit waren, ihre Burg San Leo am Montefeltro zu verlassen und sich zu ergeben. Nun konnten sie nicht mehr auf eine erneute Versöhnung hoffen, sondern wurden vom Kaiserpaar Ende 963 nach Bamberg ins Exil geschickt, damals nur eine Burg mit kleiner Siedlung, wo Berengar drei Jahre später starb und Willa sich in ein Kloster zurückzog. Adelheid gab auch hier einen weiteren demonstrativen Beweis ihrer großen herrscherlichen Milde, indem sie deren noch unmündige Töchter mit an den Hof nahm, dort erzog und später ihrem Rang entsprechend vermählte, eine davon sogar mit einem Großneffen ihres Mannes, König Robert dem Frommen von Frankreich, der diese allerdings wenig fromm nach kurzer Ehe verstieß.

Nach dem Sieg über Berengar mussten Otto und Adelheid mit ihrem Heer rasch wieder zurück nach Rom. Denn Papst Johannes XII. hatte seinen Schwur gebrochen und sich mit König Adalbert verständigt und ihm Hilfe zugesichert. Der Kaiser ließ Johannes am 4. Dezember 963 absetzen und mit Leo VIII. einen neuen Papst wählen. Kaum hatte der Kaiser Rom den Rücken gekehrt, kehrte der bisherige Papst zurück, verstarb jedoch bald, woraufhin die römischen Adeligen einen neuen Gegenpapst, Benedikt V., aus ihren Reihen wählten. Otto war daher gezwungen als Schutzherr der Kirche noch einmal für Ordnung zu sorgen. Er ließ den Gegenpapst absetzen und an die Grenze seines Reichs nach Hamburg ins Exil schicken. König Adalbert hatte sich inzwischen dauerhaft nach Korsika zurückgezogen und stellte keine Gefahr mehr dar. So konnte das Kaiserpaar von Pavia aus Anfang des Jahres 965 wieder ins Reich zurückkehren.

In kaiserlichem Glanz

Erzbischof Wilhelm war mit seinem nunmehr neunjährigen Schützling Otto II. den Rückkehrern entgegengereist, die dann in Worms auch mit Erzbischof Brun zusammentrafen. Beide hatten das Reich wohl verwaltet und geordnet wieder dem Kaiserpaar übergeben, das sich zudem über die gute Gesundheit des kleinen Thronfolgers freute. Per Schiff ging die Reise nun über Mainz und Ingelheim recht bequem den Rhein hinab bis Köln, wo im Mai 965 ein wohl einzigartiges Familientreffen der gesamten ottonischen Dynastie stattfand. Neben dem Kaiserpaar mit dem kleinen Otto und dem Kaiserbruder Erzbischof Brun von Köln versammelten sich hier die alte Königin Mathilde, Ottos Mutter, seine Schwester Gerberga, Witwe des im Jahr zuvor verstorbenen französischen Königs, mit ihren beiden Söhnen Lothar und Karl, der vierzehnjährige und damit mündig gewordene Neffe des Kaisers, Herzog Heinrich „der Zänker" von Bayern, sowie Herzog Friedrich von Oberlothringen, der mit einer Nichte des Kaisers verheiratet war, und Adelheids Bruder König Konrad von Burgund. Weitere Mitglieder des europäischen Hochadels, Reichsfürsten und -bischöfe gaben dem Hoftag einen besonderen Glanz, war er doch der erste, den das Kaiserpaar nach seiner Rückkehr ins Reich abhielt.

Die politischen Verabredungen und Bündnisse des Hoftages sollten durch mehrere Hochzeiten besiegelt werden, die wohl hier ausgehandelt wurden, eine typisch mittelalterliche Form der Konfliktbewältigung und -vermeidung. Auch hier scheint Adelheid die treibende Kraft gewesen zu sein. Denn ihre inzwischen wohl siebzehnjährige Tochter Hemma aus ihrer ersten

Ehe mit König Lothar von Italien verlobte sie mit dem gleichnamigen jungen französischen König, einem Neffen des Kaisers. Dessen Schwester Mathilde bestimmte sie zur Braut ihres frisch verwitweten Bruders König Konrad von Burgund. Die kleine Tochter aus Konrads erster Ehe, Gisela, vermittelte Adelheid schließlich an den von ihr besonders bevorzugten jungen Herzog Heinrich „den Zänker" von Bayern. Mit diesen Eheverbindungen knüpfte Adelheid an die frühere Familienpolitik des Kaisers an, der durch die Heirat seiner beiden Schwestern Gerberga und Hadwig eine enge Verbindung mit dem westfränkischen Reich eingegangen war. Nun sollte in zweiter Generation dieses Bündnis fortgesetzt werden. Adelheid bezog mit Italien, Burgund und Bayern nun noch einen erheblich erweiterten Kreis in die Familien- und Reichspolitik ein, ganz im Sinne des universalen Anspruchs der gerade hinzugewonnenen Kaiserwürde. Als „Mutter der Königreiche", wie sie später einmal ihre Tochter Hemma und der spätere Papst Silvester II. in einem Brief bewundernd anredeten, trat sie in die Fußstapfen ihrer Schwiegermutter Mathilde, doch nun mit einem deutlich größeren Radius. Ende des Jahres 965 verstarb mit Erzbischof Brun von Köln eine der wichtigsten, weil immer loyalen Stützen von Ottos Macht. Besonders in Zusammenarbeit mit seiner Schwester Gerberga, Königin von Frankreich, hatte er entscheidend an der Lösung jener Interessenkollisionen im Westfrankenreich mitgearbeitet, die Mann und Kinder seiner Schwester Hadwig verursachten. Als Schwiegermutter des neuen französischen Königs stieg Adelheid durch Bruns Tod nun auch hier zu einer bedeutenderen Rolle als bisher auf.

Die Kaiserin musste kurz danach ebenfalls einen schmerzhaften Verlust in ihrer Familie verkraften. Anfang des Jahres 966 verstarb ihre Mutter Berta. Schon einige Jahre zuvor hatten beide gemeinsam das burgundische Kloster Peterlingen (Payerne), heute Westschweiz, zu Ehren der Gottesmutter gegründet. Die Benediktinerabtei übergaben beide Frauen dem Reformkloster Cluny, dem sich besonders Adelheid lebenslang verbunden fühlte. Hier nun fand ihre Mutter Berta als Mitstifterin ihre letzte Ruhe mit der Gewissheit, dass ein ganzer Konvent ausschließlich für ihr Seelenheil betete. Freud und Leid lagen für die Kaiserin in diesen Tage nahe beieinander. Denn im Frühjahr 966 ließ das Kaiserpaar seine einzige Tochter Mathilde mit nur elf Jahren zur Äbtissin des Damenstiftes Quedlinburg weihen. Durch die Anwesenheit der kaiserlichen Familie und vieler Großer des Reiches bekam die liturgische Zeremonie den Charakter eines Staatsaktes. Die Königinmutter Mathilde, nach der ihre Enkelin benannt war und die sie erzogen hatte, durfte dieses glanzvolle Ereignis noch erleben. Das Damenstift Quedlinburg war ihr ureigenstes Werk, das sie am Grab ihres Mannes König Heinrich I. 936 gegründet und über drei Jahrzehnte lang geleitet hatte. Königin Mathilde war jedoch nicht in das Stift eingetreten. Sie schätzte wohl das weltliche Leben zu sehr, wie ihre selbst noch für die späten Jahre überlieferten Vorlieben für gutes Essen, schöne Kleider und Goldschmuck zeigen. Ihre Enkelin sollte die erste Äbtissin des Stiftes werden und ihr Werk fortführen. Als sie zwei Jahre später ihren Tod kommen fühlte, übergab sie der jungen Mathilde ihre kalendarisch geordneten Aufzeichnungen über verstorbene engere und weitere Familienmitglieder, Freunde und Verbündete, damit sie sich nun an ihrer Stelle um deren Seelenheil kümmerte.

Kaiserin Adelheid hatte nun ihre beiden Töchter standesgemäß versorgt, was auch insofern günstig war, als der Papst im Sommer 966 das Kaiserpaar erneut um Hilfe vor Ort bat und ein neuer Italienzug geplant werden musste. Ihren Sohn Otto übergaben sie wieder seinem Halbbruder Erzbischof Wilhelm von Mainz. Nachdem der Kaiser mit seinem Heer die Rebellion in Rom niedergeschlagen und den Papst wieder in seine Hauptstadt zurückgeführt hatte, konnten Otto und Adelheid dort das Weihnachtsfest begehen. Das Kaiserpaar hielt sich insgesamt erstaunlicherweise fast sechs Jahre lang in Italien auf. Nachdem Ober- und Mittelitalien gesichert waren, wollte der Kaiser seinen Machtbereich damals auf den südlichen Teil der Halbinsel ausdehnen. Auch hier sah er sich als Erneuerer des Reiches Karls des Großen, der als König der Langobarden unter anderem über die

Fürstentümer Benevent, Capua und Salerno geherrscht hate. Doch seit langer Zeit gehörten diese zum byzantinischen Reich. Recht erfolglos versuchte Otto mit seinem Heer eine militärische Lösung in seinem Sinne herbeizuführen. Jahrelang wechselten sich Feldzüge und Verhandlungen mit dem byzantinischen Kaiser ab, ohne dass Ostrom die Wünsche des deutschen Kaisers erfüllte.

Von Seiten des deutschen Hofes begannen außerdem langwierige Verhandlungen um eine Eheverbindung einer byzantinischen Kaisertochter mit Otto II. Um diesen, der ja schon Mitkönig war, für die künftige Braut und den oströmischen Hof aufzuwerten, ließ Otto I. seinen Sohn nach Rom bringen und ihn dort Weihnachten 967 zum Mitkaiser krönen, wie es bisher nur in Byzanz üblich war. Doch weder diese Zeremonie noch militärische Drohgebärden brachten die Eheverhandlungen zu einem Ergebnis, die schließlich abgebrochen werden mussten. Erst nach einem Wechsel auf dem byzantinischen Thron sahen Otto und Adelheid eine neue Chance für ihr Projekt, sodass der Kölner Erzbischof Gero an der Spitze einer neuen Gesandtschaft an den Bosporus reiste. Die Ehe mit einer Tochter des oströmischen Kaisers wäre gleichbedeutend gewesen mit einer offiziellen Anerkennung des westlichen Kaisertums Ottos. Zugleich hätte man der Prinzessin die strittigen Gebiete in Italien als Mitgift übergeben können. Tatsächlich kehrte die Gesandtschaft erfolgreich zurück, allerdings nicht mit einer Tochter, sondern nur mit einer angeheirateten Nichte des byzantinischen Kaisers Johannes. Doch nach den langen Jahren zähen Verhandelns war das Kaiserpaar sofort bereit, über diesen Makel großzügig hinwegzusehen und umgehend die Hochzeit zu feiern. Am Weißen Sonntag des Jahres 972 krönte der Papst die etwa zwölfjährige Theophanu zur Kaiserin, bevor sie mit Otto II. vermählt wurde. Nun war es Zeit, wieder ins Reich zurückzukehren. In Pavia tätigte Adelheid noch eine mehr als großzügige Stiftung, indem sie das völlig verarmte und verfallene Benediktinerkloster San Salvatore neu gründete und mit reichen Besitzungen und Privilegien versah. Auch hier sorgte sie dafür, dass sich der Konvent der Reform von Cluny anschloss.

Ungeliebte Schwiegertochter – Eine Kaiserin zuviel?

Beim mit einem Hoftag verbundenen Osterfest 973 in Quedlinburg sah die Kaiserin ihre mittlerweile fast achtzehnjährige Tochter Mathilde wieder, die inzwischen tatkräftig das reiche Damenstift leitete. Gemeinsam mit dem Kaiser beteten sie vor dem Grab der 968 verstorbenen Königin Mathilde, mit der sich Adelheid immer gut verstanden hatte. Im gleichen Jahr wie seine Mutter war auch Ottos unehelicher Sohn Erzbischof Wilhelm von Mainz gestorben, ein Jahr später seine Schwester Gerberga, sodass der Kaiser nach seinem langjährigen Italienaufenthalt immer weniger Vertraute in der alten Heimat vorfand. Das Totenregister der Familienstiftung Quedlinburg füllte sich mehr und mehr. Obwohl er mit sechzig Jahren schon ein für mittelalterliche Verhältnisse hohes Alter erreicht hatte, verstarb Kaiser Otto der Große dennoch unerwartet plötzlich am 7. Mai 973 in der Pfalz Memleben. Der siebzehnjährige Otto II., der schon zum Mitkönig und -kaiser gekrönt war, konnte unangefochten die Nachfolge antreten. Adelheid ließ den Leichnam ihres Mannes seinem Wunsch gemäß nach Magdeburg überführen und dort an der Seite seiner ersten Gemahlin Edgitha beisetzen. Er war ja nicht nur der Erbauer der Kathedrale, die er unter anderem mit wertvollen römischen Marmorsäulen prachtvoll ausgestattet hatte, sondern auch Stifter des Erzbistums, sodass für sein Seelenheil hier bestens gesorgt war.

Kaiserin Adelheid stand damals mit Anfang vierzig mitten im Leben und war noch keineswegs bereit, ihre Machtfülle aufzugeben, zumal die neue Kaiserin ein gerade einmal erst dreizehnjähriges Mädchen aus einem völlig anderen Kulturkreis war. In Byzanz war keine Zeit geblieben, ihr Kenntnisse über Gebräuche und Sprache ihrer neuen Heimat beizubringen. Von daher dürfte Adelheid es durchaus realistisch eingeschätzt haben, dass ihre Schwiegertochter doch noch geraume Zeit benötigen würde, ihre Rolle als Herrschergemahlin voll auszufüllen. Dass dieses intelligente, eloquente und selbstbewusste Mädchen schneller als erwartet reifte, zur äußerst attraktiven

Frau wurde und in ihren großen Aufgabenbereich rasch hineinwuchs, versetzte Adelheid bei ihrem Sohn wohl bald auf den zweiten Platz. Otto II. scharte zudem eine neue Riege jüngerer Ratgeber und Höflinge um sich, für welche die Kaiserinwitwe zunehmend eine zu vernachlässigende Größe war. In seinem Nachruf auf Adelheid fasste es Abt Odilo von Cluny mit folgenden Worten zusammen: *„Als nun der kaiserliche Otto den Weg allen Fleisches gegangen war, leitete die Kaiserin lange Zeit mit ihrem Sohn glücklich die Herrschaft des römischen Reiches. Als aber nach göttlicher Fügung gerade durch der Kaiserin Verdienst und Betriebsamkeit der Vorrang des römischen Kaisertums fest begründet war, fehlte es nicht an schlechten Menschen, die unter ihnen Zwietracht zu säen sich bemühten. Getäuscht durch ihre Schmeicheleien wandte das Herz des Kaisers sich von seiner Mutter ab. Wollten wir aufzeichnen, wie viel und wie Schweres sie zu jener Zeit erduldete, so könnte es scheinen, wir träten dem Glanz eines so hohen Geschlechts zu nahe"*.

Doch geriet Adelheid auch durch politische Ereignisse ins Abseits, da sie aus Sicht ihres Sohnes und ihrer Schwiegertochter auf der falschen Seite stand. Zum einen war es der langwierige und für Otto gefährliche Aufstand Herzog Heinrichs des Zänkers von Bayern, zu dem die Kaiserin trotz allem aus besonderer Verbundenheit hielt und für den sie immer wieder bei ihrem Sohn Fürsprache einlegte. Der Kaiser zeigte seinem Cousin Heinrich gegenüber allerdings die volle Härte, entzog ihm das Herzogtum Bayern und verurteilte ihn schließlich nach einer erneuten Revolte 978 zu lebenslanger Haft in Utrecht. Seine Gemahlin Gisela, Adelheids Nichte, und ihre gemeinsamen Kinder verbannte der Kaiser in die entgegengesetzte Richtung nach Merseburg. Die fordernden Bitten seiner Mutter ausgerechnet für seinen Hauptfeind dürften Otto II. immer stärker gegen Adelheid aufgebracht haben.

Auch bei einem zweiten, ebenfalls mehrere Jahre schwelenden Krisenherd geriet die Kaiserin in einen Dauerkonflikt mit ihrem Sohn. Der junge französische König Lothar und seine

Gemahlin Hemma, Adelheids Tochter aus erster Ehe, versuchten, die Herzogtümer Ober- und Niederlothringen vom Reich abzulösen und dauerhaft an Frankreich zu binden. Als ihr Sohn Otto II. aber Lothars Bruder Karl mit dem Herzogtum Niederlothringen belehnte, obwohl dieser Königin Hemma des Ehebruchs mit dem Bischof von Laon beschuldigt und sie so in eine lebensgefährliche Situation gebracht hatte, packte wohl auch Adelheid allmählich die Wut auf Sohn und Schwiegertochter. Nachdem es König Lothar von Frankreich 978 bei einem plötzlichen Überfall auf Aachen beinahe gelungen wäre, Otto II. und Theophanu gefangen zu nehmen, wurde die Situation für Kaiserin Adelheid am Hof wohl so schwierig, dass sie zusammen mit ihrer Tochter Äbtissin Mathilde von Quedlinburg das Reich verließ. Sie hielt sich die folgenden zwei Jahre vermutlich überwiegend bei ihrem Bruder König Konrad von Burgund auf.

Nur wenige Monate nach der Geburt des Thronfolgers Otto III. reisten der Kaiser und Theophanu zusammen mit dem Säugling im Herbst 980 nach Italien, da Otto II. sich, bestärkt durch seine byzantinische Gemahlin, den vermeintlichen süditalienischen Interessen des Reiches zuwenden wollte. In Italien fühlte sich Otto II. als Herrscher noch nicht stark genug, sodass er eine öffentliche Versöhnung mit seiner Mutter in die Wege leitete und Dezember 980 in Pavia öffentlich zelebrierte. Dieser erneuten Annäherung von Mutter und Sohn waren lange Verhandlungen vorausgegangen, die für Adelheid ihr Bruder König Konrad von Burgund und ihr besonderer Vertrauter Abt Majolus von Cluny geführt hatten, die ebenfalls in Pavia anwesend waren. Der Kaiser wusste nur zu gut, dass seine Mutter die einflussreichste Frau südlich der Alpen war. Hatte sie ihn am Beginn seiner selbstständigen Herrschaft im Reich zunehmend gestört, so war er in Italien nun dringend auf sie angewiesen. Adelheid und ihre Tochter Mathilde begleiteten das Herrscherpaar noch bis Rom, wo das Osterfest gemeinsam in demonstrativer Harmonie und Eintracht gefeiert wurde. Während Otto und Theophanu von dort aus weiter nach Süden zogen, kehrte die Kaiserin wieder in ihre alte Hauptstadt Pavia zurück und residierte dort über zwei Jahre. Es scheint so, als habe ihr Otto II. die Statthalterschaft über Nord- und Mittelitalien übertragen, was vermutlich für Adelheid eine Bedingung für ihre Versöhnung mit ihm war.

Nach der entsetzlichen Niederlage des Kaisers gegen die Sarazenen in der Schlacht bei Cotrone im Juli 982, bei der ihr Sohn nur mit Mühe das nackte Leben retten konnte, reiste Adelheid umgehend von Pavia aus an die Südspitze des italienischen Stiefels, um ihm an diesem absoluten Tiefpunkt seiner Herrschaft beizustehen. Pfingsten 983 nahm sie am Hoftag in Verona teil, bei dem die Reichsfürsten ihren Enkel Otto III. zum Mitkönig wählten. Wieder zurück in Pavia erreichte Adelheid Mitte Dezember des gleichen Jahres die furchtbare Nachricht, dass ihr Sohn wenige Tage zuvor in Rom an der falschen Behandlung seiner Malaria mit nur 28 Jahren gestorben war. Da in Rom Unruhen ausbrachen, ließ sie Theophanu und Mathilde, die dem Sterbenden beigestanden hatten, rasch nach Pavia kommen. Weihnachten 983 war der dreijährige Otto III. in Aachen zum König gekrönt worden, als dort kurz nach der Zeremonie die Nachricht vom Tod seines Vaters eintraf. Erzbischof Willigis von Mainz zog alle Register seines politischen Könnens, um dem Kinderkönig den Thron zu erhalten. Denn inzwischen war Herzog Heinrich der Zänker aus der Haft entlassen worden und hatte sich in Köln des kleinen Otto bemächtigt, da er der nächste männliche Verwandte war. Schnell zeigte sich aber, dass er weniger daran interessiert war, für Otto III. bis zu dessen Mündigkeit als Regent zu wirken, sondern selbst die Königskrone für sich anstrebte.

Als in Pavia allmählich die Nachrichten über diese für Otto III. gefährliche Situation eintrafen, scheinen die beiden Kaiserinnen ihre gegenseitige Abneigung zurückgestellt und einen Burgfrieden geschlossen zu haben. Theophanu war jetzt ganz auf ihre Schwiegermutter angewiesen, erwies sich doch deren persönliche Nähe zu Heinrich dem Zänker, die von ihr früher so kritisiert worden war, nun als Vorteil. Nachdem dieser entscheidende Fehler gemacht und die von ihm anvisierte Krone wieder in unerreichbare Ferne gerückt war, gab Erzbischof Willigis den kaiserlichen Damen das Signal, dass jetzt die Zeit für ihre Rückkehr ins Reich gekommen war. Unterwegs nahm Adelheid noch ihren Bruder Konrad als Vermittler mit, war er doch durch ihre Initiative der Schwiegervater Heinrichs. Ende Juni 984 übergab er ihnen den Kinderkönig. Adelheid blieb noch so lange am Hof, bis sie die völlige Rehabilitierung Heinrichs erreicht hatte und der Einsetzung in sein altes Herzogtum Bayern auf dem Frankfurter Hoftag im Sommer 985 beiwohnen konnte. Erst dann reiste sie wieder nach Pavia ab. Die beiden Kaiserinnen hatten wohl eine Aufgabenverteilung vereinbart: Theophanu, maßgeblich unterstützt von Erzbischof Willigis von Mainz und dem Kanzler Bischof Hildebold von Worms, als Regentin im Reich und Adelheid als weitgehend selbstständige Statthalterin in Italien. Vermutlich war es vorher wieder mit Theophanu um einen Streit über das Verfügungsrecht Adelheids über ihr Witwengut im Reich gekommen, sodass für beide eine baldmögliche räumliche Trennung höchst sinnvoll war.

Es muss die alte Kaiserin hart angegangen sein, dass sie schon ein Jahr später wieder an Theophanus Hof zurückkehren musste, hatte ihre Tochter Königin Hemma sie doch in mehreren Briefen angefleht, sich dort für sie einzusetzen. Die französische Königin hatte zu Beginn des Jahres 986 ihren Mann Lothar verloren und geriet durch die Feindschaft ihres Sohnes in eine unhaltbare Lage. Ihr Schwager Karl von Niederlothringen, den Theophanu unterstützte, hetzte ihren eigenen Sohn, den neuen französischen König Ludwig V., gegen sie auf. Er griff gemeinerweise den Klatsch eines unsittlichen Verhältnisses mit dem Bischof von Laon wieder auf, um seine Mutter politisch kaltzustellen, und agierte so ganz im Sinne seines neuen Freundes Herzog Karl. Doch ein paar Monate später starb Hemmas Sohn bei einem Jagdunfall und sie geriet in die Gefangenschaft ihres Schwagers Karl, der nun selbst Ansprüche auf den französischen Thron erhob. Theophanu unterstützte aber die Kandidatur Hugo Capets, ebenfalls ein Cousin des verstorbenen Kaisers Otto II., und kümmerte sich anscheinend wenig um das Schicksal Hemmas.

Bevor ihre Mutter über andere Kanäle etwas für Hemma tun konnte, verstarb diese in Gefangenschaft im Spätherbst 988.

Zwischenzeitlich einigten sich die beiden Kaiserinnen immerhin in einem der heikelsten Punkte ihres schwierigen Verhältnisses, die uneingeschränkte Verfügungsgewalt über Adelheids Witwengüter im Reich, die diese nun erhielt. Gleichzeitig erfolgte eine große Landschenkung an Adelheids Tochter Äbtissin Mathilde. Vielleicht war die Grundbedingung, die Theophanu vor ihre Zustimmung setzte, der Verzicht ihrer Schwiegermutter auf eine eigene Herrschaftsausübung in Italien. Denn seit dieser Zeit ist Adelheid dort nicht mehr nachweisbar. Vielmehr scheint sie sich damals überwiegend mit der sorgfältigen Gründung ihres Grabklosters Selz im Elsass beschäftigt zu haben, wohin sie sich zurückziehen wollte.

Anscheinend stellte Adelheid aber später noch einmal Nachforderungen, sodass es im Frühjahr 991 erneut zu einer schweren Konfrontation der beiden Kaiserinnen kam, die sogar bis in den Nachruf Odilos von Cluny nachhallte. Dieser überliefert einen bösen Satz Theophanus nach diesem Streit, der an Deutlichkeit nichts zu wünschen übrig lässt: *„Wenn ich noch ein Jahr lebe, so soll Adelheid von der ganzen Erde nicht mehr regieren, als man mit der Hand umspannen kann."* Und sie fährt fort: *„Diese unvorsichtige Äußerung machte die göttliche Strafe zur Wahrheit. Denn noch ehe vier Wochen vergangen waren, musste die griechische Kaiserin von dieser Welt Abschied nehmen, die Kaiserin Adelheid überlebte sie und verblieb im Genuss ihres Glücks."*

Der fromme Abt erklärt somit den plötzlichen Tod Theophanus am 15. Juni 991 in der Pfalz Nimwegen mit Anfang dreißig als göttliche Strafe für ihre geplante völlige Entmachtung Adelheids. Der letzte Streit mit ihrer Schwiegertochter scheint sie derart gekränkt zu haben, dass sie weder an deren Beisetzung in Köln teilnahm, obwohl sie die Todesnachricht in Quedlinburg erhielt. Hier kümmerte sie sich ungerührt weiter um die Beerdigung eines ihrer engsten Vertrauten, der kurz vor Theophanu verstorben war. Auch zur Absicherung von deren

Seelenheil machte sie keinerlei Stiftungen. Theophanus Sohn Otto III. konnte dies erst nachholen, nachdem er im Sommer 994 mit Ende vierzehn für mündig erklärt worden war und selbstständig regieren konnte.

„Edelste Kraftspenderin der Könige und Reiche“

Nach dem Tod seiner Mutter, bei dem Otto III. gerade einmal elf Jahre alt war, rückte seine Großmutter Adelheid für die folgenden drei Jahre unangefochten als Regentin nach. Dieser endgültige Triumph über ihre verhasste Schwiegertochter muss ihr besondere Genugtuung verschafft haben, konnte sie sich doch auch hier durch göttliches Walten besonders beschützt und geehrt fühlen. Allerdings überließ sie anscheinend das politische Alltagsgeschäft aufgrund ihres hohen Alters weitgehend dem bewährten Regierungsteam aus Erzbischof Willigis und seinem Kanzler Hildebold und beschränkte sich freiwillig mehr auf eine eher repräsentative Rolle. Die Kaiserin nahm nun auch nicht mehr dauerhaft am Umherreisen des Hofes teil. Ihr Hauptinteresse galt dem Ausbau ihrer letzten Stiftung Selz, wie sie überhaupt gerade in ihren letzten Jahren durch ihre geradezu verschwenderischen Schenkungen an Klöster zur *„Verteidigerin der Mönche"* wurde.

Sie war es aber, die ihren Enkel Otto III. darauf drängte, möglichst schnell die Kaiserkrone zu erwerben, so wie sie einst ihrem zweiten Mann Otto dem Großen das Kaisertum vermittelt hatte. Odilo von Cluny beschreibt dies so: *„Deshalb erlangte er durch die Verdienste seiner Großmutter und die Tätigkeit der Fürsten die römische Kaiserwürde"*. Nachdem Otto III. am 21. Mai 996 durch den von ihm eingesetzten und mit ihm verwandten Papst Gregor V. zum Kaiser gekrönt worden war, schrieb er Adelheid einen anrührenden Dankesbrief: *„Entsprechend eurem Entschluss und Wunsch hat uns Gott die Rechte des Kaisertums mit glücklichem Erfolg übertragen. Deshalb beten wir zu Gott. Euch aber statten wir unseren Dank ab. Wir* *sind uns nämlich der mütterlichen Zuneigung und der frommen Förderung bewusst und können nicht anders, als euch gehorsam sein. Indem wir erhoben werden, wird euer Ruhm erhöht. Daher bitten und wünschen wir sehr, dass das Reich, durch euch vorangebracht und so gefördert, in seinem jetzigen Zustand glücklich geleitet werde.*"

Mit diesen überraschend persönlichen Worten stellt er der alten Kaiserin ein hervorragendes menschliches und politisches Zeugnis aus. Deutlich wird der starke Einfluss, den Adelheid auf die Kaisererhebung aller drei ottonischen Herrscher hatte, denen sie im wahrsten Sinn des Wortes den Horizont nach Süden öffnete. Nach seiner Rückkehr ins Reich sahen sich Großmutter und Enkel nur noch einmal bei der als Staatsakt zelebrierten Einweihung der Klosterkirche von Selz am 19. November 996. Mit dem Petruspatrozinium, der Weihe am Weihetag des Petersdomes und der Unterschutzstellung unter den Papst, brachte die alte Kaiserin den hohen Anspruch ihrer Stiftung zum Ausdruck.

Selz war die letzte von drei Klostergründungen Adelheids. Odilo von Cluny beschreibt dies in seinem Nachruf mit folgenden Worten: *„Denn soviele Reiche sie durch Gottes Gnade mit den kaiserlichen Ottonen und zwar zuerst mit dem Kaiser, dann mit ihrem Sohn, endlich mit ihres Sohnes Sohn besessen hatte, soviel Klöster gründete sie auf eigene Kosten zur Ehre des Königs der Könige"*. Denn nach dem burgundischen Peterlingen und dem italienischen San Salvatore begann sie etwa zwölf Jahre vor ihrem Tod, so die von Odilo von Cluny überlieferte Zeitangabe, auch mit einer ambitionierten Klostergründung im Reich. Damit bildete sie gleichsam auch in ihrem ewigen Seelenheilgedenken stolz die drei Reiche ab, über die sie als Königin und Kaiserin geherrscht hatte.

Doch warum gründete Adelheid ihr Grabkloster ausgerechnet in Selz, heute ein unbedeutendes elsässisches Dorf, das gegenüber dem erheblich jüngeren Rastatt liegt? Bei ihrer Hochzeit mit Otto dem Großen 951 und nochmals 968 nach dem Tod der Königin Mathilde bekam Adelheid als Witwengut großen Grundbesitz übertragen, der vor allem im nördlichen Elsass lag. Für das Herrscherpaar geriet diese vorher von Otto nicht besonders beachtete Region als Bindeglied zu den untergeordneten Königreichen Burgund und Italien in den Blickpunkt ihres Interesses. Dies zeigt sich auch daran, dass Adelheids Bruder Rudolf nun ebenfalls zentrale Güter im Elsass erhielt und sich gar als Herzog dieses Landstriches titulieren durfte. Ihrer beider Mutter Berta übergab König Otto I., wohl auf Drängen Adelheids, schon zwei Jahre nach der Hochzeit die Benediktinerinnenabtei Erstein südlich von Straßburg zur Versorgung, die später auch ihre Tochter erhielt. Erstein entwickelte sich gar zur wichtigsten Pfalz der Ottonen im Elsass. In der dortigen Kirche lag mit der Gründerin Irmgard, Gemahlin Lothars I., gar eine karolingische Kaiserin begraben. Nicht allzu weit davon entfernt gab es mit Andlau ein weiteres Frauenkloster, das Gründung, Grablege und Rückzugsort einer Kaiserin war, hier der Gemahlin Kaiser Karls III., der hl. Richardis. Damit befand sich Adelheid mit ihrer Gründung Selz gleichsam in bester Gesellschaft.

Doch beabsichtigte die alte Kaiserin keineswegs, in ihr Kloster einzutreten, weshalb sie hier einen Mönchskonvent ansiedelte. Als ersten Abt setzte sie ihren Freund Ecemann ein, der zuvor Mönch in Cluny gewesen war. Damit sorgte sie dafür, dass ihre Gründung wie ihre beiden anderen Stiftungen die Lebensgewohnheiten der burgundischen Reformabtei übernahm. Allerdings sollte Selz nicht vollständig Cluny übergeben und Teil des europaweiten Klosterverbandes werden, sondern Reichskloster bleiben. Nachdem Adelheid von Theophanu 987 die Verfügungsgewalt über ihre deutschen Witwengüter bestätigt bekommen hatte, begann sie ihr Werk in Selz. Richtig in Schwung kam der Aufbau des Klosters allerdings erst nach dem Tod Theophanus und der Übernahme der Regentschaft für Otto III. durch Adelheid in den Jahren zwischen 991 und 994. Jetzt konnte sie ungehindert im Namen ihres königlichen Enkels Schenkungsurkunden zugunsten von Selz ausstellen lassen, darunter auch ein Münz- und Marktprivileg, um die Wirtschaftskraft der Klostersiedlung zu fördern. Vielleicht plante sie, Selz zum wichtigsten Ort zwischen Speyer und Straßburg auszubauen, was allerdings nicht gelang, wie der spätere Niedergang von Abtei und Siedlung zeigen sollte.

Das Grabkloster Adelheids entstand in den Ruinen eines römischen Ortes und einer spätantiken Festung, letztere vielleicht wieder hergerichtet als Wohnung der Kaiserin, da sie ja die Klausur des Mönchsklosters nicht betreten durfte. Mit der Gründung von Selz hatte sich Adelheid zum einen einen verkehrsgünstig und zentral zwischen ihren drei Reichen gelegenen angenehmen Rückzugsort geschaffen, der sie durch sein mildes Klima und die schöne Lage in der oberrheinischen Tiefebene sicherlich an die Poebene ihrer zweiten Heimat Italien erinnerte. Zudem hatte sie sich damit einen Großteil ihrer deutschen Witwengüter über ihren Tod hinaus für ihr Seelenheil gesichert. Denn Hauptzweck ihrer Stiftung war ja das dauerhafte Gebet der Mönche für ihre Stifterin.

Adelheid konnte sich nach dem Ende der Regentschaft für ihren Enkel auf dem Gipfel ihres Ruhms sonnen. Ihr großes Selbstbewusstsein schöpfte sie vorrangig nicht aus ihren politischen Erfolgen, sondern aus einem Gefühl göttlichen Auserwähltseins. Aus ihrer Sicht hatte Gott sie schwer geprüft, um sie danach umso glanzvoller zu erheben. So konnte sie um 995 in einem Brief an einen Würzburger Kleriker, in dem es einfach nur darum ging, ein Quartier für sich und ihren Hof für die Durchreise zu bestellen, fast beiläufig erwähnen, die Fülle der göttlichen Gewalt habe ihr fast alle Reiche unterworfen. In Freundschaft wären ihr alle Mächtigen verbunden. Wie hoch Adelheids Ansehen selbst in ihren späten Jahren war, zeigt die Anrede in einem wohl um 994 verfassten Schreiben der Mönche des Klosters Feuchtwangen an sie: *„Alles überragende Herrin, edelste Kraftspenderin der Könige und der Reiche, stets unbesiegbare Kaiserin"*. Durch Weisheit und Intelligenz habe sie sich das ganze Kaiserreich unterworfen, so die Mönche weiter.

Die Kaiserin wusste selbst nur zu gut, was sie in ihrem langen Leben alles erreicht hatte. Daher musste sie sich nicht an die Macht klammern, sondern konnte auch anderen den Vortritt lassen. Als ihr Enkel Otto III. 997 zu seinem zweiten Italien- und Romzug aufbrach, der im Gegensatz zu seiner Krönungsreise mehrere Jahre dauern und von dem er nicht mehr lebend zurückkehren sollte, übergab er nicht Adelheid, sondern deren Tochter Äbtissin Mathilde von Quedlinburg und damit seiner Tante die Statthalterschaft im Reich. Es muss ein schwerer Schlag für die alte Kaiserin gewesen sein, als Mathilde Anfang Februar 999 mit nur vierundvierzig Jahren in Quedlinburg verstarb. Damit hatte sie nicht nur ihr mittlerweile viertes Kind verloren, sondern auch eine Tochter, die zu ihrer besonderen Vertrauten geworden war. Lange Jahre hatte Mathilde ihre Mutter begleitet, nachdem sie den Hof ihres Sohnes Otto II. verlassen hatte. Politischen Weitblick, Willen zur weiblichen Herrschaftsausübung, Frömmigkeit und Stolz auf die besondere Herkunft hatte sie ihr weitergegeben.

Nun fühlte Adelheid ihr eigenes Ende herannahen, das sie ganz im Sinne des im Mittelalter hochgeschätzten „guten Todes" sorgfältig vorbereiten wollte. So verteilte sie den immer noch gewaltigen Rest ihres italienischen Witwengutes in der Pfalz Erstein an ihre Abtei San Salvatore bei Pavia und ein anderes Kloster. Danach brach sie mit ihren achtundsechzig Jahren zu einer letzten Reise in ihre alte Heimat Burgund auf. Ihr Bruder König Konrad war bereits seit einigen Jahren verstorben, doch regierte dessen Sohn Rudolf III. und damit ihr Neffe nun das Königreich. Da er Schwierigkeiten hatte, sich seiner renitenten Vasallen zu erwehren, wollte die alte Kaiserin ihm nun mit ihrer ganzen Autorität zu Hilfe eilen und dauerhaften Frieden schaffen. Doch gab es neben diesem politischen Grund noch einen anderen, weit bedeutungsvolleren. Adelheid wollte Abschied nehmen von den Stätten ihrer Kindheit und gleichzeitig letztmals das Seelenheil ihrer Eltern, ihres Sohnes und ihr eigenes durch großzügige Stiftungen vor Ort absichern. So suchte sie das zusammen mit ihrer Mutter gestiftete Kloster Peterlingen auf, um noch einmal an deren Grab zu verweilen und den Mönchen reiche Geschenke zu übergeben, damit sie umso motivierter für diese beteten. Das Gleiche tat sie dann in Saint-Maurice im Wallis am Grab ihres Vaters. Dort erhielt sie die Nachricht vom Tod Bischof Francos von Worms, einer ihrer besonderen Vertrauten und Bindeglied zu ihrem kaiserlichen Enkel. Laut Odilo von Clunys Nachruf brach sie vor Trauer zusammen, da sie plötzlich die Angst erfasste, auch ihr Enkel könnte noch vor ihr sterben. Sie bat Gott inständig, ihr wenigstens diesen Verlust zu ersparen. Otto III. verstarb zwar mit nur einundzwanzig Jahren Anfang 1002 in der Nähe von Rom, doch überlebte er seine Großmutter immerhin um zwei Jahre.

Genf und Lausanne waren weitere Stationen auf Adelheids letzter Reise. Hier verehrte sie die Reliquien weiterer Heiliger, bevor sie noch das gewaltige Reformkloster Cluny aufsuchte. Lebenslang hatte sie es gefördert und ihre eigenen drei Klostergründungen ihm angeschlossen. Mit dem Großabt Majolus von Cluny, der schon einige Jahre zuvor verstorben war, hatte sie eine intensive Freundschaft gepflegt. Auch zu seinem Nachfolger Odilo fasste sie besonderes Vertrauen, wie der von ihm in seinem Nachruf beschriebene tränenreiche Abschied der beiden auf dieser Reise zeigt. Bei ihrem Aufenthalt in Cluny erfuhr sie von einem Großbrand, der das wichtigste französische Heiligtum, das Grabkloster des hl. Martin in Tours, schwer beschädigt hatte. Sie sandte nicht nur eine große Geldsumme dorthin, sondern auch den halben, reich verzierten Kaisermantel Ottos II. als besonderen Altarschmuck. Ganz symbolhaft stellte sie mit dieser Mantelteilung das Seelenheil ihres kaiserlichen Sohnes unter den Schutz des hl. Martin, der mit seiner berühmten Mantelteilung vor dem Stadttor von Amiens zum Inbegriff christlicher Nächstenliebe geworden war. Andere Geschenke schickte sie an die Abtei Saint-Benoît-sur-Loire, dessen Mönche angeblich das Grab des heiligen Ordensvaters Benedikt hüteten.

Im Spätherbst kehrte die Kaiserin wieder nach Selz zurück, galt es doch, den Jahrestag des Todes ihres Sohnes Otto II. am 7. Dezember 999 feierlich in Selz zu begehen. Erzbischof Willigis von Mainz und andere Große waren eigens hierfür angereist. Wie für ein großzügiges, mittelalterliches Jahrgedächtnis üblich, verteilte Adelheid persönlich Almosen an die herbeigeströmten Armen, damit auch sie für das Seelenheil ihres Sohnes beteten. Die Zeremonie scheint die Kaiserin über Gebühr angestrengt zu haben, denn kurz danach litt sie an Fieberanfällen, die sie zunehmend schwächten. In Vorausahnung ihres Todes ließ sie sich die letzte Ölung spenden und nahm eine geweihte Hostie zu sich. Den Mönchen befahl sie, die Bußpsalmen anzustimmen und die Heiligen anzurufen. Da der Tod langsam kam, konnte sie auch noch Abschied von ihrem kleinen Hofstaat und den anwesenden Fürsten und Geistlichen nehmen. In der Nacht vom 16. auf den 17. Dezember 999 verstarb Adelheid. Ihrem Wunsch gemäß bestatteten sie die Selzer Mönche in dem schon lange von ihr in der Abteikirche vorbereiteten Grab.

Als Odilo von Cluny in den ersten Jahren des 11. Jahrhunderts zum Gedächtnis der großen Kaiserin deren Lebensbeschreibung verfasste, hatte er wohl schon ihre geplante Heiligsprechung im Blick. Adelheid war für ihn geradezu das Musterbeispiel einer christlichen Herrscherin, die alle königlichen Tugenden wie Gerechtigkeit, Freigiebigkeit, Barmherzigkeit, Mildtätigkeit, Versöhnungsbereitschaft, Friedenswillen, Weisheit, Demut und Frömmigkeit besaß. So konnte Odilo in seinem Vorwort des Nachrufes an die Mönche der von Adelheid wieder aufgerichteten Abtei San Salvatore bei Pavia nicht nur anmerken, seine Schrift diene dazu, damit das Andenken ihrer Stifterin nicht vergessen werde, sondern damit sie auch *„vor den Ohren der Kaiserinnen und Königinnen ertöne. Möge dann, wenn sie Großes von Großen vernehmen und derjenigen, die wir besprechen, auf dem Pfad der Ehrsamkeit zu folgen sich bestreben, wenigstens die häusliche Sorgfalt durch sie belebt werden, wie durch jene das öffentliche Wohl lange und weithin gekräftigt wurde"*.

Abt Odilo konnte seine Lebensbeschreibung der Kaiserin schon mit der summarischen Erwähnung vieler Wunder an ihrem Grab, vor allem Krankenheilungen, schließen, mit denen Gott schon gleich nach ihrem Tod angeblich Adelheids Heiligkeit aller Welt vor Augen führte. Denn Selz lag im Mittelalter nicht so abgelegen wie heute, sondern einst direkt am Rhein, der wichtigsten Nord-Süd-Achse Europas für den Handelsverkehr. Die den Fluss begleitende, schon von den Römern angelegte Straße nutzten zudem viele Rompilger, die vom kostenlosen Essens- und Übernachtungsangebot im Klosterhospital gerne Gebrauch machten. Dort erfuhren sie dann von der berühmten Herrscherin und Wunder wirkenden Heiligen, die in der Abteikirche ruhte. Kurz nach der Mitte des 11. Jahrhunderts stellten die Selzer Mönche ein eigenes kleines Buch aller an ihrem Grab geschehenen Wunder zusammen, das zusammen mit der Lebensbeschreibung Odilos für die offizielle Heiligsprechung durch den Papst unabdingbar war. Demnach heilte die Kaiserin nicht nur weitere Kranke, die teils von weit hergekommen waren, sondern schützte auch nach ihrem Tod ihre Gründung Selz. So verhinderte angeblich ihr himmlisches Eingreifen, dass sich der Mann ihrer Nichte Gerberga, Herzog Hermann I. von Schwaben, als vermeintlicher Erbe am Klosterbesitz vergreifen konnte. Nach seiner Kaiserkrönung besuchte auch Heinrich II. auf dem Rückweg Selz, wo ihn eine plötzliche Krankheit überfiel. Daraufhin ließ er sich an das Grab der Kaiserin tragen und versprach ihr den Bau einer Kapelle, woraufhin er wieder gesund wurde. Außerdem befreite er das Kloster vom kostspieligen Reichsdienst. Sein Nachfolger Heinrich III., der über seine Gemahlin Agnes von Poitou Cluny besonders gewogen war, gab der burgundischen Abtei weitere Rechte an dem aber weiterhin in Reichsbesitz verbleibenden Kloster Selz.

Vermutlich hätte die Heiligsprechung Adelheids noch in der Zeit der Regentschaft der Kaiserin Agnes in Rom zügig vorgenommen werden können, wäre es nicht im Herbst 1061 zum lang andauernden Papstschisma gekommen. Danach behinderte der ausbrechende Investiturstreit zwischen Heinrich IV. und Papst Gregor VII., bei dem der für Selz zuständige Straßburger Bischof lange auf der Seite des Königs stand, das Unternehmen. So dauerte es trotz hoffnungsvoller und energischer Anfänge schließlich bis 1097, ehe Papst Urban II. Adelheid auf der Lateransynode als erste mittelalterliche Kaiserin offiziell heiligsprach.

Schon unter den Staufern, welche die neuen Orden der Prämonstratenser und Zisterzienser förderten, besaß Kloster Selz keine überregionale Bedeutung mehr. Zu Beginn des 14. Jahrhunderts vernichtete dann auch noch ein Rheinhochwasser das Grabkloster Adelheids völlig. Ihr Reliquienschrein, der gerettet worden war, erhielt in einer neuen, nun etwas höher gelegenen Kirche seinen Platz, bis er während der Französischen Revolution zerstört wurde. Ein Denkmal aus dem Ende des 19. Jahrhunderts ist daher alles, was in Selz noch an die große Kaiserin erinnert. Es entstand in der Phase der Zugehörigkeit des Elsasses zum von den Preußen erneuerten Kaiserreich und sollte gleichsam den historischen Anspruch auf diesen von Frankreich zurückeroberten Reichsteil demonstrieren. Nach den fatalen Konflikten Frankreichs und Deutschlands in den beiden Weltkriegen geriet das Andenken der nun „deutschen" Adelheid in Selz wieder in Vergessenheit.

„Die Griechin"

KAISERIN THEOPHANU

um 959/60–991

Auch wenn wir wissen, wie jung das Mittelalter gerade in seinen Führungspersönlichkeiten war, überraschen die Lebensdaten Theophanus doch: mit zwölf Jahren herausgerissen aus ihrem behüteten Leben im Luxus byzantinischer Paläste und mit einem unbekannten Herrschersohn des barbarischen Westens vermählt, mit dreizehn schon an dessen Seite mitregierende Kaiserin, mit dreiundzwanzig Witwe und energische Regentin für ihren unmündigen Sohn und schließlich ihr früher Tod als Dreißigjährige. Doch nicht nur ihr entschiedenes politisches Handeln in einer von Männern dominierten Welt und ihr rasches Hineinwachsen in ein in jeder Hinsicht fremdes Land erstaunen. Als erster byzantinischer Braut eines deutschen Herrschers kommt ihr zudem eine wichtige Mittlerfunktion zwischen der hochstehenden Kultur ihres Heimatlandes und dem in vielen Bereichen unterentwickelten Reich zu. Zusammen und oft im Widerspruch mit ihrer ebenso machtbewussten Schwiegermutter Kaiserin Adelheid findet sich hier weibliche Herrschaftsausübung des Mittelalters auf ihrem Höhepunkt, erreicht nur noch von der Salierin Agnes von Poitou.

Braut aus Byzanz

Bevor Prinzessin Theophanu als künftige Gemahlin Kaiser Ottos II. 972 in Italien eintraf, hatte es bereits mehrfache Bemühungen von dessen Vater Otto I. gegeben, durch ein Ehebündnis das byzantinische und deutsche Reich einander anzunähern. Zunächst dachte König Otto I. daran, beide Länder so im Abwehrkampf gegen die verheerenden ungarischen Reiterscharen zusammenzuschließen. Denn politische Absprachen besiegelte man im Mittelalter gerne durch ein Eheprojekt der beteiligten Familien. Da der König seine beiden Schwestern schon nach Frankreich verheiratet hatte, bestimmte er seine Nichte Hadwig, Tochter seines Bruders, des Bayernherzogs Heinrich, zur vorgesehenen Braut des oströmischen Thronfolgers. Der byzantinische Kaiser schickte 949 bereits einen Eunuchen, um das Mädchen die griechische Sprache zu lehren, was sicherlich die besondere Neugierde der bayerischen Hofdamen hervorrief, da eine solche Art von Mann im Westen unbekannt war. Auch ein Maler wurde eigens vom Bosporus an die Donau zur bayerischen Hauptstadt Regensburg geschickt, um ein realistisches Porträt der künftigen Braut anzufertigen. So konnte der Bräutigam in spe seine Erwartungen entsprechend anpassen. Wie die anekdotenhafte Überlieferung berichtet, war die kleine Hadwig von der Aussicht, in weite Ferne verheiratet zu werden, wenig begeistert. Ihren Protest brachte sie in kindlichem Trotz dadurch zum Ausdruck, dass sie während der Porträtsitzung fortwährend Grimassen schnitt und so den Maler zur Verzweiflung trieb. Unverrichteter Dinge musste dieser wieder nach Byzanz zurückkehren. Durch den endgültigen Sieg Ottos I. 955 gegen die Ungarn auf dem Lechfeld ließen beide Seiten das Eheprojekt aber wieder fallen. Der kleinen Hadwig blieb ein Leben im politisch unruhigen Byzanz und seinem intriganten Hof erspart. Sie heiratete später den schwäbischen Herzog Burkhard III. und lebte nach dessen frühem Tod 974 als reiche, unabhängige Witwe noch mehr als zwei Jahrzehnte auf ihrer Residenz Hohentwiel, wo sie sich als vielfache Mäzenin und Mittelpunkt eines eigenen kleinen, literarisch ambitionierten Hofes betätigte. In ihren letzten Jahren trat sie auch in Kontakt mit Kaiserin Theophanu und dürfte hier zum Vergnügen beider ihre frühen Griechischkenntnisse zum Besten gegeben haben.

Die Heirat König Ottos I. 951 mit seiner zweiten Gemahlin Adelheid veränderte dessen Politik erheblich. Durch diese Eheverbindung legitimierte er sich nun auch als König Italiens und trat damit in die Fußstapfen des europäischen Großreichs Karls des Großen. Ihm nacheifernd erlangte er unter einigen Schwierigkeiten 962 die Kaiserkrone im Petersdom und verband nun die Wiederbelebung des weströmischen Reichs mit dem sächsischen Haus. Da Otto Anspruch auf die alten langobardischen Fürstentümer Capua und Benevent zwischen Rom und Neapel erhob, musste er zwangsläufig in Konflikt mit dem byzantinischen Reich geraten, das ganz Süditalien seiner Interessensphäre zurechnete. Um hier zu einem Ausgleich zu kommen, seiner Dynastie aber auch die Anerkennung der weströmischen Kaiserkrone durch den Nachfolger Ostroms zu sichern, ließ Otto nun für seinen gleichnamigen Sohn um die Hand Annas, Tochter des ermordeten Kaisers Romanos II. und Stieftochter des regierenden byzantinischen Herrschers Nikephoros Phokas, werben. Diese war eine sogenannte „Purpurgeborene", das heißt eine im mit ägyptischem purpurfarbenen Porphyr, also dem allein dem Kaiser vorbehaltenen kostbaren Baumaterial, errichteten Gebärhaus der Kaiserin im weiträumigen Palastbezirk von Byzanz geborene Prinzessin.

Kaiser Otto I. schickte 967 den venezianischen Kaufmann Dominicus als Brautwerber an den Bosporus. Dominicus stand unter erheblichem Erfolgsdruck und versprach dem byzantinischen Kaiser mehr, als ihm sein Auftraggeber aufgetragen hatte, nämlich den völligen Rückzug der Deutschen aus Süditalien. Als die Gegengesandtschaft des Nikephoros das Missverständnis aufklärte, ließ dieser das Eheprojekt auf Eis legen. Otto machte Druck, indem er bis Bari vorrückte, das aber der Belagerung standhielt. Um seine Ranggleichheit mit Byzanz aller Welt zu demonstrieren, griff Otto zu einem geschickten Schachzug. Er rief seinen zwölfjährigen Sohn Otto II. nach Rom, wo ihn der Papst zum Mitkaiser krönte. Der Staatsakt fand am 25. Dezember 967 im Petersdom statt, am gleichen Festtag und Ort, an dem sich einst im Jahr 800 Karl der Große zum Kaiser hatte krönen lassen. Vorbild für das Mitkaisertum war Byzanz, sodass Otto I. seinen Sohn als künftigen Bräutigam einer oströmischen Kaisertochter entsprechend aufwertete.

Im Sommer des folgenden Jahres schickte er erneut einen Brautwerber nach Byzanz, diesmal den langobardischen Bischof Liutprand von Cremona. Dieser war der griechischen Sprache mächtig, doch stand ihm seine übergroße Eitelkeit bei den Eheverhandlungen mehr als erschwerend im Weg. Kaiser Nikephoros verschleppte die Gespräche nicht nur volle drei Monate, sondern demütigte den anmaßenden Gesandten vor aller Augen. Damit sollte natürlich auch Otto I. getroffen werden, dessen Kaisertum und süditalienische Ansprüche man hier keinesfalls anerkennen wollte. Schließlich musste Liutprand unverrichteter Dinge wieder abziehen, da Nikephoros ihn letztendlich wissen ließ, eine byzantinische Kaisertochter wäre noch nie ins Ausland verheiratet worden. Der byzantinische Herrscher befahl sogar, Liutprand die Purpurstoffe wieder abzunehmen, die dieser in großen Mengen hier eingekauft hatte. Denn dieser spezielle Stoff stand nach Nikephoros' Ansicht nur dem rechtmäßigen und damit allein dem oströmischen Kaiser zu. Nachdem Liutprand zerknirscht und wütend schimpfend Otto Bericht über das unmögliche Verhalten der Byzantiner erstattet hatte, war der Kaiser außer sich vor Zorn über diesen unglaublichen Affront. Sicher war es für ihn dann eine umso größere Genugtuung, als er vom Sturz und der Ermordung Nikephoros' durch eine Palastrevolution im Dezember 969 erfuhr.

An dessen Stelle trat der Feldherr Johannes Tzimiskes, der seinen Vorgänger beseitigt hatte. Der neue Basileus war sogleich durch eine russisch-bulgarische Bedrohung in Bedrängnis geraten, was Otto I. für einen dritten Feldzug nach Süditalien ausnutzte. Der byzantinische Kaiser konnte keine zweite Front gebrauchen und signalisierte daher Verhandlungsbereitschaft über die territorialen Ansprüche der Deutschen und die Wiederaufnahme des aufgegebenen Eheprojektes. Otto hatte aus den Fehlern der beiden fehlgeschlagenen Gesandtschaften gelernt. Nun schickte er nicht nur einen der vornehmsten Kirchenfürsten des Reiches, Erzbischof Gero von Köln, sondern mit ihm gleich eine ganze Gruppe prachtvoll ausstaffierter Würdenträger, um im verwöhnten Byzanz Eindruck zu machen und nicht so barbarisch wie allgemein behauptet zu erscheinen. Doch auch Gero konnte Kaiser Johannes Tzimiskes nicht bewegen, Prinzessin Anna, Tochter seines Vor-Vorgängers nach Westen zu schicken. Was der Erzbischof als künftige Braut Ottos II. aushandelte, war immerhin eine angeheiratete Nichte des Kaisers, ein zwölfjähriges Mädchen namens Theophanu. Noch vor ihrer Abreise nach Westen konnte die Prinzessin den Triumphzug ihres Onkels erleben, als dieser Bulgaren und Russen besiegt und die byzantinische Nordgrenze wieder bis zur Donau vorgeschoben hatte.

Lange hat die Forschung gerätselt, wer die Eltern Theophanus waren. Über die Namensgebung der ersten beiden Kinder Ottos II. und Theophanus, den Prinzessinnen Adelheid und Sophia, gelang die Auflösung, da das junge Paar so beide Mütter ehrte. Demnach war Theophanus Mutter Sophia Angehörige der bedeutenden Adelsfamilie der Phokas und Nichte des ermordeten Kaisers Nikephoros Phokas. Theophanus Vater Konstantinos Skleros war über seine Schwester Maria Schwager des Kaisers Johannes Tzimiskes. Mitglieder beider Familien hatten sich als Krieger und Feldherren bewährt, sodass Theophanu einen beträchtlichen Erbteil an Mut und Durchsetzungskraft erhielt, wie sich später noch eindrucksvoll bei ihr zeigen sollte.

Auch die Namensgeberin „unserer" Theophanu war eine Herrscherin von beträchtlicher Energie, Skrupellosigkeit und Machtbewusstsein. Als Tochter eines Kneipenwirts und daher damals von mehr als zweifelhaftem Ruf hatte sie ihr einziges Kapital, ihre überragende Schönheit, eingesetzt, um Kaiser Romanos II. dauerhaft an sich zu binden. Da durch den raschen Dynastiewechsel in Byzanz allgemein der Herkunft der Herrscherfrauen nicht allzu viel Aufmerksamkeit und kritische Betrachtung geschenkt wurden, gelang es ihr sogar, von Romanos II. geheiratet zu werden und an seiner Seite zur Kaiserin aufzusteigen. Mit der Eheschließung legte sie ihren bisherigen Namen Anastaso zugunsten des erheblich vornehmer klingenden Theophanu ab. Nach dem Tod ihres Mannes heiratete sie den siegreichen General Nikephoros Phokas und verschaffte ihm so den Kaiserthron. Nach sechs Jahren gemeinsamer Herrschaft war sie seiner schroffen Art und seines abstoßenden Äußeren derart überdrüssig, dass sie zusammen mit ihrem jungen Geliebten Johannes Tzimiskes die Ermordung ihres Gatten plante. Nachdem der Anschlag 969 gelungen war, wurde wunschgemäß Johannes zum Nachfolger des Getöteten ausgerufen. Theophanu wollte nun wieder den neuen Kaiser heiraten, um wie gewohnt weiter zu herrschen. Doch machte ihr ausgerechnet der oströmische Patriarch diesmal einen dicken Strich durch die Rechnung, indem er sich erfolgreich der geplanten Eheschließung widersetzte. Theophanu musste den Kaiserpalast verlassen und wurde durch die Verbannung auf eine Bosporus-Insel dauerhaft von der Macht ferngehalten.

„Unsere" Theophanu, die in einem der vielen Paläste der byzantinischen Hauptstadt aufgewachsen war, dürfte als Großnichte Kaiser Nikephoros' und Nichte von Johannes Tzimiskes also hautnah Auf- und Abstieg ihrer großen Namensgeberin miterlebt haben. Möglichkeiten, aber auch Grenzen weiblicher Herrschaftsausübung wurden der jungen Prinzessin somit schon in jungen Jahren deutlich vorgelebt. Wie sich später zeigen wird, scheint sie sich, zumindest was Unerschrockenheit und weibliches Machtbewusstsein angeht, an ihr orientiert und aufgerichtet zu haben. Deren mehr als lockeren Lebenswandel, der dieser letztendlich zum Verhängnis geworden war, war aber „unserer" Theophanu lebenslang abschreckendes Beispiel. Selbst griechenfeindliche Chronisten bescheinigten ihr auch als junger Witwe untadelige Sitten und vorbildhafte moralische Strenge mit sich selbst. Denn im Gegensatz zu Byzanz, wo Herrscherfrauen und -töchter wie im alten Rom munter in der Politik mitmischten und recht frei von moralischen Zwängen agierten, konnte sich eine Kaiserin des Westens, deren Herrschaftsausübung aufs Engste mit den Reichsbischöfen verknüpft war, selbst als Regentin keinerlei Techtelmechtel oder rücksichtslose Brutalität leisten, ohne sofort alles aufs Spiel zu setzen. Daher überrascht es nicht, wie auffällig skandalfrei die westlichen Kaiserinnen im Vergleich zu ihren östlichen Amtsschwestern lebten.

Nachdem die Heirat Prinzessin Theophanus mit Otto II. beschlossen war, blieb nur wenig Zeit, die junge Frau auf ihre neue

Heimat vorzubereiten, die so gänzlich anders als ihre alte war. Der Brautwerber Erzbischof Gero dürfte die wenigen Wochen bis zur Abreise und die Überfahrt nach Bari hektisch genutzt haben, um dem zwölfjährigen Mädchen wenigstens ein paar Worte Deutsch beizubringen und über Dolmetscher erste Grundkenntnisse über ihr künftiges Reich zu vermitteln. Im Vergleich mit ihren westeuropäischen Standesgenossinnen scheint Theophanu trotz ihres jugendlichen Alters schon eine fundierte Ausbildung erhalten zu haben, sodass ihre Auffassungsgabe für das viele Neue, das nun ungefiltert auf sie hereinprasselte, schon gut entwickelt war. Während westliche Prinzessinnen der damaligen Zeit ihre Ausbildung in Frauenklöstern und Damenstiften erhielten, war Theophanu mitten im politischen und kulturellen Herz des byzantinischen Reiches und damit erheblich realitätsnäher aufgewachsen. War sie vorher nur eine unter vielen Damen des riesigen byzantinischen Hofes, stand sie nun unversehens im Mittelpunkt, da Eheschließungen mit auswärtigen Mächten bisher nicht vorkamen. Obwohl ihre Tante Kaiserin Maria damals wohl schon verstorben war, kümmerte sich Kaiser Johannes Tzimiskes gründlich um eine mehr als sensationelle Brautausstattung, sollte dem barbarischen Westreich doch deutlich vor Augen geführt werden, wer der eigentliche Nachfolger des römischen Reiches war. So häuften sich vor den Augen des staunenden Mädchens immer mehr Schätze auf, die mit ihm in die neue Heimat reisen sollten: Gold- und Silbergeschirr, Kristallbecher und -tassen, Gold- und Emailschmuck, Unmengen von bunten Seidenstoffen, aber auch Parfüms, Schminktiegel, Kämme, Elfenbeine, Perlen, Edelsteine, antike Gemmen und Kameen, Schachspiele aus Halbedelsteinen sowie Reliquien bedeutender Heiligen aus den reichen Schätzen der Palastkapellen ergaben ein überwältigendes Reisegepäck.

Die Reise ging von Byzanz aus mit mehreren Schiffen nach Bari und dann über Land in einem prachtvollen Hochzeitszug nach Benevent, der südlichsten Stadt unter der Herrschaft ihres Schwiegervaters Ottos I. und ihres Bräutigams Ottos II. Erst hier empfing eine deutsche Gesandtschaft unter Führung Bischof

Dietrichs von Metz, einem Cousin des Kaisers, die Braut. Die Übergabe Theophanus fand wohl auf Wunsch ihres Schwiegervaters ausgerechnet in dieser Stadt statt, um öffentlich zu demonstrieren, dass der byzantinische Kaiser die deutschen Ansprüche auf Capua und Benevent anerkannte, gleichsam als Mitgift für seine Nichte. Anfang April 972 erreichte die aufsehenerregende deutsch-byzantinische Reisegesellschaft endlich Rom, Ort der geplanten Eheschließung. Otto I. wollte so in der alten Hauptstadt des wiederbelebten weströmischen Reiches aller Welt vor Augen führen, dass mit dieser Heirat der byzantinische Kaiser seine Ranggleichheit anerkannte. Zugleich sollte der Ausgleich der territorialen Ansprüche des Reiches in Süditalien mit Ostrom betont werden.

Als die Braut in Rom von der kaiserlichen Familie und dem Hof empfangen wurde, gab es zwar einiges Murren darüber, dass sie keine Purpurgeborene war. Manche empfanden dies gar als Beleidigung und rieten dem Kaiser, das Mädchen einfach wieder zurückzuschicken. Doch Otto I. erkannte als versierter Machtpolitiker, dass selbst eine angeheiratete Nichte eines regierenden Kaisers, wenn auch eines Usurpators, immer noch besser sei als eine Tochter einer längst entmachteten Dynastie, wie es die eigentlich gewünschte Anna gewesen wäre. Zudem scheint Theophanu trotz ihrer jungen Jahre erheblichen Eindruck gemacht zu haben. Gleich mehrfach wird von den Chronisten ihre blendende Schönheit, ihre erstaunliche Eloquenz und Klugheit gepriesen, alles Qualitäten, die einer künftigen Herrschergemahlin gut anstanden und sicherlich auch den mittlerweile sechzigjährigen Frauenkenner Otto entzückt haben dürften. Der byzantinische Kaiser hatte, wohl um die zu erwartende Enttäuschung über die nicht Purpurgeborene abzumildern, seine Nichte mit einer mehr als verschwenderischen Mitgift ausgestattet. So konnte man in Rom nicht nur eine wunderschöne Prinzessin, sondern einen beträchtlichen Abglanz der Schätze ihrer Heimat bewundern, die im Westen nicht ihresgleichen hatten. Allein Theophanus Name, der „Gotteserscheinung“ bedeutet, war schon exotisch genug. Besonders die Damen des Hofes dürften vor Neid erblasst sein, galten in Byzanz doch ganz andere Maßstäbe an das Auftreten einer adeligen Frau. Geschminkt und kunstvoll frisiert, mit üppigem Gold- und Emailschmuck behängt und in farbenprächtige, golddurchwirkte Seidengewänder der byzantinischen Hofmanufakturen gekleidet, muss Theophanus Eindruck umwerfend gewesen sein. Spätere, natürlich klerikale Chronisten, ereiferten sich, dass erst durch Theophanu die Damen des Hofes und des Hochadels zu, in ihren Augen, maßlosem Luxus der äußeren Erscheinung verführt worden wären.

Der prachtvolle Einzug in Rom und die Hochzeit am 14. April 972 im Petersdom dürften trotz Theophanus weiterem höchst ereignisreichen Leben immer den Höhepunkt ihrer Erinnerung gebildet haben. Denn Kaiser Otto I. ließ diesen ungeheuren Prestigegewinn seiner Dynastie, der nicht mit Gold aufzuwiegen war, mit dem glanzvollsten Fest seiner Epoche feiern. Rom und der Petersdom waren hierfür gerade gut genug, um der Überlegenheit seiner Machtfülle und der wiederbelebten weströmischen Kaisertradition Ausdruck zu verleihen. Man kann sich nur schwer vorstellen, was im Innern eines zwölfjährigen Mädchens vorging, das innerhalb von Wochen mehr oder weniger unvorbereitet in eine völlig andere Umgebung mit fremder Sprache und Kultur hineingeworfen, aber zugleich glanzvoller Mittelpunkt eines ungemein prächtigen Staatsaktes wurde. Denn Theophanu heiratete nicht nur den schon zum Mitkaiser erhobenen, fünf Jahre älteren Otto II., sondern sie wurde noch vor der Eheschließung durch den Papst zur Kaiserin gekrönt. Damit folgte man byzantinischen Vorbildern, was vielleicht Teil der Absprache bei den Eheverhandlungen war. Inmitten dieses römischen Festreigens, der nicht nur aus kirchlichen Zeremonien, sondern auch aus Gastmählern und Lustbarkeiten bestand, dürfte sich Theophanu eigentlich noch wie in Byzanz gefühlt haben. Zwar galt hier eine andere Liturgie, die zudem noch in der lateinischen Sprache zelebriert wurde, doch war die Pracht der antiken Marmorsäulen und Mosaiken der konstantinischen Petersbasilika und der römischen Paläste noch durchaus mit ihrer Heimatstadt vergleichbar. Was für ein

Schock muss es dann für sie gewesen sein, als sie die im Vergleich dürftige Ausstattung der Residenzen und die allgemeine Rückständigkeit in ihrem künftigen Reichsteil nördlich der Alpen kennen lernte. Mit dem Ende der Feierlichkeiten begann für Theophanu sogleich eine unaufhörliche Reisetätigkeit zur Regierungsausübung, da ihre neue Heimat im Gegensatz zu Byzanz keine Hauptstadt besaß. Doch nicht nur das äußere Erscheinungsbild der Städte und Paläste beider Länder war höchst unterschiedlich, auch was Steuern, Justiz, Militärwesen, Schifffahrt, Befestigungstechnik, Handel und vieles mehr angeht, reiste Theophanu jetzt regelrecht in ein barbarisches Entwicklungsland. Vielleicht war es ihre kluge und machtbewusste Schwiegermutter Adelheid, burgundische Königstochter und durch ihren ersten Mann einstige Königin von Norditalien sowie an der Seite ihres zweiten Gemahls Ottos I. Kaiserin, die ihr zum Trost die immense Machtfülle und das riesige Reich ausmalte, das sie mit Otto II. einst besitzen sollte.

Letztes Zeugnis der prunkvollen römischen Hochzeits- und Krönungsfeierlichkeiten gibt heute noch die prächtigste Urkunde des deutschen Mittelalters, die sich überhaupt erhalten hat. Allein die Ausmaße sind mit 144 auf 40 Zentimeter schon beeindruckend. Mit Goldtinte ist auf ihr die wahrhaft kaiserliche Morgengabe Ottos II. an seine Gemahlin verzeichnet, die Theophanu zur reichsten Frau Europas machte. Nahe an ihrer alten Heimat erhielt sie die Provinz Istrien und die Grafschaft Pescara, nördlich der Alpen das gesamte Witwengut der verstorbenen Königin Mathilde, der Großmutter ihres Mannes, darüber hinaus aber auch die Provinzen Walcheren und Wichelen sowie die reiche Benediktinerinnenabtei Nivelles. Zudem wird Theophanu als *consors imperii*, als Teilhaberin am Kaiserreich, tituliert, eine Anrede, die ihre Schwiegermutter Adelheid in die deutsche Kanzleisprache eingeführt hatte. Das Kaiserpaar erscheint somit in den offiziellen Urkunden als Herrschaftsteam, was Theophanu einen erweiterten Handlungsspielraum zusicherte. Als Würdigung ihrer byzantinischen Herkunft sind die Pergamentblätter wie in dortigen kaiserlichen Prachturkunden purpurfarben eingefärbt und nach dem Vorbild byzantinischer Seidenstoffe mit einem Hintergrund aus Tiermedaillons verziert. Diese heute in Wolfenbüttel aufbewahrte Heiratsurkunde war vermutlich eine Schmuckausfertigung einer verlorenen echten Urkunde, die für die Kaiserin eigens aus Repräsentationsgründen hergestellt worden war. Theophanu vermachte dieses wertvolle Erinnerungsstück ihrer zweitgeborenen Tochter Sophia, die im ottonischen Damenstift Gandersheim erzogen und später dort Äbtissin wurde. Erst beim Ausräumen des Archivs nach Auflösung des Stiftes im frühen 19. Jahrhundert entdeckte man dieses kostbare Dokument wieder.

Mit ihrem Bräutigam scheint Theophanu Glück gehabt zu haben. Nicht nur der Altersunterschied von fünf Jahren war für Herrscherehen auffallend gering. Otto II. hatte, ganz im Gegensatz zu seinem Vater Otto I., der erst nach dem Tod seiner ersten Gattin Edgitha als Erwachsener Lesen und Schreiben lernte, eine gute und umfassende Ausbildung erhalten, die zudem bei ihm auf fruchtbaren Boden gefallen war. Chronisten zufolge war er sowohl in Literatur als auch Wissenschaften bewandert. Ein Schlaglicht auf seinen Intellekt wirft jene Episode auf der Rückreise von seiner Hochzeit in Rom, als die kaiserliche Familie das hochbedeutende Kloster St. Gallen besuchte. Otto II. ließ sich die bis heute erhaltene und schon damals reich gefüllte Bibliothek aufschließen und stöberte in deren einmaligem Bestand herum. Der Abt konnte sich der kaiserlichen Bitte nicht verschließen, einige wertvolle Bücher zum Kopieren auszuleihen. Da es die Mönche nicht wagten, gleich ein Rückgabedatum zu vereinbaren, dauerte es noch Jahre und einige Mahnungen, bis alles wieder im Regal stand. Wie für einen Königssohn der damaligen Zeit üblich, erhielt Otto aber auch durch einen sächsischen Grafen Kampf- und Reitunterricht, da von ihm erwartet wurde, dass er sich persönlich in den Schlachten bewährte. Das ständige Training scheint gut angeschlagen zu haben, denn seine besonderen Körperkräfte wurden besonders gerühmt. Im Gegensatz zu seinem Vater scheint Otto II. jedoch eher von kleinerer Gestalt gewesen zu sein, wie man bei der Öffnung seines Grabes in der Neuzeit feststellte. Da er später den Beinamen *Rufus*, der Rote, erhielt, dürfte er rötliche Haare als besonderes Merkmal besessen haben.

Nach ihrer Hochzeit hatte Theophanu noch ausführlich Gelegenheit, Rom kennenzulernen, da der Hof zunächst noch einige Wochen in der Ewigen Stadt blieb. Als frisch gekrönter Kaiserin dürfte man ihr hier die Besonderheiten des weströmischen Kaisertums, aber auch der Stellung des Papsttums samt der Organisation der katholischen Kirche erklärt haben, die hier im Westen eine entscheidende Stütze der Herrschaft ihrer neuen Familie war. Da ihr Schwiegervater Italien weitgehend dem Reich wiedergewonnen hatte, reiste der Hof gemächlich über die alte Kaiserresidenz Ravenna, wo Theophanu letztmals Zeugnisse einstiger byzantinischer Herrschaft sehen konnte, und Pavia, der alten langobardischen Hauptstadt, zurück. In Pavia, der einstigen Residenz ihrer Schwiegermutter Adelheid in ihrer Zeit als Gemahlin des Königs von Norditalien, wird ihr diese die beste Führerin durch die Geschichte dieses neuen Reichsteils gewesen sein. Zugleich könnte Theophanu hier schon begriffen haben, dass ihre Schwiegermutter sich nicht einfach nur als Gattin Kaiser Ottos I. verstand, sondern eine äußerst selbst- und machtbewusste Persönlichkeit war, was später zu nicht geringen Konflikten zwischen den beiden vielleicht gar nicht so unterschiedlichen Frauen führen sollte.

Der Alpenübergang fand zwar im Hochsommer statt, bildete für die bisher so behütet im byzantinischen Palastbezirk aufgewachsene Prinzessin dennoch ein Abenteuer der besonderen Art. Südlich des Bodensees machte der Hof dann – wie bereits erwähnt – Station in der reichen Benediktinerabtei St. Gallen, sicherlich auf Wunsch Ottos II., der seiner gebildeten jungen Gemahlin seinen ehemaligen Lehrer Ekkehard vorstellen wollte, der hier als Mönch lebte. Die Klosterchronik überliefert uns auch anekdotenhaft etwas von den Spannungen zwischen Vater und Sohn. Denn der alte Kaiser wollte die als vorbildhaft gepriesene Disziplin der Mönche prüfen, indem er mitten im Chorgebet in der Kirche seinen großen Stab fallen ließ. Doch keiner der Mönche blickte trotz des lauten Knalls auf. Otto II. soll diese Szene sarkastisch mit den Worten kommentiert haben, dass er sich über das Fallen des Stabes wundere, halte sein Vater doch sonst die Herrschaft so fest in Händen und gebe ihm auch nicht ein Stückchen davon ab.

Von St. Gallen zog der Hof nun weiter Richtung Bodensee, der sich bald in seiner ganzen Schönheit vor der jungen Kaiserin ausbreitete. Über die Bischofsstadt Konstanz, wo ebenfalls ein feierlicher Empfang durch Bischof und Bevölkerung stattfand, fuhr man mit Schiffen hinüber zur Insel Reichenau mit seinem berühmten Kloster. Die kaiserliche Familie wollte Theophanu damit überraschen, dass hier die griechische Sprache von einigen Mönchen gepflegt wurde und das sicherlich unter einigem Heimweh leidende Mädchen sich so noch einmal in ihrer Muttersprache unterhalten konnte. Weiter ging die Reise durch das Oberrheintal, einem der fruchtbarsten Teile des Reiches, per Schiff nach Ingelheim, wo der Hof im milden Rheingau den Herbst verbrachte. Auch dieser Aufenthalt scheint mit Rücksichtnahme auf Theophanu gewählt worden zu sein, um ihr den Übergang und die Gewöhnung an ihre neue Heimat zu erleichtern. Denn die von Karl dem Großen nach dem Vorbild spätantiker Paläste errichtete Ingelheimer Pfalz war neben Aachen die einzige Residenz, die wenigstens in etwa mit byzantinischen Palästen mithalten konnte. Der Rhein, Gärten, Weinberge und Jagdgründe boten dem jungvermählten Paar eine mehr als angenehme Umgebung. Auch nach dem frühen Tod ihres Mannes sollte Theophanu hier immer wieder längeren Aufenthalt nehmen.

Der alte Kaiser dürfte seine Schwiegertochter auch ins nahe Mainz mitgenommen haben, Sitz des hochrangigsten Reichsbischofs. Hier konnte er die junge Frau aus der Fremde in seine Familiengeschichte einführen, lagen doch in der – heute verschwundenen – Abtei St. Alban auf einem Hügel über der Stadt drei seiner Kinder begraben: sein nur vier Jahre zuvor verstorbener Sohn Wilhelm aus einer vorehelichen Beziehung mit einer gefangenen slavischen Prinzessin, den er zum Erzbischof von

Mainz und zum Statthalter während früherer Italienzüge gemacht hatte, sowie seine beiden Kinder Liudgard und Liudolf aus seiner ersten Ehe mit der angelsächsischen Königstochter Edgitha. Besonders über Liudolf dürfte Theophanu einiges zu hören bekommen haben, hatte dieser doch nach der Wiederverheiratung seines Vaters mit Adelheid einen Aufstand begonnen, da er zu Recht um das ihm schon zugesicherte Recht auf die Thronfolge fürchtete. Sehr persönliche Worte könnten hier also gefallen sein.

Das Weihnachtsfest feierte der Hof im nicht weit entfernten Frankfurt am Main, wo man auch die restlichen Wintermonate verbrachte. Palmsonntag zog Otto I. an der Spitze seiner Familie und seines Hofes wie einst Christus in Jerusalem in sein geliebtes Magdeburg ein. Nach zähem Ringen hatte er endlich dessen Erhebung zum Erzbistum erreicht. In der mittlerweile zur Kathedrale erhobenen Mauritiuskirche ruhte schon seit langen Jahren seine erste Gemahlin Edgitha, an deren Seite er auch sein Grab schon vorbereiten ließ. Zum Schmuck der Kirche hatte Otto nicht nur antike Marmorsäulen herbeischaffen lassen, die im Nachfolgebau bis heute zu sehen sind, sondern ebenso Reliquien bedeutender Heiliger, die am Tage des Jüngsten Gerichts Fürsprache für ihn und Edgitha einlegen sollten.

Theophanu war nun mitten in Sachsen angekommen, dem Stammland ihrer neuen Familie. Hier gab es nicht mehr wie an den Städten des Rheins noch große römische Reste, die sie an ihre Heimat erinnerten, sondern alles dort war wild, fremd und urtümlich und daher für sie extrem gewöhnungsbedürftig. Mit dem Osteraufenthalt des Hofes in Quedlinburg wurde die Einführung der Byzantinerin in die ottonische Familiengeschichte nahtlos fortgesetzt, ruhten in der Stiftskirche doch die Eltern ihres Schwiegervaters, König Heinrich I. und seine Gemahlin Mathilde. Letztere hatte hier auf dem Felsen der einstigen Pfalz ein Damenstift gegründet, wo jetzt die gleichnamige einzige Schwester ihres Mannes lebte, die für Theophanu, aber auch noch für ihren Sohn Otto III. eine wichtige Vertrauensperson bis hin zur Statthalterin werden sollte. Die junge Kaiserin sah auf dem hier gefeierten Hoftag ihren Schwiegervater auf dem glanzvollen Höhepunkt seiner Macht inmitten der Reichsfürsten und -bischöfe, der Herzöge von Polen und Böhmen sowie Gesandtschaften aller wichtigen Nachbarländer bis hin nach Byzanz.

Frühe Bewährungsprobe

Die Schonzeit Theophanus, in der sie sich allein darauf konzentrieren konnte, Sprache, Gebräuche und politische Verhältnisse ihrer neuen Heimat kennenzulernen, endete schon nach einem einzigen Jahr. Denn Kaiser Otto I. erlag am 7. Mai 973 in der Pfalz Memleben einer Darminfektion. Automatisch trat ihr schon lange zum Mitkönig und -kaiser gekrönter achtzehnjähriger Ehemann die Nachfolge an. Theophanu war damals erst dreizehn Jahre alt. Ihre größte Stütze dürfte Kaiserin Adelheid gewesen sein, die mit Anfang vierzig nicht nur ihre Schwiegertochter, sondern auch noch ihren jungen Sohn in der Herrschaftsausübung anleitete und damals faktisch die Regierung führte. Die Einberufung eines Hoftags in Worms im Juni 973 fand nun erstmals unter dem neuen Kaiser Otto II. statt und sollte ihn den Großen des Reiches als voll regierungsfähig präsentieren. An seiner Seite stand zwar Theophanu, doch war allen Beteiligten klar, dass nicht dieses Mädchen, sondern die erfahrene und einflussreiche Kaiserinwitwe Adelheid die erste Dame im Reich war. Ihr großer Einfluss auf ihren Sohn nahm erst ab, als sie sich im Aufstand des bayerischen Herzogs Heinrich des Zänkers allzu sehr auf dessen Seite neigte. Die Kaiserinwitwe hatte wohl zeitlebens eine Schwäche für Heinrich, hatte sie doch schon sein gleichnamiger Vater, der Bruder ihres Mannes Otto I., nach ihrer Befreiung aus italienischer Gefangenschaft sicher zu ihrem neuen Gemahl geleitet, vielleicht sogar diese Eheschließung mit initiiert. Aus lebenslanger Dankbarkeit und Freundschaft hatte Adelheid später auch für seinen Sohn Heinrich den Zänker eine mehr als standesgemäße Ehe gestiftet, indem sie ihm ihre Nichte Gisela, Tochter ihres Bruders Konrad, des Königs von Burgund, vermittelte. Der bayerische Herzog Heinrich erhielt seinen wenig schmeichelhaften Beinamen „der Zänker" durch seinen vergeblichen zweimaligen Griff nach der deutschen Krone.

Schon 974 verbündete sich Heinrich der Zänker mit den Herzögen von Polen und Böhmen gegen den neuen Kaiser Otto II., der seine große, fast königsgleiche Herrschaftsausübung in Süddeutschland deutlich einschränken wollte. Heinrichs Schwester Hadwig, die wir schon als verhinderte Braut für den byzantinischen Thronerben kennengelernt haben, hatte den schwäbischen Herzog Burchard II. geheiratet, der 974 starb. Kaiser Otto II. manövrierte Hadwig bei der Neubesetzung des wichtigen Herzogtums aus und übergab dieses seinem Neffen Otto, Sohn von Ottos I. Sohn Liudolf. Für Kaiser Otto II. war der Aufstand gegen ihn äußerst gefährlich, musste er doch zeitgleich eine Invasion der Dänen im Norden abwehren. Da sich die Sachsen aber nicht der Erhebung Heinrichs anschlossen, konnte dieser gefangen genommen und in der Ingelheimer Pfalz standesgemäß inhaftiert werden. Zwei Jahre später entkam Heinrich und begann in seinem Herzogtum Bayern sofort eine erneute Erhebung gegen seinen kaiserlichen Cousin zu starten. Otto II. schlug hart zurück, eroberte die bayerische Hauptstadt Regensburg und setzte den geflohenen Heinrich als Herzog ab. Dieser gab sich jedoch nicht geschlagen und operierte von Böhmen aus weiter gegen den Kaiser. Erst 977 konnte er nach Einnahme der Stadt Passau wieder festgesetzt werden. Auf einem Hoftag verurteilte der Kaiser seinen renitenten Dauerkonkurrenten und Cousin zu unbegrenzter Haft, die er im weit von seiner Heimat entfernten Utrecht unter dem wachsamen Auge des dortigen Bischofs abzusitzen hatte. Doch sollte er nur wenige Jahre später nach dem Tod Ottos II. zum Gegenschlag ausholen, gegen den sich dann vor allem Theophanu im Namen ihres unmündigen Sohnes zu wehren hatte.

In diesen turbulenten Anfangsjahren der Regierung Ottos II. scheint die noch jugendliche Kaiserin früh gereift zu sein. Immer häufiger taucht sie in den Urkunden ihres Mannes als entscheidende Fürbitterin auf, Zeichen ihres enorm gewachsenen Einflusses. Hier erscheint sie sogar nach byzantinischem

Vorbild häufig mit dem Titel *coimperatrix*, also Mitkaiserin. Gleichzeitig schwand der Einfluss ihrer Schwiegermutter Adelheid deutlich. Der Kaiser scheint seiner Mutter, die sich in für ihn kränkender Weise anscheinend allzu deutlich für den aufständischen Heinrich eingesetzt hatte, immer weniger vertraut zu haben. So wie ihn sein Vater allzu lange am Gängelband gehalten hatte, wollte nun auch seine Mutter wohl zu fordernd die Richtung seiner Regierung bestimmen. In seiner Gemahlin Theophanu hingegen scheint ihm eine weitaus loyalere und ebenso kluge Ratgeberin erwachsen zu sein, sodass *coimperatrix* beileibe keine leere Urkundenfloskel gewesen zu sein scheint.

Ein besonderer Affront muss es für Adelheid gewesen sein, als ihr Sohn 977 ausgerechnet den Karolinger Karl zum Herzog von Niederlothringen erhob. Denn dieser hatte kurz zuvor seine Schwägerin Hemma, Frau des französischen Königs Lothar, öffentlich des Ehebruchs mit dem Bischof Adalbero von Laon beschuldigt. Hemma war aber Tochter Adelheids aus erster Ehe mit dem König von Italien. Die Kaiserinwitwe war daher mehr noch als um die Ehre ihrer Tochter um deren gefährdete politische Stellung besorgt, verbreitete sich dieser haltlose Klatsch erst einmal. Daher dürfte es für Adelheid nur ein schwacher Trost gewesen sein, als Otto II. und Theophanu ihr im Sommer 977 geborenes erstes Kind nach ihr benannten. Die Eltern übergaben die kleine Adelheid schon früh zur Erziehung ins Damenstift Quedlinburg, wo sich die Äbtissin Mathilde, Schwester Ottos II. und Tochter der Kaiserin Adelheid, des Mädchens annahm und sie zu ihrer späteren Nachfolgerin erzog. Bei der rastlosen Reisetätigkeit zur Regierungsausübung schien es dem Kaiserpaar einfach das Beste für sein Kind, wenn es wohlbehütet an einem einzigen Ort aufwachsen konnte, wo es bestens versorgt war.

Als Theophanu genau ein Jahr später hochschwanger in der Aachener Pfalz weilte, konnte sie zusammen mit ihrem Mann nur knapp einem Überfall des französischen Königs Lothar entkommen, der seine Ansprüche auf Lothringen anmeldete. Da Lothar Schwiegersohn der Kaiserinwitwe Adelheid war, dürfte dies das Verhältnis des Kaiserpaares zu ihr weiter verschlechtert haben. Otto II., der mit seiner Frau nach Köln flüchten konnte, holte rasch zum Gegenschlag aus und verfolgte die französischen Truppen bis vor Paris, das er allerdings vergeblich belagerte.

Auch die 978 geborene Tochter Sophia kam bald in die Obhut eines Damenstiftes ihrer Familie, diesmal Gandersheim, das von der Schwester Heinrichs des Zänkers geleitet wurde. Auch hier trat später Sophia die Nachfolge an. Beide Schwestern, die erst als über Sechzigjährige sterben sollten, spielten sowohl beim Übergang der Königskrone auf Heinrich II. 1002 als auch auf den Salier Konrad II. 1024 eine wichtige Rolle. Politisch scheint Sophia die Bedeutendere gewesen zu sein, da sie später am Hof ihres unverheirateten Bruders Otto III. die Rolle der ersten Frau des Reiches ausfüllte.

Im Sommer 979 kam mit Mathilde die dritte Tochter des Kaiserpaares zu Welt, die ihr Bruder Otto III. 993 dem rheinischen Pfalzgrafen Ehrenfried (Ezzo) zur Frau gab. Die Legende erklärte die unstandesgemäße Ehe mit dem erheblich älteren Grafen damit, dass Otto III. seine Schwester als Einsatz im Schachspiel gegen Ezzo verloren habe. Doch ging es eher darum, die mächtigste Familie im Westen des Reiches gegen französische Begehrlichkeiten zu stärken, indem durch eine Ehe eine möglichst enge Verbindung geschlossen wurde. Begraben liegt die 1024 verstorbene Mathilde in dem von ihr und ihrem Mann gegründeten Benediktinerkloster Brauweiler nahe Köln. Von ihren zehn Kindern wurden allein sechs Äbtissinnen der bedeutendsten Frauenklöster des Reiches, Richeza erste Königin von Polen und Hermann Erzbischof von Köln. Eine ihrer Töchter benannte Mathilde nach ihrer Mutter Theophanu. Sie leitete später das Damenstift Essen, wo sie sich als Bauherrin und Mäzenin betätigte. Als sie 1058 dort verstarb, verschwand dieser griechische Namen wieder aus der deutschen Geschichte. Aber wir sind der Zeit vorausgeeilt.

Im Sommer 980 wurde dem Kaiserpaar endlich der ersehnte Thronfolger Otto III. geboren, der allerdings schon mit einundzwanzig Jahren sterben sollte. Wie die wenigen Jahre seiner selbstständigen Regierung zeigen, wäre er wohl einer der erstaunlichsten Herrscher des deutschen Mittelalters geworden, vergleichbar etwa dem großen Staufer Friedrich II., da beide in ihrer Person die Kulturen des Nordens und Südens verschmolzen. Die Geburt des Thronfolgers scheint einigermaßen dramatisch verlaufen zu sein, denn sie fand nicht in der Pfalz Nimwegen statt, wohin Theophanu gerade unterwegs war, sondern etwas zu früh mitten im Reichswald Kessel nahe Kleve. Vermutlich war es sogar unerwartet eine Zwillingsgeburt, da der Kaiser damals für eine weitere, allerdings namenlose und damit wohl schon bei der Geburt verstorbene Tochter eine Stiftung für deren Seelenheil machte.

Kaiserin Adelheid, die ihren Einfluss am Hof ihres Sohnes immer mehr schwinden sah und gleich mehrfach in einen politischen Konflikt mit ihm geriet, war der zunehmenden Querelen wohl langsam überdrüssig. Zudem war ihr mit Theophanu trotz deren Jugend eine ebenbürtige Konkurrentin um die Stellung der bevorzugten Ratgeberin des Kaisers erwachsen. Doch war Adelheid eine zu stolze und erfolgsverwöhnte Frau, um sich dauerhaft brüskieren zu lassen. Daher entfernte sie sich in diesen für sie kritischen Jahren immer öfter vom Hof, bis sie schließlich nach dem dramatischen Geschehen des Überfalls von Aachen 978 dauerhaft nach Süden zu ihrem Bruder Konrad, dem König von Burgund, und dann auf ihre riesigen norditalienischen Witwengüter zog. Hier konnte sie wieder frei atmen und war als ehemalige italienische Königin und Kaiserinwitwe die unangefochtene Herrin und erste Dame des Landes. Hier brauchte sie nicht mehr demütig um den Zugang zu ihrem Sohn zu bitten, sondern bestimmte einfach selbst, was geschah.

Für Otto II. war dieser demonstrative und vermutlich recht öffentlichkeitswirksame Rückzug seiner Mutter vom Hof nicht nur persönlich kränkend, sondern auch ein politischer Affront. Doch besaß Adelheid noch genug ihr wohlgesonnene und einflussreiche Reichsfürsten sowie -bischöfe, die Otto II. entsprechend bearbeiteten, die Versöhnung mit seiner Mutter zu suchen. Nach einem erfolgreichen Polenfeldzug im Herbst 979, dem Friedensschluss mit dem französischen König Anfang 980 und der Geburt des Thronfolgers im Sommer des gleichen Jahres war für den Kaiser die Zeit reif, erneut nach acht Jahren nach Italien zu ziehen. Als seinen Stellvertreter für das Reich nördlich der Alpen bestimmte er Erzbischof Willigis von Mainz, den er schon 975 als besonderen Vertrauten zum Primas der Reichskirche gemacht hatte. Bei der Abreise ahnte wohl niemand, dass der Italienzug volle drei Jahre dauern und Otto II. nicht mehr lebend davon zurückkehren würde. Allerdings sollte dann die große Stunde des Willigis schlagen und zeigen, wie berechtigt das große Vertrauen war, das sein Herr einst in ihn gesetzt hatte.

Im Dezember 980 trafen der Kaiser, Theophanu und ihr nur ein halbes Jahr alter Sohn Otto in Pavia ein, wo in aller Öffentlichkeit der Akt demonstrativer Versöhnung mit Adelheid stattfand. Wie tief das Zerwürfnis gewesen sein muss, zeigen die hochbedeutenden Vermittler, die aufgeboten werden mussten, um Adelheid zum Einlenken zu bewegen. Otto II. hatte den König von Burgund als Bruder Adelheids und den Großabt Majolus von Cluny als ihren Freund und Seelenführer bewegt, auf sie in seinem Sinn einzuwirken. Als Abschluss der internen Verhandlungen fand dann der tränenreiche Staatsakt öffentlicher Versöhnung in der alten Hauptstadt Adelheids statt. Hier ging es weniger um eine Familien-, denn um eine politische Angelegenheit. Dennoch dürfte trotz Versprechungen um wieder größere Einflussnahme und Aufgabe von Feindseligkeiten gegen Adelheids französischen Schwiegersohn und Tochter auch ein emotionaler Moment eine Rolle gespielt haben. Das Kaiserpaar hatte trotz aller Widrigkeiten eines Alpenübergangs im Spätherbst seinen kleinen Sohn mitgenommen, um Adelheid ihren neuen Enkel und künftigen Thronerben zu präsentieren. All dies scheint gewirkt zu haben, denn die Kaiserinmutter tat im dramatischen Geschehen drei Jahre später alles, um zusammen mit ihrer Schwiegertochter Theophanu ihm den gefährdeten Thron zu sichern.

Adelheid schloss sich ihrer Familie nun an, die mit dem Schiff bequem über den Fluss Po nach Ravenna reiste. Hier ist überliefert, dass der Kaiser ein hochphilosophisches Streitgespräch zwischen zwei absoluten theologischen „Stars" seiner Zeit leitete, dem Reimser Domschullehrer Gerbert von Aurillac, dem späteren Papst, und dem einstigen Leiter der Magdeburger Domschule Ohtrich, jetzt Mitglied der Hofgeistlichkeit. Diese Episode wirft ein seltenes Schlaglicht auf die hohe Bildung und den Intellekt des Kaisers. Über Land zog der Hof dann nach Rom. Otto hatte vorsorglich ein großes Kontingent an Truppen unter zahlreichen Reichsfürsten und -bischöfen mit über die Alpen genommen. Denn hier in Rom wollte er den vertriebenen Papst Benedikt VII. wieder in sein Amt einsetzen, was ihm erstaunlich rasch und friedlich gelang. Der Kaiser präsentierte sich hierbei nicht nur als oberster Schutzherr der Kirche, sondern auch als Stellvertreter Christi auf Erden. Zusammen mit dem Papst leitete er im Petersdom eine Synode, um die über mehrere Jahre aufgestauten strittigen Fragen innerhalb der Kirche zu klären. In dieser großen Stunde vergaß er aber auch nicht das Seelenheil seines Vaters Otto des Großen. Er erreichte vom Papst umfassende Privilegien für das von ihm und Theophanu vor der Abreise gestiftete Kloster Memleben, wo sein Vater und Großvater gestorben waren und ihre Eingeweide ruhten, die ihnen vor dem Transport der einbalsamierten Leichname zur ihren Graborten Quedlinburg und Magdeburg entfernt worden waren.

Nach dem Vorbild des großen Kölner Familientages, den Otto der Große 965 auf dem Höhepunkt seiner Macht einberufen hatte, fand nun in Rom zum Osterfest des Jahres 981 ein ähnliches Treffen statt. Hier sollten nicht nur die wiedergefundene innerfamiliäre Harmonie der Öffentlichkeit vor Augen geführt, sondern auch der Friede bestätigt werden, der unter den versammelten politischen Funktionsträgern herrschte. Neben Otto II., Theophanu und Adelheid nahmen an dem Fest- und Staatsakt teil: Äbtissin Mathilde von Quedlinburg, Tochter Ottos I. und Adelheids und Schwester Ottos II., der Bruder Adelheids, König Konrad von Burgund, und seine Gemahlin Mathilde, Cousine Ottos II., der spätere französische König Hugo Capet, ebenfalls ein Cousin des Kaisers, sowie Herzog Otto von Schwaben und Bayern, Neffe des Kaisers. Um diesen

Kern gruppierte sich ein großer Kreis von Reichsbischöfen und Hochadeligen der beteiligten Länder, was den Glanz des römischen Familientages noch verstärkte.

Tödliches Abenteuer

Der nächste große Programmpunkt des Zuges über die Alpen war die Klärung der inzwischen wieder recht verworrenen Verhältnisse in Süditalien. Nachdem Theophanus Onkel, der byzantinische Kaiser Johannes Tzimiskes, schon 976 verstorben war, galt für Otto II. die vereinbarte Abgrenzung der jeweiligen Einflussspähren in Süditalien nicht mehr. Das Handeln des Kaisers war zudem gefordert, nachdem 981 der erfolgreiche Statthalter Ottos gestorben war und zunehmende Überfälle der Sarazenen von Sizilien und Nordafrika die Lage rasch destabilisierten. Der Kaiser forderte aus dem Reich zusätzliche Truppen an, vor allem gepanzerte Reiter, und zog mit Theophanu und dem mittlerweile einjährigen Thronfolger nach Süden. Es ist zu vermuten, dass es die Kaiserin war, die ihrem Gemahl riet, die Schwäche der Regierung in Byzanz und die verworrenen Verhältnisse in Süditalien auszunutzen, um hier die Vorherrschaft ihres Heimatlandes zu beseitigen und ganz Italien sowie Sizilien dem Reich anzugliedern.

Mitte Juli 982 kam es bei Cotrone an der kalabrischen Küste zur Entscheidungsschlacht mit dem Heer des sarazenischen Emirs von Sizilien. Der Kaiser hatte Theophanu und seinen kleinen Sohn zu ihrem Schutz in der hochgelegenen Bergfestung Rossano unter der Obhut des Bischofs Dietrich von Metz zurückgelassen. Die schweren Panzerreiter des fränkisch-sächsischen Heeres schienen zunächst einen überragenden Sieg gegen die flüchtenden Araber erreicht zu haben und begannen mit der Ausplünderung der Toten, als ein arabisches Reserveheer die deutschen Truppen überrannte. Hunderte blieben auf dem Schlachtfeld zurück, darunter bedeutende Angehörige der Reichsaristokratie, oder wurden als Gefangene in die Sklaverei verkauft. In diesem Chaos versuchte Otto II. sein nacktes Leben zu retten. Mithilfe des Juden Kalonymos, der sich für seinen Herrn aufopferte, gelang dem Kaiser die Flucht auf ein vor der Küste kreuzendes byzantinisches Schiff.

Doch die vermeintlichen Retter nahmen Otto als Geisel, um ein Lösegeld zu erpressen. Der Kaiser versprach ihnen darauf große Schätze, wenn sie ihn in den Hafen zu Füßen der Bergfestung Rossano brächten. Da das Schiff schon am Folgetag der verlorenen Schlacht dort anlegte, war Theophanu immerhin rasch von der Sorge um das Leben ihres Mannes befreit. Zusammen mit ihren Getreuen entwickelte sie eine gewagte List, um Otto ohne das Lösegeld freizubekommen. Tatsächlich erschien sie an der Spitze eines Zuges mit zwölf Goldkisten am Hafen und verlangte, dass man ihrem Mann zunächst die seines hohen Ranges würdige Kleidung bringen konnte. Das Geplante gelang: Der Kaiser konnte während des Kleidertauschs von Bord springen und seine Befreier sich mit ihren Waffen Abzug verschaffen. So nahm das schreckliche Geschehen des Vortages wenigstens für Otto ein gutes Ende. Doch die negativen Folgen waren für ihn erheblich, da sein Ruf als erfolgreicher Schlachtenführer deutlich gelitten hatte. Da viele es aber nicht wagten, den Kaiser direkt anzugreifen, gab man plötzlich dem angeblich so schlechten Einfluss seiner Gattin alle Schuld. Um ihrem Ruf zu schaden, kolportierte Bischof Dietrich von Metz, der immerhin einst Theophanu als Braut von Benevent nach Rom geleitet hatte, sogar, die Kaiserin hätte ihren Gemahl ob seiner Niederlage öffentlich verspottet und gedemütigt. Das Gegenteil dürfte nach diesem dramatischen Geschehen der Fall gewesen sein!

Den Resten des Heeres, die sich bei Rossano gesammelt hatten, drohte nun in der sommerlichen Hitze der sumpfigen Ebene eine zweite große, zunächst aber unsichtbare Gefahr. Viele infizierten sich hier mit der Malaria. Vermutlich war auch schon Otto II. darunter, wie sich im Laufe des folgenden Jahres noch zeigen sollte. Kaiser und Kaiserin wichen daher mit dem Heer an die amalfinische Küste aus, wo man den Herbst und Winter im erheblich angenehmeren Capua und Salerno verbrachte.

Ottos Mutter Adelheid hatte inzwischen von der katastrophalen Niederlage ihres Sohnes erfahren, bei der er nur knapp dem Tod entronnen war und im wahrsten Sinn des Wortes nur das nackte Leben retten konnte. Unverzüglich nahm sie die weite Reise von Pavia quer durch Italien auf sich, um in diesen schweren Zeiten an seiner Seite zu bleiben.

Im Frühjahr 983 war Otto wieder so weit, seine ungeschmälerte Handlungsbereitschaft zu demonstrieren. Hierzu rief er die Großen seines Reiches zu einem Hoftag im Mai nach Verona. Neben vielfältigen Verabredungen war der Hauptzweck dieser Versammlung, den gerade einmal dreijährigen einzigen Sohn des Kaisers zum Mitkönig zu wählen. Otto II. hatte allzu deutlich erfahren, wie rasch sein Leben einfach zu Ende gegangen wäre, hätte ihn nicht ein glücklicher Zufall gerettet. Vielleicht spürte er aber auch schon damals insgeheim die ersten beunruhigenden Anzeichen der Malaria, die inzwischen selbst so bedeutende Reichsfürsten wie seinen geliebten Neffen Herzog Otto von Bayern und Schwaben ins Grab befördert hatte. Gab es schon irgendwelche Krankheitsanzeichen, so wird der Kaiser sie damals tunlichst verborgen haben, um die Wahl eines so kleinen Kindes nicht zu gefährden. Denn die Veroneser Versammlung ging natürlich davon aus, dass die Wahl erstmal nur ein formaler Akt war. Reichsfürsten und -bischöfe aus den Ländern beiderseits der Alpen schworen dem Kind den Treueeid. Anfang Juli musste Theophanu von ihrem kleinen Sohn erstmals für längere Zeit Abschied nehmen. Erzbischof Willigis von Mainz nahm ihn mit über die Alpen, da er ihn zusammen mit dem Erzbischof von Ravenna als Vertreter für Reichsitalien in Aachen zum König krönen sollte. Anschließend war beschlossen, Otto III. dem Kölner Erzbischof Warin zur weiteren Erziehung zu übergeben.

Das Kaiserpaar zog nun über Ravenna wieder nach Rom, da dort plötzlich Papst Benedikt VII. gestorben war und Otto II. vor Ort Präsenz zeigen musste, um in den immer schwierigen und verworrenen römischen Verhältnissen seinen Wunschkandidaten durchzusetzen. Es dürfte wohl bis Herbst gedauert haben, bis ihn aufgrund der langsamen Nachrichtenübermittlung die Kunde vom großen Slavenaufstand erreichte. Wir wissen nicht, ob er überhaupt noch das ganze Ausmaß dieser Katastrophe erfuhr, die diejenige von Cotrone noch bei Weitem übertraf. Alles, was sein Vater Otto der Große östlich der Elbe erobert und mit Missionsbistümern dem christlichen Glauben zugeführt hatte, war an die aufständischen Slaven gefallen, die sich die langjährige Abwesenheit des Kaisers zunutze gemacht hatten. Die verhasste Besatzungsmacht war von ihnen entscheidend geschlagen, christliche Kirchen wichen wieder heidnischen Heiligtümern, die Bischofssitze Brandenburg und Havelberg brannten nieder. Nur mit Mühe konnten Magdeburg und die Elbe als neue Grenze gehalten werden. Doch der Kaiser war schon durch die ausbrechende Malaria so geschwächt, dass er Rom nicht mehr verlassen und nach Norden eilen konnte. Am 7. Dezember 983 verstarb Kaiser Otto II. mit nur achtundzwanzig Jahren vermutlich an der falschen Behandlung seiner Krankheit. Als Kaiser der Römer fand er als einziger deutscher Herrscher immerhin sein Grab im Vorhof des konstantinischen Petersdomes in einem wiederverwendeten antiken Prachtsarkophag.

Ottos Gemahlin Theophanu und seine Schwester Äbtissin Mathilde von Quedlinburg, die ihm im Sterben beigestanden hatten, verließen nach der Beisetzung rasch Rom und eilten nach Pavia zur Kaiserin Adelheid. Denn sofort nachdem sich die Todesnachricht in der Ewigen Stadt verbreitet hatte, brachen Unruhen aus. Theophanu und Mathilde wollten keinesfalls das Risiko eingehen, gefangen gesetzt und zum Faustpfand lokaler Machtcliquen zu werden. Mit wenigen Getreuen gelangten sie bei Adelheid an. Die drei kaiserlichen Damen rückten in diesen schweren Stunden eng zusammen, galt es doch, sich nicht nur persönlicher Trauer hinzugeben, sondern auch dem dreijährigen Otto III. den Thron zu sichern. Dies erforderte trotz allen Unglücks einen klaren Kopf und rasches Handeln, denn sofort trat ein mächtiger Konkurrent um den Königsthron auf den Plan. Persönliche Konflikte der Vergangenheit zwischen ihnen mussten nun zurückstehen, um alle Kräfte in den folgenden schweren Monaten zu bündeln.

Wie bereits beim Hoftag von Verona im späten Frühjahr beschlossen, vollzogen Erzbischof Willigis von Mainz als Primas der Reichskirche nördlich der Alpen und der Erzbischof Johannes von Ravenna als ranghöchster Kirchenfürst von Reichsitalien am Weihnachtsfest 983 in Aachen die Krönung des dreieinhalbjährigen Ottos III. zum Mitkönig seines Vaters. Mitten in die sich anschließenden mehrtägigen Feierlichkeiten platzte die schreckliche Nachricht vom Tod des Kaisers, die ein aus Rom herbeigeeilter Bote Theophanus brachte. Man kann sich vorstellen, wie bestürzt die versammelten Großen des Reiches waren, die gerade erst den nur mühsam an der Elbe gestoppten gewaltigen Slavenaufstand hinnehmen mussten. Nun hatten sie in Unkenntnis vom Tod des Kaisers sogar noch zugelassen, dass ein Kind an die Spitze des von Süden und Osten gefährdeten Reiches gesetzt worden war.

Dieses Machtvakuum nutzte beherzt Heinrich der Zänker, der seine Freiheit wiedergewonnen hatte. Denn beim Erhalt der Todesnachricht des Kaisers entließ ihn der Utrechter Bischof sofort aus seinem Gefängnis, war für ihn mit dem Ableben Ottos II. auch das von diesem erlassene Urteil über dessen Cousin hinfällig. Der abgesetzte Herzog von Bayern muss dieses unverhoffte Geschehen wie ein für ihn günstiges Gottesurteil ausgelegt haben und handelte entschlossen. Sofort reiste er von Utrecht nach Köln, wo er sich von Erzbischof Warin den kleinen Otto III. übergeben ließ. Als nächster männlicher Verwandter des minderjährigen Königs hatte er, wie damals üblich, automatisch die Vormundschaft über diesen inne. Allerdings gab es neben Heinrich dem Zänker mit König Lothar von Frankreich noch einen weiteren Cousin Kaiser Ottos II., der mit gleichem Anspruch nach der Vormundschaft über den kleinen Otto III. greifen konnte. Heinrich vereinbarte zunächst auch ein Treffen mit Lothar in Breisach am Oberrhein, um ein Freundschaftsbündnis zu vereinbaren.

Doch als klar war, dass der französische König die Wirren für einen weiteren Angriff auf Lothringen ausnutzte, um es seinem

Reich einzugliedern, reiste Heinrich kurz entschlossen von Köln aus gleich nach Sachsen. Denn nun war es sein Ziel, die politische Situation allein in seinem Sinn zu gestalten. In Sachsen präsentierte sich Heinrich der Zänker jedoch rasch unverblümt in königsgleicher Stellung. In Tradition der ottonischen Könige zog er an Palmsonntag in Magdeburg ein und feierte das Osterfest in Quedlinburg, beides zentrale Orte der Dynastie. In Quedlinburg ließ er sich schließlich ganz offen wie ein König begrüßen und forderte die anwesenden Reichsfürsten auf, ihn als solchen anzuerkennen. Damit hatte er endgültig die Maske einer fürsorglichen Vormundschaft über den kleinen Otto fallen gelassen. Allein in seinem eigenen Namen und nicht in Stellvertretung eines Kinderkönigs wollte er herrschen!

Zunächst schien seine gewagte Rechnung aufzugehen. Heinrich hatte sich von den Quedlinburger Stiftsdamen auch die kleine Adelheid, älteste Tochter Kaiser Ottos II., übergeben lassen, die dort erzogen wurde, und setzte sie als wertvolles Pfand wie eine Geisel auf einer Burg fest. In Quedlinburg hatte er sich zudem von den immer wieder gegen das Reich paktierenden Herzögen von Böhmen und Polen, aber auch von einem der Anführer des großen Slavenaufstandes des Vorjahres huldigen lassen, was seinem Ansehen schwer schadete. Sein Taktieren mit dem französischen König, dem er vielleicht sogar Lothringen überlassen wollte, ein skandalös ungnädiges und damit unköngliches Verhalten auf seiner Reise nach Sachsen und schließlich der in Verona auf den Kinderkönig Otto III. geleistete Treueschwur der Großen des Reiches sowie die vollzogene Krönung in Aachen führten rasch zu einer Vereinigung mächtiger Gegner. Kurz nach diesem Auftritt Heinrichs in Quedlinburg als eigentlicher König verschworen sich die bedeutendsten sächsischen Fürsten gegen ihn. Heinrich ließ zwar seine Muskeln spielen, wich jedoch umgehend nach Bayern aus. Tatsächlich fand er in seinem alten Herzogtum die gewünschte Unterstützung.

Inzwischen hatten seine sächsischen Gegner die gefangene Prinzessin Adelheid befreit. Mit ihr fiel auch ein Teil der von Heinrich dort gesicherten Schätze in ihre Hände, sodass seine

Kriegskasse einen erheblichen Verlust erlitt. Die entscheidende Schlappe im Kampf um die Krone musste Heinrich jedoch erst durch die Verweigerung der Franken und Schwaben, ihn als König anzuerkennen, einstecken. Erzbischof Willigis hatte als treuer Sachverwalter der beiden Kaiserinnen und des kleinen Otto hier ganze Arbeit geleistet und auf dem Verhandlungsweg eine militärische Eskalation verhindert. Er war es auch, der nach der raschen Klärung der Lage Ende April die noch in Pavia weilenden Kaiserinnen über die Alpen rief.

Auf Wunsch Adelheids reisten die kaiserlichen Damen zunächst nach Burgund. Dort schloss sich der Bruder Adelheids, König Konrad von Burgund, der Reisegruppe an. Da dessen Tochter Gisela die Ehefrau Heinrichs des Zänkers war, erhoffte sich Adelheid durch seinen Einfluss nicht nur ein Einlenken Heinrichs, sondern auch einen ehrenhaften Ausgleich für diesen. Von Burgund aus zog man nach Basel und reiste von dort per Schiff nach Mainz, um sich mit Erzbischof Willigis zu treffen. Heinrich der Zänker händigte ihnen Ende Juni 984 in Thüringen den kleinen Otto aus und erkannte damit stellvertretend für alle Reichsfürsten die Regentschaft der beiden Kaiserinnen an. Da die Mutter Heinrichs des Zänkers, Herzogin Judith, nach dem frühen Tod ihres Mannes für ihn als Minderjährigen in Bayern regiert hatte, dürfte er mit dieser Regelung mehr als vertraut gewesen sein. Theophanu konnte nach dreijähriger Trennung nun auch ihre siebenjährige Tochter Adelheid nach dem dramatischen Geschehen der letzten Wochen endlich wieder in die Arme schließen.

Es wurde in der Forschung immer wieder gerätselt, warum die beiden Kaiserinnen und Äbtissin Mathilde angeblich untätig in Pavia vor sich hintrauerten, anstatt sofort in den nördlichen Reichsteil zu eilen und um ihre Regentschaft vor Ort zu kämpfen. Trotz der mühsamen und vergleichsweise langwierigen Nachrichtenübermittlung durch reitende Boten dürfte vor allem Theophanu einen regen Austausch vor allem mit Erzbischof Willigis, aber auch mit anderen Großen geführt haben, um die sich überschlagenden Ereignisse im Sinne ihres Sohnes zu beeinflussen. Da sie wusste, dass Kaiserin Adelheid tendenziell den Standpunkt Heinrichs des Zänkers einnahm, könnte sie mit ihr vereinbart haben, gemeinsam in Pavia zu bleiben, um nicht im Reich zu Gegnerinnen auf Kosten Ottos III. zu werden. Da Theophanu wohl dauernd auf dem Laufenden gehalten wurde, dürfte sie erkannt haben, wie sich das Geschehen rasch gegen Heinrich den Zänker wendete.

Nach der glücklichen Vereinigung zog die kaiserliche Familie nach Quedlinburg, um hier endlich wieder zur Ruhe zu kommen und Kraft für die große Verantwortung der Regentschaft zu sammeln. Die dortigen Stiftsdamen konnten nun nicht nur ihren neuen Herrscher und seine beiden Regentinnen, sondern endlich auch wieder ihre seit drei Jahren mit ihrem Bruder Otto II. und ihrer Mutter Kaiserin Adelheid in Italien weilende Äbtissin Mathilde begrüßen. Die kleine Prinzessin Adelheid blieb nach ihrer Mutter Theophanus Wunsch nun wieder hier unter der fürsorglichen Erziehung ihrer Tante Mathilde. Wie schon sein Vater Otto II. bekam nun auch sein kleiner Sohn als Reit- und Kampflehrer einen sächsischen Grafen zugeteilt. Jetzt war es die vordringlichste gemeinsame Aufgabe der beiden Kaiserinnen, den allgemein anerkannten Kinderkönig als voll handlungsfähig zu präsentieren, indem sie zusammen mit dem Hof und der Kanzlei rasch die im Reich übliche Reiseherrschaft aufnahmen.

Von den sächsischen Königspfalzen zogen sie an den Oberrhein, schließlich nach Mainz und Ingelheim, wo sie die Wintermonate verbrachten. Hier lockten nicht nur das vergleichsweise milde Klima und die schöne Umgebung, sondern auch die Nähe zu Erzbischof Willigis von Mainz und dem Leiter der Hofkanzlei, Bischof Hildebold von Worms, mit denen es genug zu besprechen und in die Wege zu leiten gab. Denn Heinrich der Zänker hatte zwar auf seinen Anspruch auf die Krone verzichtet, wollte aber sein altes Herzogtum Bayern wiederhaben, das ihm Otto II. entzogen und neu vergeben hatte. Erst auf einem Hoftag im Juni 985 konnte öffentlich das Ergebnis schwieriger Verhandlungen präsentiert werden. Heinrich der Zänker erhielt sein etwas reduziertes Herzogtum als Lehen aus den Händen des

Kinderkönigs zurück, musste sich ihm aber vorher öffentlich unterwerfen und um Gnade bitten. Wohl auf Wunsch Adelheids durfte er allerdings auf den damit üblicherweise einhergehenden demütigenden Fußfall verzichten. Die beiden Kaiserinnen und Äbtissin Mathilde nahmen als engste Verwandte des Königs Heinrich den Zänker vor aller Augen mit demonstrativer Freundschaftsbezeugung wieder in den Kreis der Familie auf. Ein großes Festmahl schloss das Zeremoniell des Friedensschlusses und Ausgleiches zwischen den ehemaligen Gegnern ab.

Damit war für Theophanu und Adelheid das mehr als anstrengende Kapitel Heinrich der Zänker nach anderthalb unruhigen Jahren endlich abgeschlossen. Jetzt konnte Adelheid, die sich wohl bei Theophanu für ihren Lieblingsneffen und Mann ihrer Nichte besonders eingesetzt hatte, endlich beruhigt den Hof verlassen. Denn das dürfte wohl zwischen den beiden kaiserlichen Damen die Absprache gewesen sein: Theophanu führt als Mutter im Namen ihres Sohnes die hauptsächliche Regentschaft im Reich, während Adelheid von ihrer einstigen Hauptstadt Pavia aus Reichsitalien verwaltet. Mit dieser Aufgabenverteilung war zudem das Problem doch immer wieder auftretender Spannungen zwischen ihnen weitgehend gelöst. Nur wenn es absolut notwendig war und sie sich für einen ihrer Getreuen oder Verwandten verwenden wollte, reiste Adelheid zu Lebzeiten Theophanus noch über die Alpen.

Tatkräftige Regentin

Nach der friedlichen und endgültigen Beilegung des Streits mit Heinrich dem Zänker, der durchaus das Potenzial gehabt hätte, das Reich in einen jahrelangen Krieg um den Thron zu stürzen, konnte Theophanu ihre Regentschaft im Namen ihres unmündigen Sohnes überraschend reibungslos aufnehmen. Immerhin ein volles Jahrzehnt hatte sie vorher schon als Mitkaiserin, wie sie von Otto II. in einigen Urkunden tituliert worden war, das Reich mitregiert und dank des umherziehenden Hofes alle wichtigen Personen persönlich kennengelernt. Zudem arbeitete sie weiter mit den wichtigsten Beratern ihres Mannes, Erzbischof Willigis von Mainz und Bischof Hildebold von Worms, zusammen. Wie im Mittelalter üblich und anscheinend gerade für eine Frau an der Spitze einer Regierung noch wichtiger war ihre Politik auf Konsens mit den Großen des Reiches und den Nachbarländern ausgerichtet. Friedensvermittlung bzw. Konfliktvermeidung als eine der wichtigsten Herrscherfrauen und -witwen zugeschriebene Aufgabe zeigt sich gerade bei Theophanu besonders deutlich. Schon für das Jahr 985 ist von einem geplanten *colloquium dominarum* (Konferenz der Herrinnen) in Metz die Rede, das wohl auch stattgefunden hat. Hier sollte ein Ausgleich des innerfranzösischen Konfliktes König Lothars von Frankreich mit seinem Vasallen und Konkurrenten Hugo Capet sowie dem Streit zwischen dem Reich und Frankreich um Lothringen gefunden werden. Interessanterweise wollten sich hier nur die weiblichen Verwandten der streitenden Protagonisten versammeln, wohl um ohne störenden Einfluss der allzu schnell gekränkten und aggressiven Männer stellvertretend für diese zu einem gesichtswahrenden Frieden zu kommen.

Durch die Heirat zweier Schwestern Ottos des Großen, Gerberga und Hadwig, mit König Ludwig IV. von Frankreich bzw. seinem Hauptvasallen Hugo von Franzien waren ihre sich jetzt streitenden Söhne, aber auch ihre Schwestern als Cousins und Cousinen Kaiser Ottos II. aufs Engste mit der im Reich herrschenden Dynastie verwandt. Weitere Heiraten innerhalb der weitläufigen Familie hatten das Beziehungsnetz weiter verdichtet. Herzogin Beatrix von Oberlothringen, die nach dem frühen Tod ihres Mannes stellvertretend die Regentschaft im Herzogtum für ihren noch unmündigen Sohn ausübte, war Schwester Hugo Capets, Mathilde Gemahlin König Konrads von Burgund und damit Schwägerin der Kaiserin Adelheid sowie Schwester König Lothars von Frankreich, der wiederum mit Adelheids Tochter Hemma aus erster Ehe verheiratet war. Theophanu nahm wohl den ersten Rang bei diesem weiblichen Verwandtschafts- und Friedenstreffen ein, zumal sie sich immer wieder intensiv mit den Konflikten um Lothringen beschäftigte.

Zwei Jahre später scheint nochmals eine solche Damenkonferenz stattgefunden zu haben, bei der es um das gleiche Thema ging. Inzwischen war König Lothar von Frankreich gestorben und seine Witwe Hemma vom Hof ihres gemeinsamen Sohnes und Nachfolgers auf dem französischen Thron, Ludwig V., vertrieben worden. Kaiserin Adelheid machte sich umgehend auf zu ihrer ungeliebten Schwiegertochter Theophanu, nachdem ihr Tochter Hemma von ihrem unglücklichen Schicksal berichtet hatte. In ihren Auftritt am Hof scheint die alte Kaiserin ihre ganze Autorität und Beredsamkeit gelegt zu haben, denn Theophanu schaltete sich nun vermittelnd ein und erreichte eine Aussöhnung zwischen Königin Hemma und ihrem Sohn Ludwig V. Adelheid blieb gleich mehrere Monate am Hof, da sie noch ein weiteres Ziel hartnäckig verfolgte: das uneingeschränkte Verfügungsrecht über ihre immensen Witwengüter im Reich. Theophanu gab schließlich auch hier nach, um endlich diesen Dauerkonflikt zwischen ihnen zu entschärfen. Adelheids zweite Tochter, Äbtissin Mathilde von Quedlinburg, die sich immer wieder aktiv zum Wohl des Kinderkönigs Otto III. in die Politik eingeschaltet hatte, wurde nun ebenfalls mit großen Ländereien belohnt. Die Gegenleistung Adelheids bei diesem großzügigen Ausgleich bestand wohl darin, sich aus Norditalien zurückzuziehen und dort das Feld endlich der Regentin zu überlassen.

Kurz nach diesen Ereignissen änderte der plötzliche Tod des jungen Königs Ludwig V. von Frankreich bei einer Jagd die politische Situation völlig. Theophanu unterstützte nun nicht wie bisher dessen Bruder Herzog Karl von Niederlothringen, sondern dessen Konkurrenten Hugo Capet, beide über ihre Mütter Gerberga und Hadwig, Schwestern Kaiser Ottos des Großen, gleichermaßen enge Verwandte Theophanus. Hugo Capet konnte so 987 den französischen Thron besteigen und die jahrhundertelange Herrschaft der Kapetinger begründen. Hauptinteresse der Regentin bei diesem Richtungswechsel ihrer Frankreichpolitik war der Erhalt des strittigen Grenzherzogtums Lothringen für das Reich, was sie erfolgreich bei Hugo Capet durchsetzen konnte, während Karl darauf nie verzichtet hätte. Die Verhandlungen scheint interessanterweise die Gemahlin des neuen französischen Königs, die hierfür alle Vollmachten ihres Mannes besaß, mit Theophanu geführt zu haben.

Dem neuen König Frankreichs scheint der hohe Rang gleich etwas zu Kopf gestiegen zu sein, warb er doch in Byzanz um eine Kaisertochter als Braut für seinen Sohn und Nachfolger Robert. Damit wollte Hugo Capet seine Dynastie entscheidend aufwerten und mit dem großen östlichen Nachbarn gleichziehen, was die Kaiserin im Sinne ihres Sohnes nie zulassen konnte. Die Eheverhandlungen scheiterten allerdings schon früh, wobei vermutet werden kann, dass Theophanu in Byzanz dieses Projekt entsprechend torpedierte. Der unterlegene Thronkandidat Herzog Karl von Niederlothringen resignierte jedoch nicht einfach, sondern kämpfte entschlossen weiter um die eigentlich ihm zustehende französische Krone. Bei der Eroberung von Laon fiel ihm die Königinwitwe Hemma in die Hände, die er als wertvolle Geisel im Pokerspiel um die Macht gefangen setzte. Hugo Capet belagerte vergeblich diese wichtige Stadt, sodass Hemma weiterhin inhaftiert blieb. Vermutlich ist sie schon im Winter 988/989 in ihrem Kerker gestorben, da sie danach in Urkunden nicht mehr auftaucht.

Schwieriger noch als die Verhältnisse im Westen waren jene mit den östlichen Nachbarn. Nach dem verheerenden Slavenaufstand 983, der alles zunichtegemacht hatte, was Otto der Große hier mühevoll erreicht hatte, war auch hier energisches Handeln gefragt. Theophanu setzte neben den sächsischen Grenztruppen vor allem auf die Hilfe des Polenherzogs Mieszko, den sie im Gegensatz zu ihrem Mann nun nicht mehr bekämpfte, sondern als wichtigen Verbündeten des Reiches gewann. Geschickt nutzte sie dessen Dauerrivalität mit seinem Nachbarn Herzog Boleslaw von Böhmen, um das Geschehen an der Ostgrenze des Reiches in ihrem Sinn zu steuern. Ihr Sohn Otto III. sollte einst den von seiner Mutter eingeschlagenen Weg fortsetzen und den polnischen Herzog durch ein Ehebündnis aufwerten. Denn Mieskos Sohn erhielt später Richeza, die Nichte Ottos III. und Enkelin Theophanus zur Frau, die an der Seite ihres Mannes zur ersten Königin Polens aufstieg.

Noch vor Beginn der Kampfhandlungen feierte die Kaiserin 986 wie üblich in Quedlinburg das Osterfest, das sie im Namen ihres kleinen Sohnes zu einer Demonstration ihrer Macht ausgestaltete. Die wichtigsten Fürsten des Reiches und hohe Gesandte der Nachbarländer nahmen an diesem Ereignis teil, bei dem Theophanu und ihr Sohn sich feierlich nochmals krönen ließen. Diese sogenannten Festkrönungen waren bei den deutschen Herrschern des Hochmittelalters durchaus üblich. Sie dienten nicht nur als prachtvoller Höhepunkt eines Kirchenfestes, sondern auch der Demonstration des einzigartigen, allein von Gott eingesetzten Ranges der Herrscher. Beim anschließenden Festmahl mussten die vier wichtigsten Herzöge, darunter Heinrich der Zänker, den Kinderkönig und seine Mutter in einem ausgefeilten Zeremoniell an der Tafel bedienen.

Theophanu startete mithilfe Mieskos von Polen mehrere Feldzüge gegen die Slaven, woran sie den mittlerweile sechsjährigen Otto III. teilnehmen ließ, natürlich mit sicherem Abstand vom Kampfgeschehen und eigenem militärischem Schutz. Einen überragenden Sieg konnte Theophanu allerdings an der Ostgrenze nicht erreichen, geschweige denn das 983 Verlorene wieder zurückerobern. Die schwierigen Verhältnisse dort musste sie leider ihrem Sohn hinterlassen. Doch war sie in dieser Sache immerhin nicht untätig geblieben und hatte Polen zum dauerhaften Bundesgenossen gewonnen. Ihr Sohn Otto III. setzte nach seiner Mündigkeit die polenfreundliche Politik seiner Mutter fort, während sein mehr als schwieriger Nachfolger Heinrich II. hier wieder eine abrupte Abkehr vollzog und dadurch die Ostgrenze des Reiches erheblich schwächte.

Im Sommer 988 plante Kaiserin Theophanu einen Italienzug, da sie nach Adelheids Verzicht nun auch hier im Namen ihres Sohnes als Regentin die Herrschaft des Reiches festigen wollte. Deshalb nahm sie den kleinen Otto auch mit auf die geplante Reise über die Alpen. Als Vorbereitung übergab sie ihrem langjährigen Vertrauten Johannes Philagathos das Bistum Piacenza, das sie zeitgleich durch den Papst zur Erzdiözese erheben ließ. Von dort aus sollte Johannes die Finanzverwaltung in Reichsitalien neu strukturieren und effizienter machen. Johannes stammte aus dem zu Byzanz gehörenden Kalabrien und war schon von Otto II. in dessen Kanzlei für Italien geholt worden. Sein enges Verhältnis zu Theophanu erklärt sich nicht zuletzt dadurch, dass er in ihren jungen Jahren als Kaiserin der Einzige am deutschen Hof war, mit dem sie sich in ihrer Muttersprache unterhalten konnte. Sein immenser Ehrgeiz, der ihn zuletzt zum Gegenpapst aufsteigen ließ, sollte ihm schließlich zum Verhängnis werden und sein grausames Ende herbeiführen.

Auf dem Weg nach Süden wurden Theophanus Pläne durch eine schwere Krankheit durchkreuzt, die sie mehrere Monate am Bodensee festhielt. Vermutlich hat sich hier die auf dem nahen Hohentwiel residierende Schwester Heinrichs des Zänkers, Hadwig, ihrer besonders angenommen, da seit dieser Zeit ein enger Kontakt der beiden Frauen belegt ist. Nach ihrer allmählichen Genesung vertagte Theophanu den Italienzug, da es zudem Winter geworden war, und reiste per Schiff mit ihrem Sohn den Rhein hinab nach Köln. Dort verbrachte sie die restlichen Wintermonate. Im Frühjahr 989 zog der Hof weiter nach Sachsen, feierte das Osterfest wie üblich in Quedlinburg, und begab sich dann weiter in den Rheingau nach Ingelheim und Frankfurt, wo sich Theophanu im Sommer und Herbst aufhielt. Die räumliche Nähe zu ihren bewährten Beratern, Erzkanzler Willigis von Mainz und Bischof Hildebold von Worms, erleichterte sicherlich die vielen neuerlichen Vorbereitungen, die während der mehrmonatigen Abwesenheit der Regentin durch den jetzt für Oktober angesetzten Romzug nötig waren.

Man kann vermuten, dass die schwere Erkrankung der Endzwanzigerin Theophanu ihr die rasche Endlichkeit des Lebens deutlich vor Augen gestellt hat. Denn unmittelbar vor ihrer Abreise im Oktober 989 ließ die Kaiserin ihre zweitgeborene Tochter Sophia in einer Mischung zwischen Staatsakt und Familienfest im ottonischen Damenstift Gandersheim zur Kanonissin weihen. Schon seit vielen Jahren hielt sich die Prinzessin hier auf. Ihre Erziehung übernahm mit der Äbtissin Gerberga, Schwester Heinrichs des Zänkers und Cousine ihres Vaters Ottos II., eine enge Verwandte. Vermutlich entschied Theophanu erst damals, auch ihre zweite Tochter Gott als Opfer darzubringen und ganz in seinen Dienst zu stellen, denn diese war schon über elf Jahre alt und stand mittelalterlichem Verständnis nach nur wenige Monate vor ihrem Eintritt ins heiratsfähige Alter. Sophia wäre daher für ihre Mutter eigentlich eine ideale Schachfigur auf dem Feld damaliger Bündnispolitik gewesen, die meist durch eine Eheschließung besiegelt wurde. Zwei Gründe könnten ausschlaggebend für Theophanu gewesen sein, sich solchen Plänen zu verweigern: Zum einen hätte eine Ehe mit einer Kaisertochter eine fremde Dynastie unnötig aufgewertet und spätere Probleme und Ansprüche verursacht (siehe Frankreich/Lothringen). Zum anderen war Sophia als Stiftsdame und künftige Nachfolgerin im Äbtissinnenamt in einem reichen, gebildeten, geschützten und nicht allzu strengen weiblichen Lebensumfeld gut versorgt und konnte zudem für das Seelenheil ihrer lebenden und verstorbenen Familienmitglieder Wichtiges leisten.

Leider hatte sich die stolze Prinzessin in den Kopf gesetzt, ihre Weihe nicht vom zuständigen Hildesheimer Bischof, sondern vom ranghöchsten Kirchenfürsten des Reiches, Erzbischof Willigis von Mainz zelebrieren zu lassen. So kam es während des Festgottesdienstes am 18. Oktober 989 zu einem unschönen Eklat, als sich beide Geistlichen heftig vor dem Altar und der kaiserlichen Familie stritten. Theophanu machte dem unwürdigen Gezänk ein Ende, indem sie salomonisch entschied, dass beide Bischöfe gemeinsam die Weihe vollziehen müssen, Willigis aber daraus keine Rechte über das reiche Damenstift Gandersheim ableiten sollte. Doch der erzwungene Friede war trügerisch und sollte bei der späteren Weihe der Stiftskirche sowie der Amtsnachfolge Sophias als Äbtissin umso heftiger wieder ausbrechen (siehe Kapitel Kunigunde).

Nachdem Theophanu Sophia versorgt wusste, trat die Kaiserin umgehend ihren aufgeschobenen Italienzug an, zumal die

Reisezeit für den kritischen Alpenübergang rasch ungünstig werden konnte. Dem kleinen Otto wollte sie diesmal die Strapazen nicht antun und beließ ihn in der Obhut des Erzkanzlers Willigis von Mainz, dem sie rückhaltlos vertraute. Ausschlaggebend für diesen Entschluss Theophanus war vielleicht auch ihre Krankheitserfahrung. Der mittlerweile Neunjährige war immer noch unmündig und damit nicht regierungsfähig. Wäre die Regentin nun in Italien verstorben, hätte sicherlich wieder Heinrich der Zänker nach der Krone gegriffen. Kostbare Zeit wäre zudem verstrichen, bis jemand den Kinderkönig wieder sicher über die Alpen geholt hätte. Egal, was ihr geschah, Otto unter der Fürsorge Willigis im Reich bedeutete für Theophanu, dass so niemand ihrem Sohn die Herrschaft streitig machen und der Mainzer Erzbischof für ihn handeln konnte.

Im Gegensatz zum Italienzug mit ihrem Gemahl führte die Kaiserin diesmal kein Heeresaufgebot mit sich, sondern nur einige ausgewählte Bischöfe sowie natürlich einen kleinen Hofstaat. Da ihr Aufenthalt südlich der Alpen, der von vornherein für mehrere Monate ausgelegt war, neben diplomatischen Zwecken und der Stärkung der Präsenz der Reichsregierung nach dem Weggang Adelheids auch dem Gedenken an ihren verstorbenen Mann diente, trieb Theophanu ihren Reisetrupp zur Eile an, damit sie noch rechtzeitig zum Jahrestag des Todes Ottos II., dem 7. Dezember, in Rom ankamen. Auch hier ist spürbar, wie die überstandene schwere Krankheit die Kaiserin dazu bewegte, über die letzten Dinge nachzudenken. Es wäre ihr ja durchaus schon in früheren Jahren möglich gewesen, in die Ewige Stadt zu ziehen. Aber jetzt spürte sie wohl besonders intensiv das Verlangen, die ihr noch verbleibende Lebenszeit zu nutzen, um am Grab ihres Mannes im Vorhof von St. Peter dessen Seelenheil durch großzügige Mess- und Gebetsstiftungen zu sichern und persönlich für ihn zu beten und zu bitten. Wie eine Mahnung des Himmels muss die verblüffende Tatsache auf sie gewirkt haben, dass sie mit 28 Jahren im gleichen Lebensjahr an der Schwelle des Todes stand, in dem auch ihr Mann gestorben war.

Nicht nur der Petersdom bekam von ihr reiche Zuwendungen. Vielmehr spannte sie durch milde Gaben an die Armen der Stadt und die vielen Klöster ein ganzes Netz an Gebetsverpflichtungen für ihren toten Gemahl. An der Spitze der mitten in Rom gelegenen Tiberinsel gründete sie außerdem einen kleinen Konvent griechischer Mönche aus Kalabrien. Deren Abt Gregor sollte später von Otto III. nach Aachen für seine Klostergründung im Vorort Burtscheid geholt werden. Das Weihnachtsfest beging Theophanu ebenfalls noch in Rom und genoss sicherlich die Prachtentfaltung der päpstlichen Festliturgie.

Papst Johannes XV. erwies der Kaiserin während ihres dreimonatigen Aufenthalts höchste Ehren. Ein wichtiges Thema ihrer Gespräche dürfte die langfristige Vorbereitung einer späteren Krönung ihres Sohnes zum Kaiser gewesen sein. Denn wir finden Theophanu in Rom nicht nur als fromme Witwe, die sich um Grabstelle und Seelenheil ihres verstorbenen Mannes kümmert, und als eifrige Pilgerin zu den immensen Reliquienschätzen der Ewigen Stadt, sondern wie gewohnt auch als aktive Politikerin. So stellte sie weiterhin in Rom Urkunden aus, hier allerdings nicht wie im nördlichen Reichsteil ausschließlich im Namen ihres Sohnes, sondern in ihrem eigenen: *„Theophanu, von Gottes Gnaden erhabene Kaiserin"*, so lautete dort ihre stolze Selbsttitulatur, die sie sich ansonsten im Reich versagen musste, da sie dort als Regentin nach außen hin nur für ihren unmündigen, aber gekrönten Sohn handelte und urkundete. In Italien war ihr Sohn noch nicht zum Kaiser gekrönt, sodass die Kaiserin für ihn hier in eigenem Namen dessen künftigen Anspruch vorbereitete. Einmal ließ sie gar unter eine Urkunde setzen: *„Theophanius, von Gottes Gnaden erhabener Kaiser ... im 18. Kaiserjahr des Kaisers Theophanius."* Hierbei folgte sie interessanterweise dem Vorbild byzantinischer Kaiserinnen, die vereinzelt in ihrer vermännlichten Namensform urkundeten, um ihre gleichberechtigte Teilhabe an der Macht zum Ausdruck zu bringen. Theophanu war ja zu Lebzeiten Ottos II. von diesem mit *coimperatrix* (Mitkaiserin) tituliert worden, was schon damals nicht als Floskel, sondern als Ausdruck realer Mitherrschaft gemeint war.

Von Rom aus nahm Theophanu auch Kontakt mit der Kiever Großfürstin Anna auf und sandte ihr als besonders wertvolle Gabe Reliquien frühchristlicher Märtyrer. Anna war jene byzantinische Kaisertochter, um die Otto der Große einst im Namen seines Sohnes vergeblich hatte werben lassen. Damals brach der byzantinische Kaiser die Eheverhandlungen brüsk mit dem Argument ab, eine „Purpurgeborene" wäre noch nie ins Ausland vermählt worden. Dass Anna dann doch als Braut in die Fremde gehen musste, zudem noch ins „wilde" Russland, lag an einer politischen Notsituation. Ihr Bruder Romanos II. sah sich von den Bulgaren bedroht und konnte sich die Unterstützung des russischen Großfürsten von Kiev nur dadurch erkaufen, dass er seine eigene Schwester zur Absicherung des Bündnisses mit diesem verheiratete. Theophanu dürfte also mehr als einen kurzen Moment über die merkwürdigen Wendungen des Schicksals nachgedacht haben, die nicht Anna, sondern sie auf den westlichen Kaiserthron geführt hatten. Mit ihrem freundlichen Schreiben unterstützte die Kaiserin die Ziele des Papstes, der sehr daran interessiert war, Russland dem katholischen Glauben zu öffnen.

Den beginnenden Frühling des Jahres 990 nutzte Theophanu, die Rückreise zu beginnen. In Ravenna und Pavia ordnete sie nun anstelle Adelheids noch die Verhältnisse Reichsitaliens in ihrem Sinn, bevor sie die gleiche Route über die Alpen wählte wie einst nach ihrer Hochzeit mit Otto II. Vom Bodensee aus begleitete die Regentin ihre mütterliche Freundin Herzogin Hadwig den Rhein hinab. Im Juni erreichte die Reisegesellschaft schließlich Mainz, wo ihr der treue Willigis ihren nun zehnjährigen Sohn wieder übergab. Auf dem kurz danach in Frankfurt am Main anberaumten Hoftag griff die Kaiserin im Namen Ottos wieder kraftvoll in die Politik ihres nördlichen Reichsteils ein. Sowohl an der Ost- wie der Westgrenze rumorte es immer noch erheblich, sodass die Präsenz des Hofes hier gefordert war. Theophanus Verbündeter Herzog Miesko von Polen hatte um Hilfe gerufen, denn sein Dauerkonkurrent Herzog Boleslav von Böhmen machte ihm das gerade eroberte Schlesien wieder streitig. Da dieser die heidnischen Liutizen als Verbündete gewonnen hatte, die maßgeblich am großen Slavenaufstand von 983 beteiligt gewesen waren, war eine Eskalation des Konflikts zu befürchten. Theophanu reiste daher mit ihrem Sohn und dem Hof in die Grenzstadt Magdeburg, die sie zuletzt im Thronstreit mit Heinrich dem Zänker besucht hatte. Hier, am Grab seines Großvaters, konnte sie dem nun verständigen Kind Ottos des Großen vorbildhaftes Herrscherleben vermitteln. Der militärischen Aktion gegen Boleslav war allerdings kein Erfolg beschieden, da eine Entscheidungsschlacht nicht stattfand. Stattdessen geriet der Erzbischof Giselher von Magdeburg als Anführer der Truppen Theophanus zusammen mit einigen sächsischen Grafen sogar kurzzeitig in die Gewalt des Böhmenherzogs. Immerhin blieb Boleslav Vasall des Reiches. Da hier vorerst keine befriedigende Dauerlösung zu erreichen war, reiste Theophanu im Frühjahr 991 wieder ab.

Der Reiseweg des Hofes führte über Gandersheim, da die Kaiserin die Gelegenheit nutzen wollte, ihre Tochter Sophia wiederzusehen. Im Namen ihres Sohnes sorgte sie dafür, dass die junge Stiftsdame einen erheblichen Vermögenszuwachs bekam, der ihrem besonderen Rang entsprach. Das Osterfest 991 beging der Hof dann traditionsgemäß in Quedlinburg, wo Theophanus älteste Tochter Adelheid lebte. Die Regentin verband das hohe Kirchenfest mit einem prächtigen Hoftag, zu dem Abgesandte aus allen Reichsteilen erschienen. Theophanu nutzte die Versammlung nicht, um sich allein im Glanz unangefochtener Macht zu sonnen. Vielmehr stellte sie ganz ihren Sohn in den Mittelpunkt, dem die Gesandtschaften und Großen des Reiches huldigten.

In Merseburg erreichte sie die Nachricht von der Gefangennahme Herzog Karls von Niederlothringen durch den französischen König Hugo Capet. In Sorge um die Ansprüche des Reiches auf Lothringen brach sie von der Ostgrenze rasch auf, um im Westen die notwendige Präsenz zu zeigen. Hier angekommen verstarb Theophanu jedoch plötzlich am 15. Juni 991 in der Pfalz Nimwegen mit nur dreißig Jahren. Es muss ein großer Schmerz für sie gewesen sein, nicht nur im Zenit ihres Lebens und ihrer Macht zu sterben, sondern auch ihren immer noch unmündigen Sohn nun als Vollwaisen zurückzulassen. Rasch hatte die im Sterben liegende Kaiserin noch einen Boten an Erzbischof Willigis nach Mainz senden lassen, damit er die Zügel des Reiches ergreifen und für ihren Sohn handeln konnte. Dass Willigis und die Großen des Reiches nun ausgerechnet ihre ungeliebte Schwiegermutter Adelheid an ihrer Stelle als Regentin einsetzten und ihr den kleinen Otto übergaben, musste Theophanu nicht mehr erleben.

Ihre letzten Stunden hatte sie zur würdigen Vorbereitung eines christlichen Todes genutzt, galt doch das Sterben damals als eigene Lebensphase, in der es zu bestehen galt. Das Mittelalter unterschied streng zwischen einem guten und einem schlechten Tod. Der schlechte Tod war der plötzliche, da er keine Zeit mehr für Beichte, Reue über begangene Sünden und vorbereitende Gebete ließ, wie es der gute, also der langsam herannahende Tod noch möglich machte. Die Kaiserin ließ es aber nicht damit bewenden, zu beten und zu beichten. Auf ihren ausdrücklichen Wunsch schnitt man ihr die schönen langen Haare ab und zog ihr einen Nonnenhabit anstelle der kaiserlichen Gewänder an. Hierbei folgte Theophanu dem Vorbild vieler Herrscher des Mittelalters, die ihre letzten Stunden zu einer sogenannten *conversio* (Umkehr, Bekehrung) nutzten, indem sie noch rasch in den Mönchs- bzw. Nonnenstand traten. Damit beabsichtigte Theophanu, Gott als dem wahren Herrscher beim Jüngsten Gericht nicht als stolze und sündige Kaiserin, sondern als demütige Büßerin entgegenzutreten. Ihrem Wunsch gemäß überführte man ihren Leichnam nach Köln, wo sie in der Benediktinerabteikirche St. Pantaleon schon zu Lebzeiten ihre Grabstelle vorbereitet hatte.

Kaiserin aus der Fremde

Der Chronist Bischof Thietmar von Merseburg, der im frühen 11. Jahrhundert schrieb, stellte in der Rückschau Kaiserin Theophanu ein ausgezeichnetes Zeugnis aus, wenn er schreibt: *„Wohl war sie von schwachem Geschlecht, dennoch besaß sie Zucht und Festigkeit und, was in Griechenland selten ist, einen aus-*

gezeichneten Lebenswandel. Auf diese Weise bewahrte sie mit männlicher Wachsamkeit die Königsherrschaft ihres Sohnes, in allem freundlich gegenüber Rechtschaffenen und in furchtgebietender Überlegenheit gegenüber Aufsässigen." Deutlich wird aus diesen Worten, dass sich Theophanu nicht nur in einer höchst gewalttätigen Männerwelt behaupten musste, sondern auch erheblichen Vorurteilen gegen die angeblich so verderbten Sitten der Griechen (gleichbedeutend mit Byzantinern) gegenüberstand. Überhaupt erstaunt am Leben der Theophanu, wie schnell sie sich in ihrem neuen Umfeld eingelebt hat und trotz jugendlichen Alters als Frühgereifte energisch politisch tätig wird, zunächst als Kaiserin und Mitherrscherin an der Seite ihres Mannes unter allmählicher Verdrängung ihrer Schwiegermutter Adelheid, schließlich als allgemein anerkannte erste weibliche Regentin für einen unmündigen deutschen Herrscher.

Gerade im Gegensatz zu Kaiserin Adelheid, die über ihre Mutter aus schwäbischer Herzogsfamilie, ihren königlichen Vater aus Hochburgund, ihren Bruder als König von Gesamtburgund und ihren ersten Mann König Lothar von Italien bestens in allen drei wichtigen Reichsteilen vernetzt war, fehlte Theophanu als Fremder in ihrem neuen Reich der im Mittelalter so wichtige Rückhalt einer einflussreichen Herkunftsfamilie. Nachdem auch noch ihr kaiserlicher Onkel in Byzanz früh gestorben und ihre Familie väterlicherseits dort aus dem inneren Zirkel der Macht verdrängt worden war, besaß sie selbst in ihrem Heimatland keine notfalls zu aktivierende Unterstützung mehr.

Während Kaiserin Adelheid eine geschickte Heiratspolitik betrieb, indem sie ihre Tochter Hemma aus erster Ehe mit dem französischen König verheiratete und dafür sorgte, dass Herzog Heinrich der Zänker ihre Nichte Gisela, Tochter des Königs von Burgund, zur Gemahlin bekam, war Theophanu in dieser Hinsicht inaktiv. Denn ihre zwei ältesten Töchter Adelheid und Sophia gab sie zur Erziehung rasch in die ottonischen Damenstifte Gandersheim und Quedlinburg. Früh scheint die Kaiserin entschieden zu haben, dass beide auch dort bleiben und nur als künftige Äbtissinnen dieser Anstalten Karriere machen sollten.

Die dritte Tochter Mathilde vermählte sich nach dem Tod ihrer Mutter sogar weit unter Stand mit Pfalzgraf Ezzo, wie es vielleicht noch von Theophanu gewünscht worden war. Durch den frühen Tod der Kaiserin ist leider unbekannt, welche Gemahlin sie sich für ihren einzigen Sohn Otto III. ausgesucht hätte. Da aber im Februar 1002 eine byzantinische Kaisertochter als dessen Braut in Italien eintraf, ohne zu wissen, dass Otto III. gerade verstorben war, scheint ihr Sohn hier vielleicht ihrem Wunsch gefolgt zu sein. Wäre Otto III. nicht vor der Hochzeit aus dem Leben geschieden und hätte noch einen Sohn und Thronerben zeugen können, so wäre sein Nachfolger als deutscher Herrscher sogar mehr byzantinischer als deutscher Herkunft gewesen.

Theophanu, die also weder Rückhalt durch eine mächtige Verwandtschaft oder geschickte Ehebündnisse ihrer Kinder besaß, war allein auf ihre Tatkraft und Intelligenz angewiesen. Beides muss in großem Maß bei ihr vorhanden gewesen sein. Denn sonst hätte sie weder als Mitherrscherin die hochbedeutende Rolle an der Seite ihres Mannes noch die weitaus schwierigere Aufgabe als Regentin ausfüllen können. Zieht man ein Fazit ihrer immerhin siebenjährigen Regentschaft, so kann gesagt werden, dass es Theophanu gelang, das Reich sicher und friedvoll durch diese Zeit zu steuern. Damit hebt sich ihre Regierungszeit zudem wohltuend von der ihres Mannes ab, der weder einen Ausgleich mit Heinrich dem Zänker noch mit dem französischen König oder den östlichen Nachbarn herbeiführen konnte und am frühen Ende seines Lebens tatenlos auf den Trümmerhaufen seiner bisherigen Politik blicken musste.

Der Einfluss Theophanus auf den Kulturtransfer von Ost nach West kann in seinem Ausmaß nur schwer beurteilt werden. Schon unter ihrem Schwiegervater kamen Gesandtschaften aus ihrer Heimat an den deutschen Hof und brachten als Ehrbezeugung, aber auch um natürlich die kulturelle Überlegenheit von Byzanz gegenüber dem in ihren Augen barbarischen Reich zu demonstrieren, reiche Geschenke an Stoffen, Metall-, Email- und Kristallarbeiten mit. Zudem dürfte der norditalienische Bereich mit seinen Höfen, Städten und Fernhändlern eine wichtige Mittlerfunktion gespielt haben. Auch Byzanz als damaliges Zentrum der Mode vor allem der Damenwelt könnte von hier aus schon vor Theophanu über die Alpen gewirkt haben. Doch die Ankunft der jungen und überaus schönen byzantinischen Gemahlin Ottos II. im Spätsommer 972 in ihrem nördlichen Reich, vor allem aber der bisher nie gekannte Reichtum und die Eleganz ihres mitgeführten Brautschatzes, dürfte die teilweise Öffnung zu deren kulturell erheblich überlegenerem Heimatland deutlich intensiviert haben.

Man sollte nicht vergessen, dass der Hof, an den nur ein Jahr später Theophanu an der Seite des neuen Kaisers als erste Dame des Reiches aufrückte, seine Herrschaft umherreisend ausübte. Ständig hatte also jedermann, der an den benutzten Straßen wohnte, Gelegenheit, die nach byzantinischer Mode reich gekleidete schöne Kaiserin zu sehen. Permanent änderte sich während des Umherreisens die Zusammensetzung des Hofes, da sich die wichtigsten Fürsten und Adeligen nebst Gemahlinnen der jeweiligen Region dem Zug anschlossen. Doch nicht nur in Pfalzen, auch in Städten hielt sich der Hof auf. Wie ein heutiger Popstar oder eine ehrgeizige First Lady dürfte die exotische junge Kaiserin rasch stilbildend geworden sein. Wie andere Familien des Hochadels auch stellte sie die mitgeführten Schätze ihrer Heimat bei wichtigen Festen aus, um ihren Rang zu dokumentieren.

Immerhin achtzehn lange Jahre stand sie als Kaiserin und Regentin im Zentrum öffentlichen Interesses und konnte so nicht nur in politischer, sondern auch kultureller Hinsicht prägend wirken. Um sich aber nicht allzu deutlich ständig als Fremde von ihrer Umgebung abzuheben, dürfte sie westliche Vorbilder wie ihre Schwiegermutter Adelheid und östliche wie ihre Namensgeberin Theophanu, was die Mode angeht, zu einer ganz eigenen, nachahmenswürdigen Kreation verschmolzen haben. Auch wenn der konkrete Nachweis durch fehlende Urkunden aus dieser fernen Zeit schwer zu führen ist, fällt doch in den wenigen erhaltenen Resten von Kirchenschätzen der späten Ottonenzeit ein vergleichsweise hoher Anteil an byzantinischen Arbeiten und Stoffen auf. Ein großer Teil dieser Schätze, wie ihn zum Beispiel der vom letzten Ottonen Heinrich II. gestiftete einmalige Ambo der Aachener Pfalzkapelle wie in einem luxuriösen Schaufenster präsentiert, könnte auf den Brautschatz der Theophanu zurückgehen. Seidenstoffe aus ihrer Zeit und Heimat haben sich nur erhalten, weil sie zum Einwickeln heiliger Gebeine in den damals aufkommenden Reliquienschreinen dienten und so bis in unsere Zeit überdauerten.

Das Tor zur Himmelsstadt

Wer die heute inmitten der modernen Großstadt Köln gelegene Pantaleonskirche besucht, kann dort immer noch das Grab Theophanus sehen. Die Gebeine der Kaiserin ruhen allerdings seit 1965 in einem modernen Sarkophag aus griechischem Marmor, den der Bildhauer Sepp Hürten als Abschluss des Wiederaufbaus der Kirche nach schwerer Zerstörung im Zweiten Weltkrieg schuf. Vor wenigen Jahren „wanderte" der Sarkophag zudem wieder in den Westbau und damit in die Nähe des ursprünglich von Theophanu gewählten Grabortes. Im Gegensatz zu ihrer Schwiegermutter Adelheid gründete sie jedoch nicht ein eigenes Kloster, sondern wählte als Bestattungsort ein bereits bestehendes. Während Adelheid fast ihr gesamtes Witwengut, um dessen Verfügungsgewalt sie sich mit ihrer Schwiegertochter lange gestritten hatte, Kirchen und Klöstern übergab, verhielt sich Theophanu in dieser Beziehung deutlich nüchterner und zurückhaltender. Schließlich wollte sie ihrem Sohn ihren Besitz weitgehend ungeschmälert hinterlassen. Doch warum bereitete sie sich nicht in den beiden ottonischen Hausstiften Gandersheim und Quedlinburg ein Grab, wo ihre Töchter als Kanonissen und spätere Äbtissinnen bestens für ihr Seelenheil hätten sorgen können, sondern ausgerechnet in Köln?

Es gibt gleich mehrere Gründe, die diese Entscheidung Theophanus nachvollziehbar machen: Köln war im späten 10. Jahrhundert und noch das ganze Hochmittelalter hindurch die einzige deutsche Großstadt, die diesen Namen verdiente, und damit der einzige Ort ihrer neuen Heimat, der sie an Byzanz erinnerte. Kirchen, Klöster, Paläste, Ruinen antiker Großbauten und nicht zuletzt die Lage an einem breiten Fluss ließen in ihr wohl Erinnerungen an die Zeit ihrer kurzen Kindheit in der fernen Weltstadt am Bosporus aufsteigen. Vielleicht gab es hier schon zur Zeit Theophanus auch eine Niederlassung byzantinischer Fernhändler, woran noch der heutige Straßenname „Griechenmarkt" erinnert, der zudem nicht allzu weit von Theophanus Grabstätte entfernt ist. Doch auch dynastische Verbindungen ihrer neuen Familie existierten in Köln. Denn der Bruder ihres kaiserlichen Schwiegervaters, Brun, hatte als Erzbischof von Köln vor den antiken Stadtmauern die Benediktinerabtei St. Pantaleon gegründet und sich dort begraben lassen. Obwohl ihn Theophanu durch seinen frühen Tod 965 nicht mehr kennen lernen konnte, fühlte sie sich ihm wohl durch ihre ähnliche Lothringenpolitik verbunden. Schließlich gab auch das seltene Pantaleonspatrozinium der Kirche der Kaiserin ein Gefühl von Heimat in der Fremde, zumal es noch durch die Nebenpatrone Cosmas und Damian erweitert war. Alle drei waren hochverehrte oströmische Heilige und Märtyrer, die zu Lebzeiten als Ärzte den Menschen halfen. Sich hier als Byzantinerin unter den himmlischen Schutz gleich dreier Heiliger ihrer alten Heimat zu stellen, schien Theophanu wohl besonders geeignet. Eine spätere Überlieferung des Klosters berichtet gar, dass der Brautwerber Erzbischof Gero von Köln damals vom byzantinischen Kaiser Reliquien des hl. Pantaleon geschenkt bekam, die er zusammen mit der Prinzessin in ihr neues Reich führte. Über zweihundert Jahre nach ihrem Tod gelangte zudem ein Teil des Hauptes dieses Heiligen nach Köln. Doch nun nicht als Ehrengeschenk des Kaisers, sondern als Beute des fehlgeleiteten 4. Kreuzzuges, der 1204 Byzanz eroberte und ausplünderte. Als bittere Ironie der Geschichte wurde nun in der Kölner Grabkirche einer einstigen byzantinischen Prinzessin dank christlicher Kreuzritter Beutegut aus der Hagia Sophia verehrt.

Die Kaiserin beließ es jedoch nicht allein bei diesen drei ihr besonders vertrauten Hausheiligen der ausgewählten Grabkirche. Vielmehr wollte sie anscheinend bei der Vorsorge für ihr Seelenheil ganz sicher gehen und erwarb bei ihrem Romaufenthalt im Winter 989/990 mit den Gebeinen des frühchristlichen Märtyrers Albanus einen ganz persönlichen Fürsprecher. Theophanu erhielt mithilfe des Papstes dadurch die Reliquien des ersten englischen Märtyrers, die auf Umwegen in Rom gelandet waren, so glaubte man es zumindest. Damals begann Köln gerade zum wichtigsten deutschen Handelspartner Englands aufzusteigen. Von London aus konnten die Schiffe der Kaufleute den Rhein bis Köln hinauffahren, das damals schon die wichtigste Fernhandelsstadt im Reich war. Mit den Albanusreliquien hatte Theophanu so gleichsam ein zweites Band über den Ärmelkanal geknüpft.

Schon bei der Übertragung des hl. Albanus durch Theophanu zu seiner neuen Verehrungsstätte gab dieser der Legende nach ein wunderbares Zeichen seiner Wirkkraft. Die Kaiserin hatte die Gebeine des Heiligen in einen Kasten legen und diesen für den Transport auf ein Pferd binden lassen. Beim Zug über die Alpen rutschte das Tier plötzlich auf einem der schmalen Gebirgspfade ab und stürzte in eine tiefe Schlucht. Entsetzen ergriff die ganze Reisegesellschaft, war damit nicht nur der kostbarste Teil der mitgeführten Geschenke verloren gegangen, sondern auch der Zorn des Himmels zu befürchten. Mutige Männer vom Gefolge der Kaiserin kletterten hinab und trafen unten sowohl Pferd als auch Reliquienkasten völlig unversehrt an. Dieses Wunder bestätigte Theophanu eindrucksvoll, dass sie vom Papst die echten Gebeine eines Heiligen bekommen hatte und Albanus anscheinend seiner Übertragung nach Köln zustimmte. Unterwegs machte die Kaiserin noch Station in Mainz, wo Erzbischof Willigis sie bat, den Namen des Heiligen, Albanus, in Albinus umzuändern, da er eine Verwechslung mit dem Mainzer Märtyrer St. Alban befürchtete.

In Köln angekommen übergab Theophanu der Abtei St. Pantaleon, der sie zeitlebens große Zuwendungen gemacht hatte, die Reliquien als kostbares Unterpfand. Mitten im von ihr erbauten Westbau ließ sie einen Altar zur würdigen Verehrung des Albinus errichten. Bei der feierlichen Übergabe der heiligen Gebeine nahm sie vor dem versammelten Mönchskonvent ihr kaiserliches Diadem ab, das sie der Abtei schenkte und das dort bis in die Barockzeit erhalten blieb, und legte ihren Schleier auf den Boden vor den Altar. Damit bezeichnete sie die Stelle, wo sie einst bestattet werden wollte. Mit ihrer selbst gewählten Grabstätte, in der sie dann auch 991 begraben wurde, hatte sie ein Zeichen ihrer christlicher Demut für die Nachwelt gesetzt. Denn das schlichte, nur mit einer flachen Platte gedeckte Grab lag unmittelbar hinter dem Haupteingang der Kirche, sodass die Gläubigen darüber gehen mussten. Gar nicht so demutsvoll war aber Theophanus zweiter Gedanke bei der besonderen Anlage ihres Grabes. Da es unmittelbar vor dem Altar mit den Reliquien „ihres" Heiligen lag, hoffte sie, am Tag des Jüngsten Gerichts von Albinus sicher ins ersehnte Paradies geführt zu werden.

Auch der fast noch in der ursprünglichen Form erhaltene Westbau der Abteikirche St. Pantaleon verrät uns einiges über die sorgfältigen Vorbereitungen der Kaiserin für ihre letzte Reise. Ihr angeheirateter Onkel Brun, Erzbischof von Köln und Herzog von Lothringen, hatte 965 testamentarisch der von ihm gegründeten Benediktinerabtei St. Pantaleon eine große Summe vermacht, damit ein neuer Kirchenbau errichtet werden konnte. Das ursprünglich einschiffige, anspruchsvolle Bauwerk folgte dabei dem Vorbild spätantiker Thronsäle. Theophanu ließ das schon errichtete Westwerk völlig umbauen, da sie wohl bei ihrem mehrmonatigen Kölner Winteraufenthalt 988/989 den Plan gefasst hatte, sich hier begraben zu lassen. Ihre nun energisch betriebenen Bemühungen um eine adäquate Grabstätte dürften auf ihre unmittelbar vorangehende schwere Erkrankung zurückgehen. Der dreiflügelige Westbau in Gestalt eines Kreuzes weist im Innern weite Emporen mit großen Arkaden auf. Die Forschung vermutet, dass Theophanu diese Emporen eigens einrichten ließ, um hier einen kleinen Frauenkonvent anzusiedeln, der exklusiv für ihr Seelenheil beten sollte. Die Benediktinerinnen blickten von ihren Emporen direkt auf das Grab der Kaiserin, das mitten im Westbau lag. Kleinere Nonnenkonvente, die einem größeren Mönchskloster angegliedert waren, sind für diese Zeit nichts Ungewöhnliches. Erst 150 Jahre nach Theophanus Tod zerriss diese Verbindung, indem der Abt die Nonnen nach Königsdorf in ein eigenes Kloster ausquartierte. So wollte er die zunehmenden Lästereien der Kölner über das angeblich unmoralische Treiben hinter den Mauern von St. Pantaleon abstellen. Nun waren allein die Mönche noch für das Seelenheil der verstorbenen Kaiserin zuständig.

Für die Gestaltung der Fassade des Westwerks fanden Theophanu und ihr Baumeister eine ganz besondere Lösung. Denn hier wurde erstmals in der mittelalterlichen deutschen Architekturgeschichte figürlicher Bauschmuck verwendet. Die Gläubigen begrüßten neben Christus die in der Kirche verehrten Heiligen. In einer einmaligen Mischung aus antikem Triumphbogen und Stadttor bildeten die Heiligen gleichsam das Empfangskomitee für die Himmelsstadt, dessen Abbild Westbau und Kirche bildeten. Leider verschwand diese Fassade in der Barockzeit und wurde im späten 19. Jahrhundert ohne den Figurenschmuck rekonstruiert. Durch das Hauptportal trugen die Mönche Ende März 1002 den Leichnam des allzu jung verstorbenen Kaisers Otto III. in die Kirche, der so eine Nacht neben dem Grab seiner Mutter ruhte, bevor er wunschgemäß nach Aachen überführt wurde.

In St. Pantaleon können nicht nur das wiederhergestellte Westwerk bewundert und das in moderner Form gestaltete Grab der Kaiserin aufgesucht werden. Auch die Albinusreliquien befinden sich noch hier, allerdings in einem Prachtschrein des späten 12. Jahrhunderts. Die ihrer Figuren beraubte Stirnseite verrät durch die erhaltenen Emailinschriften allerdings noch das einst hier dargestellte Programm. So begleitete ehemals die Hauptfigur des Albinus auch eine Darstellung Theophanus, die in den Wirren der französischen Besatzungszeit Ende des 18. Jahrhunderts verloren ging. Erst mit der Auflösung des Konventes 1802 endete die Sorge um das Seelenheil der Kaiserin. Es dauerte fast zweihundert Jahre, bis Theophanu durch die Vorbereitungen zur Gedenkfeier ihres tausendjährigen Todes wieder dem Dunkel der Vergangenheit entrissen wurde und als bedeutende historische Frauengestalt des Mittelalters nicht nur in Köln wieder präsent ist.

„Herrscherin im Schatten"

KAISERIN KUNIGUNDE

um 975/985–1033

Dank ihrer spät einsetzenden Verehrung als Heilige ist Kaiserin Kunigunde die mit Abstand am häufigsten dargestellte mittelalterliche Herrscherin überhaupt. Dennoch bleibt ihr wirkliches Leben merkwürdig blass, da die erzählfreudige, frei erfundene Legende die Historie fast vollständig überwuchert hat. Gleich wenigen Lichtstrahlen blitzt trotzdem immer wieder etwas aus dem Dunkel der Geschichte empor, das die enorme Spannbreite ihres Lebens andeutet. Ein wohl impotenter Ehemann, der sich den deutschen Thron erkämpfte, rücksichtslose Brüder, die auf Kosten ihrer Schwester ihre Karriere vorantrieben, seltene Momente weiblicher Herrschaftsausübung, der vielleicht nicht ganz freiwillige Rückzug ins Kloster und schließlich ihre fast mariengleiche Heiligenverehrung nicht nur in Franken sind erkennbare Eckpunkte, die unser Interesse verdienen. Trotz der gerade in jüngster Zeit intensiven Forschung zu Kunigunde bleibt ihr Lebensbild aber seltsam verschwommen und kann nur an wenigen Stellen von der erdrückenden historischen Gestalt ihres Gatten gelöst werden.

Mädchen von der Mosel

Der heute meist gebräuchliche Namenszusatz Kunigundes „von Luxemburg" führt in die Irre, will man etwas über die Herkunft der späteren Gemahlin Heinrichs II. erfahren. Ihr Vater Siegfried,

Graf im Mosel- und Saargau, erwarb zwar 963 eine kleine Burg auf dem Felsen der heutigen Stadt Luxemburg. Doch erst ab dem späten 11. Jahrhundert nannte sich die Familie tatsächlich nach dieser Befestigung, die bis dahin repräsentativ ausgebaut und zum Stammsitz geworden war. Machtbasis ihres Vaters war im 10. Jahrhundert eindeutig die Stadt Trier, wo Kunigunde vermutlich in den Jahren zwischen 975 und 985 geboren wurde sowie Kindheit und Jugend verbrachte. Ihre Eltern nannten sie nach ihrer Großmutter Kunigunde, die ihre Herkunft auf die westfränkischen Könige aus dem Haus der Karolinger und damit letztendlich auf Karl den Großen zurückführen konnte. Im dynastischen Denken der damaligen Zeit war dies ein ungeheurer Prestigegewinn, der nicht mit Geld aufzuwiegen war. Dies sollte auch ihrer gleichnamigen Enkelin zugutekommen.

Die ältere Kunigunde war in dritter Ehe mit Graf Giselbert verheiratet, mit dem sie zwei Kinder hatte, darunter Siegfried, der Vater „unserer" Kunigunde. Giselbert heiratete nach dem Tod seiner Ehefrau in zweiter Ehe Gerberga, eine Tochter König Heinrichs I. und Schwester König Ottos I., was ihm 928 das Herzogtum Lothringen einbrachte. Somit war unsere Kunigunde sowohl mit den Karolingern als auch den Ottonen verwandt, was ihre Heiratschancen natürlich enorm steigerte, auch wenn sie vom Stand her „nur" eine Grafentochter war.

Wie kam sie nun als Braut an den späteren Kaiser Heinrich II.? Als Zeit ihrer Eheschließung wird das Jahr 1000 vermutet. Damals war Heinrich, der nach seinem Urgroßvater König Heinrich I. benannt war, als Heinrich IV. Herzog von Bayern und residierte im weit entfernten Regensburg. Dieses Amt hatte er von seinem 995 verstorbenen Vater Heinrich dem Zänker übernommen. Obwohl unser Heinrich aus der bayerischen Seitenlinie der Ottonen stammte, gab es für ihn damals keinerlei realistische Aussichten auf eine mögliche Erhebung zum deutschen König, denn der junge Kaiser Otto III. erfreute sich damals bester Gesundheit und warb gerade erfolgreich um eine byzantinische Kaisertochter zwecks Familiengründung. Somit wählte Heinrich Kunigunde für sich als Herzogs- und nicht als Königsgemahlin aus, sodass sie als Grafentochter mit edlem Stammbaum für eine solche Position durchaus geeignet war. Der Bruder Kunigundes, ebenfalls mit Namen Heinrich, war ein enger Vertrauter Kaiser Ottos III. Vielleicht hat er den Kaiser dahin gehend beeinflusst, dass seine Schwester dessen Vetter, den bayerischen Herzog Heinrich IV., heiraten durfte. Dessen Vater Heinrich der Zänker hatte immerhin noch eine burgundische Königstochter zur Gemahlin. Es könnte daher sein, dass der junge Kaiser Otto III. seinem Freund und dessen Familie nicht nur einen großen Gefallen und eine bedeutende Aufwertung mit der bayerischen Heirat Kunigundes ermöglichen wollte. Vielmehr könnten bei dieser Eheverbindung für den Kaiser auch gegenteilige Überlegungen im Vordergrund gestanden haben, nämlich den Ehrgeiz des Bayernherzogs etwas zu dämpfen, indem er diesem eben keine Herzogs- oder Königstochter zugestand.

Neben diesen rein machtpolitischen Optionen wäre noch eine zweite Schiene der Vermittlung dieses Eheprojekts denkbar. Denn sowohl Regensburg, Residenzstadt Herzog Heinrichs, als auch Trier, Geburts- und Wohnort Kunigundes, waren damals im späten 10. Jahrhundert wichtige kirchliche Reformzentren, die in enger Verbindung miteinander standen. Kunigundes Vater Siegfried konnte seine Machtstellung an der Mittelmosel nicht zuletzt durch Vogteien über die hochbedeutenden Abteien Echternach und St. Maximin ausbauen, beide nahe bzw. unmittelbar vor Trier gelegen. In der Klosterpfalz der Trierer Abtei St. Maximin dürfte Kunigundes Familie sogar residiert haben. Hier war durch die Übernahme der Gorzer Reform, die wiederum vom Stiefbruder Siegfrieds als Metzer Bischof gefördert worden war, eine der modernsten monastischen Einrichtungen der damaligen Zeit entstanden. Viele bedeutende Abteien des Reiches, die im Laufe der Jahrhunderte ihres Bestehens ihren religiösen Schwung und die innere Disziplin verloren hatten, schlossen sich der von St. Maximin ausstrahlenden klösterlichen Erneuerungsbewegung an, indem sie sich Mönche von dort holten. Auch die altehrwürdige Abtei St. Emmeram in Regensburg, damals schon lange das bedeutendste Benediktinerkloster in Bayern, wurde auf massiven Druck des Regensburger Bischofs Wolfgang der Trierer Reform angeschlossen. Der später heiliggesprochene Bischof (Amtszeit 972–994) war der Erzieher Herzog Heinrichs, des späteren Ehemannes Kunigundes. Wolfgang holte aus St. Maximin Ramwold nach Regensburg und setzte ihn dort als Abt von St. Emmeram ein (974–1000). Über Letzteren könnte ebenfalls Kunigunde als Braut an Heinrich vermittelt worden sein, war dieser doch ein tieffrommer Mann, der sich dem Rat des charismatischen Abtes sicherlich nicht entziehen konnte. Heinrich schätzte Ramwold so sehr, dass er lebenslang den Schlüssel zu dessen Grab als besonderen Talisman bei sich trug.

Durch ihre Trierer Herkunft war Kunigunde alles andere als provinziell aufgewachsen. Nicht nur die damals noch gewaltigeren Ruinen der zeitweiligen einstigen Haupt- und Residenzstadt des weströmischen Reiches forderten zur Beschäftigung mit der Antike heraus. Die Moselmetropole besaß zudem die stärkste frühchristliche Tradition im Reich. Dominierende Kultgestalt war die hier hochverehrte heilige Kaiserin Helena, Mutter Kaiser Konstantins des Großen, die ihren Sohn angeblich zum Christentum bekehrt und damit dessen Siegeszug als Weltreligion eingeleitet hatte. In Trier galt der spätantike Quadratbau des Domes, damals noch ohne die romanische Erweiterung, als einstiger Palast Helenas, die ihn zur ersten Bischofskirche des Reiches gemacht hatte. In einigen antiken Ruinen und über frühchristlichen Gräberfeldern waren gleich mehrere bedeutende Klöster entstanden. Kunigunde dürfte ihre Bildung vermutlich in der Nonnenabtei St. Irminen in Trier erhalten haben, die sich in einem spätantiken Großspeicher etabliert hatte.

Wie in keiner zweiten deutschen Stadt verbanden sich in Trier Antike und Mittelalter, was auch den Bildungshorizont Kunigundes entsprechend geweitet haben dürfte. Auch der direkte und dauerhaft enge Kontakt ihrer Familie mit dem Reformzentrum St. Maximin wird sich vorteilhaft auf sie ausgewirkt haben. Zudem war Trier damals neben Köln durch Erzbischof Egbert zum großen ottonischen Kulturzentrum im Westen des Reiches aufgestiegen. Kunigunde sah daher schon die gerade entstandenen, ungemein prachtvollen Werke kirchlicher Goldschmiedekunst und Buchmalerei, was ihren Geschmack entsprechend geprägt haben dürfte, den sie dann an ihren Mann weitergegeben haben könnte. Vielleicht war es sogar dieser weitere Horizont Kunigundes, der sie neben ihrer Frömmigkeit als künftige Gattin Heinrichs besonders empfahl. Denn Herzog Heinrich erwarb an der Domschule in Hildesheim und danach durch Bischof Wolfgang einen für einen Reichsfürsten des späten 10. Jahrhunderts sicherlich ungewöhnlich hohen Bildungsstand.

Die Hochzeit der beiden könnte sogar in Anwesenheit Kaiser Ottos III. im Jahre 1000 in Aachen stattgefunden haben, dem Pfalzort von Kunigundes Urahnen Karl dem Großen. Herzog Heinrich IV., der damals schon 27 Jahre alt war, stattete seine Frau am Morgen nach der Hochzeit mehr als standesgemäß aus, gleichsam um ihren im Vergleich zu seiner eigenen Mutter nicht allzu hohen Rang wettzumachen. Kunigunde erhielt mit der Burg Bamberg nicht nur einen der Lieblingsorte ihres Mannes sowie weitere Besitzungen in Franken überschrieben, sondern auch weitere wichtige bayerische Herzogsgüter in der Isen-, Inn- und Salzachgegend. Damit sollte ihr während einer eventuellen Witwenschaft ein mehr als sorgenfreies Leben garantiert werden.

Die unverhoffte Chance

Wäre Kunigundes Ehemann einfach Herzog von Bayern geblieben, wer weiß, ob sie überhaupt einen besonderen Platz in der deutschen Historie gefunden hätte. Auch ihre spätere Stilisierung zur mariengleichen Heiligen wäre sicherlich unterblieben. Doch ein Zufall der Geschichte katapultierte sie an der Seite ihres Mannes plötzlich an die Spitze des Reiches. Denn mit nur 21 Jahren verstarb völlig unerwartet Kaiser Otto III. am 23./24. Januar 1002 in der Burg Paterno nördlich von Rom. Die byzantinische Kaisertochter, die damals schon als seine Braut unterwegs war, erreichte die traurige Nachricht erst im Februar, als sie im italienischen Bari anlandete. Sogleich kehrte sie wieder in ihre Heimatstadt zurück. Wäre Otto III. nur einige Monate später gestorben, so hätte er noch die Chance gehabt, einen Erben zu zeugen. Doch so war das Rennen um die Nachfolge völlig offen und gleich mehrere aussichtsreiche Kandidaten begannen den Wettlauf um die deutsche Krone. Herzog Heinrich IV. war von der Nachricht des Todes Kaiser Ottos wie elektrisiert, bekam er doch unerwartet die einmalige Chance, den vergeblichen Kampf sowohl seines Vaters Heinrich des Zänkers als auch seines Großvaters um die Herrschaft über das Reich mit Erfolg zu krönen. Geschickt nutzte er eine weitere Zufälligkeit zu seinem Vorteil. Denn der sterbende Kaiser hatte noch verfügt, nicht wie sein Vater im nahen Rom begraben zu werden, sondern an der Seite seines hochverehrten Vorbildes Karls des Großen in der Aachener Pfalzkapelle. Seine nächste Umgebung brachte unter schwierigsten Bedingungen daher seinen präparierten Leichnam aus dem von Aufständen zerrissenen Italien über die Alpen. Hier griff nun Herzog Heinrich beherzt zu. In Polling fing er den Leichenzug ab und ließ sich die mitgeführten Reichsinsignien gleichsam als Unterpfand seines Herrschaftsanspruchs auf die deutsche Krone aushändigen. Die Bischöfe und Fürsten, die mit dem toten Kaiser zurückgekehrt waren, setzte er sogleich unter Druck, ihn als Nachfolger zu wählen. Den Leichnam Ottos III. begleitete Heinrich bis Augsburg, wo er die Eingeweide des Kaisers neben den Gebeinen des Bischofs Ulrich von Augsburg beisetzen ließ, der erst wenige Jahre zuvor heiliggesprochen worden war. Der Herzog stiftete der Abtei aus seinem Besitz eine große Landmasse, damit die Mönche für das Seelenheil des verstorbenen Herrschers dauerhaft beteten. Damit hatte er im mittelalterlichen Sinn wie ein Sohn für den Vater gehandelt und wiederum einen öffentlichkeitswirksamen Schachzug auf dem Weg zur Macht getan.

Noch friedlich konnte er einen ersten Thronkandidaten zum Verzicht bewegen. Der Salier Otto, dessen Mutter Luidgard eine Tochter Kaiser Ottos I. war, fühlte sich einfach zu alt für diese anstrengende Aufgabe. Heinrich belohnte ihn später für diese weise Einsicht mit dem Herzogtum Kärnten. Die übrigen Reichsfürsten waren dem Bayernherzog weniger freundlich gesonnen. Als sich diese zur Beisetzung Ottos III. in Aachen versammelten, votierte man mehrheitlich gegen ihn, da „vielerlei Gründe" gegen ihn sprachen, wie es damals hieß. Leider sind uns diese Vorbehalte nicht im Einzelnen überliefert. Unter den Reichsfürsten war Herzog Hermann II. von Schwaben der große Favorit. Ungebrochenen Rückhalt hatte Heinrich jedoch unter den bayerischen Großen, die auch bei seiner späteren Regierung die wichtigsten Vertrauenspositionen einnehmen sollten. Als nächsten Schritt sicherte er sich die Unterstützung des mächtigsten deutschen Kirchenfürsten, Erzbischof Willigis von Mainz, dem Heinrich den weiteren Ausbau seiner kirchlichen und weltlichen Spitzenstellung zusicherte. Den wichtigen Meinungsführer Bischof Burchard von Worms gewann er mit der Zusage, ihm die ungeteilte Herrschaft über die Stadt Worms zu verschaffen und die konkurrierenden Salier samt ihrer Stadtburg durch ein großzügiges Tauschgeschäft dauerhaft von dort zu entfernen.

Die sächsischen Großen tendierten zunächst dazu, Ekkehard von Meißen als König zu wählen. Auch hier agierte Heinrich geschickt und machtbewusst, indem er die beiden jungen Schwestern Kaiser Ottos III., Sophia und Adelheid, auf seine Seite brachte. Sophia war zudem als einjähriges Kind der Tante Heinrichs, Äbtissin Gerberga, übergeben und im ottonischen Damenstift Gandersheim von ihr erzogen worden. Zudem hatte Heinrichs Vater dort sein Grab gefunden, sodass es ihm anscheinend nicht allzu schwer fiel, Sophia für sich einzunehmen. Ihre Schwester Adelheid war noch 999 von Kaiser Otto III. zur Äbtissin von Quedlinburg erhoben worden. Beide Damenstifte hüteten nicht nur das Gedächtnis der ottonischen Dynastie, sondern ihre Äbtissinnen waren zugleich eminent wichtige Herrinnen sehr umfangreicher Stiftsterritorien. Die Kanonissen ihrer Damenstifte stammten allesamt aus dem sächsischen Hochadel, sodass die kaiserlichen Schwestern rasch das Meinungsbild der wichtigsten Familien für Heinrich umstimmen konnten. Schließlich garantierte ihnen der zukünftige Herrscher nicht nur bedeutende Schenkungen an ihre Stifte und weiterhin eine wichtige

Rolle am Königshof. Heinrich versprach ihnen außerdem, sich als König für die Absicherung des Seelenheils ihres verstorbenen Bruders so zu engagieren, wie es einem verstorbenen Herrscher zukam. Sophia handelte zudem für sich die Erhebung zur Äbtissin von Gandersheim nach dem Tod von Heinrichs Tante sowie die Unterstützung in ihrem langwierigen Streit mit ihrem Erzfeind Bischof Bernward von Hildesheim aus.

Der ausgebootete sächsische Kandidat Ekkehard von Meißen geriet über das Verhalten der kaiserlichen Damen in rasende Wut. Am Abend der Wahlversammlung der sächsischen Großen, die sich nun nicht für ihn, sondern für Heinrich ausgesprochen hatten, sollte ein Festmahl den Beschluss besiegeln. Ekkehard stürmte mit zwei Begleitern herein und besetzte die ranghöchsten Ehrenplätze, die für die beiden Schwestern vorgesehen waren. Dies war im mittelalterlichen Verständnis ein ungeheurer Affront. Im entstehenden Tumult musste Ekkehard fliehen. Damit hatte er als schlechter Verlierer sein Ansehen in Sachsen verspielt. Nur wenige Wochen später fand er einen gewaltsamen Tod, wobei unklar ist, ob der Mord von den schwer beleidigten kaiserlichen Schwestern oder Heinrich in Auftrag gegeben worden war. Auf jeden Fall dürfte das Ergebnis bei allen drei keine allzu große Trauer hervorgerufen haben.

Nun blieb im Kampf Heinrichs um die Krone nur noch ein Gegenkandidat übrig, Herzog Hermann II. von Schwaben. Herzog Heinrich war mit ihm direkt über seine Mutter verwandt, da Hermann deren Schwester geheiratet hatte. Beide Damen waren Töchter König Konrads von Burgund und seiner Gemahlin Mathilde, einer Enkelin des deutschen Königs Heinrich I., und somit Cousinen des verstorbenen Kaisers Otto III. Daher konnte der Bayernherzog seine Thronansprüche sowohl über Vater- als auch Mutterseite ableiten, während der Schwabenherzog sich neben persönlichen, königswürdigen Fähigkeiten vor allem auf die Herkunft seiner Frau stützen musste. Hermann versuchte, seinem Konkurrenten den Weg zur geplanten Krönung in Mainz abzuschneiden, doch gelang es Heinrich durch ein Täuschungsmanöver, ihn in die Irre zu führen. So konnte Erzbischof Willigis am 7. Juni 1002 Heinrich II. als neuen König im Mainzer Dom salben und krönen. Damit waren unumkehrbare Fakten geschaffen worden.

Kunigunde scheint sich in dieser turbulenten Zeit des Kampfes ihres Mannes um die Macht wohl im sicheren Bayern, vermutlich in Regensburg oder Bamberg, aufgehalten zu haben. Nicht einmal innerhalb eines halben Jahres hatte dieser es geschafft, zum König des deutschen Reiches aufzusteigen, woran vorher nicht zu denken war. Nun dürfte auch die Sorge um ihren Gemahl der Freude über diesen kometenhaften Aufstieg gewichen sein. Doch könnte sich bei ihr auch ein mulmiges Gefühl unter all den Jubel ihrer Umgebung gemischt haben: Die junge Frau herrschte gerade einmal weniger als zwei Jahre als Herzogin von Bayern an der Seite Heinrichs. Durch den plötzlichen Aufstieg zur Königin war sie nun auf einen Schlag mit einem erheblich größeren und deutlich verantwortlicheren Aufgabenspektrum konfrontiert, in das sie das Schicksal völlig unvorbereitet warf.

In ihrer neuen Rolle als Fürsprecherin der Reichsbischöfe beim König tauchte sie erstmals Anfang Juli 1002 in Bamberg auf, wo sie nach den vergangenen Monaten vermutlich wieder mit Heinrich zusammentraf. In ihrem Aufgabenbereich als Vermittlerin königlicher Milde und Friedensstifterin finden wir sie Anfang Oktober des gleichen Jahres in Bruchsal. Dort sorgte sie mit einigen Reichsfürsten dafür, dass der König den unterlegenen, aber reuigen Thronkandidaten Hermann II. wieder in Gnaden aufnahm und ihm das Herzogtum Schwaben weiterhin beließ. Der neue König präsentierte sich so öffentlichkeitswirksam im Glanz der hohen Herrschertugend der rückhaltlosen Verzeihung und Versöhnung. Hermann II. erlebte allerdings nicht mehr den Triumph seiner Tochter Gisela, die an der Seite ihres dritten Mannes, des Saliers Konrad II., nach dem Tod Heinrichs II. 1024 den deutschen Königsthron besteigen konnte. Mit zäher Energie, Klugheit und politischem Geschick war sie Konrad die wichtigste Stütze auf dem Weg zur Macht, erfüllte sie damit doch gleichsam den posthumen Auftrag ihres Vaters.

Da Heinrich II. mitten im Kampf mit seinem letzten Gegner in Mainz ohne seine Gemahlin gekrönt worden war, die sich im weit entfernten Bayern aufhielt, wollte er dies schnellstmöglich nachholen lassen. Die Krönung Kunigundes sollte als weiterer Baustein der Festigung seiner Herrschaft möglichst spektakulär zelebriert werden. Die eigenständige Krönung einer Königsgemahlin war im deutschen Reich bis dahin unbekannt, denn Kunigundes Vorgängerinnen Theophanu und Adelheid hatten nicht die Königs-, sondern gleich die Kaiserkrone erhalten. Adelheid war ja schon gekrönte Königin von Italien, als sie Otto I. heiratete. Gemeinsam setzte der Papst beiden dann 962 in Rom die Kaiserkrone auf, während Schwiegertochter Theophanu gleich bei ihrer Hochzeit 972 in Rom gemeinsam mit ihrem Mann Otto II. gekrönt wurde. Auch von einer eigenständigen Krönung Mathildes, Gemahlin Heinrichs I., oder Edgithas, der ersten Gemahlin Ottos I., ist nichts bekannt. Doch ab Kunigunde setzte sich die unabhängig von derjenigen ihres königlichen Gemahls gefeierte Königinnenkrönung durch, die sie erst zur adäquaten Partnerin machte. Heinrich II. wollte aller Welt seinen unter den Großen des Reiches einzigartigen Rang und seine Mittlerstellung zwischen Gott und den Menschen vor Augen führen, indem er auch seine Gemahlin salben und krönen ließ. Beide sollten so ein einmaliges „Team" der Herrschaftsausübung und Heilsvermittlung bilden. Dies entsprach nicht nur Heinrichs hohem Selbstverständnis seiner Person und seines Amtes. Vielmehr war die Krönung seiner Gemahlin eine weitere Etappe zur Durchsetzung seines Königtums. Es könnte aber auch durchaus sein, dass Heinrich die für seinen neuen Rang als König etwas unpassende Herkunft Kunigundes als unbedeutende Grafentochter durch Salbung und Krönung entsprechend aufwerten wollte.

Der etwas ungewöhnliche Ort für den Staatsakt, Paderborn, war mit Bedacht gewählt, denn die Bischofsstadt lag schon in Sachsen, womit Heinrich diesem Volksstamm, der bisher den deutschen König gestellt hatte, eine besondere Ehre erwies. Überhaupt scheint sich Kunigunde in der Folgezeit stark für diesen Reichsteil engagiert zu haben. Auch Paderborn vergaß sie lebenslang nicht. Mit dem ab 1009 regierenden Bischof Meinwerk verband sie eine enge Freundschaft. Die Stadt an den Paderquellen gehörte zudem noch zur Mainzer Kirchenprovinz, sodass wie bei Heinrich Erzbischof Willigis von Mainz als Vollzieher der Krönung agieren konnte. Die Stadt war zudem verkehrsgünstig am Hellweg gelegen, der wichtigsten Ost-West-Verbindung zwischen Magdeburg und Köln. Von hier aus hatte Karl der Große, auf den sowohl Heinrich als auch Kunigunde ihre Herkunft zurückführen konnten, die Eroberung und Christianisierung Sachsens begonnen. Das große Vorbild aller mittelalterlichen deutschen Herrscher gründete hier ein Bistum und errichtete einen Dom, den kein geringerer als Papst Leo III. 799 bei seinem Besuch weihte. Hier bereiteten Papst und Kaiser dann auch die Kaiserkrönung Karls im folgenden Jahr in Rom vor. Somit war der Paderborner Dom bis dahin die einzige Kirche im Reich, die ein Papst geweiht hatte. All dies dürfte eine Rolle bei der Auswahl des Krönungsortes gespielt haben. Leider brannte der inzwischen erweiterte Dom Karls des Großen im Jahr 1000 ab, konnte jedoch nachfolgend provisorisch wiederhergestellt werden, sodass es möglich war, die Krönung Kunigundes als späte Nachfahrin Karls des Großen noch in diesem besonderen karolingischen Bau zu vollziehen. Die vielfältigen Bezüge des Ortes dürften hier wichtiger gewesen sein als der Prunk einer unversehrten Bischofskirche.

Wer heute Paderborn besucht, wird ein Bauwerk des 13. Jahrhunderts anstelle der damaligen Kathedrale finden. Doch nördlich davon, direkt über den stark strömenden Paderquellen, erhebt sich die in neuerer Zeit rekonstruierend als Museum wiederaufgebaute Königspfalz. Bischof Meinwerk errichtete sie nach seinem Amtsantritt 1009 im Auftrag des Herrscherpaares anstelle des karolingischen Palastes. So besteht hier heute die einmalige Gelegenheit, zumindest die Ausmaße einer ottonischen Königspfalz kennenzulernen. Eine gute Vorstellung von der Pracht der Anlage gibt allerdings nur noch die als einziger Bauteil vollständig erhaltene Bartholomäuskapelle, die einst direkt an die Königspfalz angebaut war. Einer späteren Überlieferung nach ließ Bischof Meinwerk die Hallenkirche von byzantinischen Baumeistern errichten, wobei er wohl im Auftrag des Königs handelte. Die ungemein schlanken, nach antikem Vorbild gestalteten Säulen und Kapitelle sowie die für diese Zeit in unserem Raum einzigartigen Hängekuppeln führen einen königlichen Bau vor Augen. Verloren sind allerdings die farbige und figürliche Ausmalung sowie die kostbare Ausstattung, in der Kunigunde die Kapelle noch gesehen hat. Da es noch eine zweite, unmittelbar an den Saalbau der Pfalz angebaute Kapelle gab, wird vermutet, dass die Bartholomäuskapelle eine Sonderfunktion besaß. An hohen Fest- und Feiertagen fand hier wohl die zeremonielle Bekleidung Heinrichs und Kunigundes mit den königlichen Gewändern und Insignien statt, bevor sie in den benachbarten Dom einzogen. Wie keine zweite Kirche vermittelt die Bartholomäuskapelle daher den hohen Anspruch des Herrscherpaares.

Auch das Datum der Krönung Kunigundes wählte Heinrich mit Bedacht. Denn der 10. August 1002 war der Festtag des hl. Laurentius. Da an diesem Tag 955 die siegreiche Schlacht Ottos I. auf dem Lechfeld bei Augsburg stattgefunden hatte und damit endgültig die Bedrohung des Reiches durch die ungarischen Reiterscharen abgewehrt werden konnte, avancierte Laurentius zu einem der Lieblingsheiligen der Ottonen. So stellte Heinrich seine Gemahlin demonstrativ unter dessen himmlischen Schutz. Der Krönungstag Kunigundes bildete aber auch schon ein Versprechen des Königspaares für Laurentius, das ihm aus Dank von Otto I. gestiftete, aber von seinem Sohn Otto II. aufgelöste Bistum Merseburg wiederherzustellen. Nur zwei Wochen vor der Krönung Kunigundes bestätigten die sächsischen Großen in Merseburg auch offiziell Heinrich II. als ihren König. Doch sollte es noch zwei Jahre dauern, bis dem Königspaar die Umsetzung seines Planes gelang. Erst Ende Januar 1004 verstarb nämlich der Magdeburger Erzbischof Giselher, der hinter der

Auflösung des Bistums Merseburg 981 durch Kaiser Otto II. gesteckt hatte und sich hartnäckig jeder Lösung verweigerte. Dem mittelalterlichen Verständnis nach war eine Bistumsauflösung ein unerhörter Vorgang und wurde direkt als Schmähung und Herabsetzung des Titelheiligen gewertet. Heinrich und Kunigunde erhofften sich deshalb durch die Wiederherstellung der Ehre des Heiligen nicht nur einen Sühneausgleich für die ottonische Dynastie, sondern auch die besondere Gunst und Fürsprache des hl. Laurentius bei Gott für ihre Anliegen. Daher beauftragten sie im Laufe ihrer Regierungsjahre neben Paderborn und Bamberg vor allem das Domstift Merseburg mit der Sorge um ihr Seelenheil.

Heinrich wertete die Krönung seiner Gemahlin dadurch auf, dass er die Schwester Kaiser Ottos III., Sophia, gleichzeitig von Erzbischof Willigis zur Äbtissin weihen ließ. Anschließend setzte er sie offiziell als Äbtissin des ottonischen Hausstiftes Gandersheim ein, nachdem seine Tante, Äbtissin Gerberga, ein dreiviertel Jahr zuvor dort verstorben war. Sophias Schwester Adelheid wohnte dem feierlichen Geschehen ebenfalls bei. Für die vierundzwanzigjährige Sophia und den mehr als doppelt so alten Erzbischof Willigis muss dies ein ganz besonderer Tag gewesen sein, konnten beide doch damit die Rückkehr zu alter Macht und Einfluss demonstrativ feiern. Beide hatten am Hof des jungen Kaisers Otto III. eine Spitzenstellung eingenommen, verloren diese jedoch 997 plötzlich aufgrund von Gerüchten, sie hätten ein intimes Verhältnis miteinander. Sophia scheint, was Schönheit, Intelligenz und Willensstärke angeht, ein Ebenbild ihrer Mutter Theophanu gewesen zu sein. Zudem war sie sich ihrer hohen Abkunft auch als Stiftsdame in Gandersheim bewusst und provozierte dadurch einen Streit, der fast vier Jahrzehnte Kaiserhof und Papst beschäftigen sollte. Denn als Elfjährige hatte sie sich schlichtweg geweigert, ihre Weihe zur Stiftsdame „nur" durch den zuständigen Hildesheimer Ortsbischof vornehmen zu lassen. Sie bestand darauf, dass allein Erzbischof Willigis von Mainz, der oberste Kirchenfürst im Reich, dies durchführen sollte, was ihr ihre Mutter ermöglichte.

Das Gerangel zwischen Hildesheim und Mainz um den Einfluss über das reiche und hochbedeutende Gandersheim heizte Sophia immer wieder an, indem sie alle Beschlüsse zugunsten von Ersterem ignorierte oder torpedierte. Somit hatte sie sich auch bei ihrer Weihe zur Äbtissin bei Heinrich II. durchgesetzt, indem sie der Mainzer Erzbischof mit königlicher Sondererlaubnis vornehmen durfte. Mit diesem Schachzug hatte der neue König Sophia dauerhaft auf seine Seite gebracht. Zugleich ehrte er so nicht nur die ottonische Dynastie, der er ja selbst angehörte, sondern auch die Sachsen, die sich ihm sehr zögerlich angeschlossen hatten. Zehn Jahre später erhielt Sophia durch den König auch das dritte bedeutende Reichsstift Essen verliehen, während ihre Quedlinburger Schwester Adelheid mit der Übertragung der Damenstifte Gernrode und Vrede ihren Rang aufwerten konnte.

Heinrich und Kunigunde hatten aus ihrem bayerischen Herzogtum ein großes Gefolge zum Paderborner Staatsakt versammelt, der erheblich langfristiger vorbereitet und angekündigt werden konnte als die Krönung des Königs. Ausgerechnet ein Teil dieser Bayern trübte jedoch den glanzvollen Tag. Diese empfanden die für das Fest vorbereitete Verpflegung als völlig unangemessen und kümmerten sich auf eigene Faust darum, das Nötige für den großen Tag ihrer Herzogin und Königin heranzuschaffen. Kurzerhand plünderten sie einfach die Bauernhöfe in der Umgebung Paderborns, was böses Blut unter den Sachsen hervorrief. Die Gegenwehr ließ nicht lange auf sich warten, was dazu führte, dass sogar der königliche Truchsess, der generell die Sorge für die Verpflegung des Königshofes trug, mit einigen anderen erschlagen wurde.

Nach den Feierlichkeiten reiste Kunigunde an der Seite des Königs auf dem Hellweg über Nimwegen und Utrecht nach Aachen. Dort erhielt Heinrich II. wunschgemäß die Anerkennung des westlichen Reichsteils Lothringen und setzte sich demonstrativ auf den Thron Karls des Großen, in dessen mächtige Fußstapfen er treten wollte. Dies tat er absichtsvoll am 8. September, dem Fest Maria Geburt, um sich so unter den Schutz der Gottesmutter zu stellen. Zum Anforderungsprofil eines

Königs gehörte unter anderem Freigiebigkeit. Als Stellvertreter Christi auf Erden war es beinahe eine Selbstverständlichkeit, dass er sich gegenüber der Kirche mehr als großzügig verhielt. Für die Pfalzkapelle Karls des Großen, die der Gottesmutter geweiht war, gab Heinrich zwei ganz besondere Ausstattungsstücke in Auftrag, die noch heute dort bewundert werden können: eine goldene Altarverkleidung und einen kostbaren Ambo, der seit dem Spätmittelalter als Kanzelkorb dient. Laut Stifterinschrift verstand ihn Heinrich als würdiges Geschenk an die Himmelskönigin. Die antiken Elfenbeine sowie die byzantinischen Gefäße und Schachfiguren, mit denen der Ambo prachtvoll, aber etwas skurril überreich verziert ist, dürften noch dem Brautschatz der Kaiserin Theophanu entstammen, der ihm mit dem Leichenzug ihres Sohnes Otto III. in seine Hände fiel. So konnte Heinrich damit gleichsam seinen toten Vorgänger ehren und die zwangsweise Aneignung des Schatzes ins Gute wenden. Nach der Unterwerfung Herzog Hermanns II. von Schwaben in Bruchsal Anfang Oktober 1002 zog das Herrscherpaar zurück in die vertraute Umgebung ihrer bayerischen Hauptstadt Regensburg, um dort den Winter zu verbringen. Ein mehr als aufregendes Jahr ging für beide glücklich zu Ende.

Ein „lendenlahmer" Ehemann

Kunigunde war zwar an der Seite Heinrichs Königin geworden, doch ob sie mit ihrem Ehemann tatsächlich das ganz große Los gezogen hatte, bleibt mehr als fraglich. Als Herrscherpaar mussten sie die doppelt schmerzhafte, weil dynastische und private Katastrophe der Kinderlosigkeit erleiden, was im Mittelalter die oft wenig mitfühlende Umgebung gerne als Strafe Gottes für begangene Sünden oder als Fluch deutete. Hatte die Frau nicht das Glück, nach dem Tod ihres Mannes eine zweite Ehe eingehen zu können, die dann doch mit Kindern „gesegnet" war und damit ihre Unschuld an der Kinderlosigkeit erwies, gab man ausschließlich ihr die „Schuld".

Erwiesene Kinderlosigkeit ging zu Heinrichs Zeit noch als anerkannter kirchlicher Scheidungsgrund durch. Warum trennte sich also der König nicht von seiner so offensichtlich unfruchtbaren Gemahlin, die zudem nicht einmal aus einer allzu bedeutenden Familie stammte, sodass auch hier keine große Rücksicht genommen werden musste? Mit unendlicher Mühe und Energie hatte er sich das Königtum erkämpft und sollte nun ohne Erben als letzter männlicher Nachkomme der ottonischen Dynastie ins Grab sinken?

Merkwürdig ist, dass Heinrich II. bei der Gründung des Bistums Bamberg schon 1007 öffentlich als feststehende Tatsache verkündete, ohne Erben zu bleiben, sodass er Gott nun seinen Besitz übereignen wolle. Nach nur sieben Jahren Ehe gab Heinrich schon alle Hoffnung auf Nachwuchs auf. Warum also machte der König so früh dieses für ihn wenig schmeichelhafte Eingeständnis? Alles deutet darauf hin, dass die „Schuld" wohl deutlich erkennbar bei ihm lag, er also nur ein allgemein bekanntes „Geheimnis" als Tatsache bekannt gab. Schon im späten 11. Jahrhundert ist sein für einen derart machtbewussten König höchst ungewöhnlicher Beiname „der Lendenlahme" belegt. Vermutlich war es ein Jagdunfall oder eine andere Verletzung, die ihn schon in jungen Jahren dauerhaft impotent gemacht hatte. In einigen Urkunden spricht er zwar davon, dass er und Kunigunde „ein Fleisch seien", doch war auch damals schon Pergament geduldig und der Begriff eher formelhaft im übertragenen Sinne einer dennoch vollgültigen Ehe gemeint. Ob Kunigundes Familie so freundlich war, ihr diese Einschränkung des Ehelebens noch vor der Hochzeitsnacht mitzuteilen, wissen wir nicht. Immerhin blieb ihr so zumindest die Unterstellung der „Schuld" an der Kinderlosigkeit des höchsten Paares erspart, während sich hinter Heinrichs Rücken männlicher und weiblicher Spott breitmachte.

Diese besondere Schwierigkeit in ihrer Ehe scheint beide aber nicht auseinandergetrieben, sondern im Gegenteil sogar als „Herrschaftsteam" stärker zusammengeschweißt zu haben. Der König war vermutlich seiner Frau dafür, dass sie trotz dieser erheblichen Einschränkung ihres Ehelebens ihm die Treue hielt und klaglos sein Schicksal teilte, überaus dankbar. Denn sonst wäre seine Loyalität gegenüber seiner Gemahlin beim Dauerkonflikt mit ihren Brüdern nicht zu erklären. Vielleicht sind auch ihre überreiche Morgengabe mit Bamberg und wichtigen Besitzungen im Gebiet zwischen Isen, Inn und Salzach schon als Kompensation für das ihr versagte Familienglück zu sehen.

Heinrich scheint darüber hinaus zeitlebens ein kranker Mann gewesen zu sein. Ein dauerhaftes, mit großen Schmerzen verbundenes Steinleiden ist überliefert. Zusammen mit der frühen Impotenz ist hierin wohl ein Grund für seinen mehr als schwierigen Charakter zu sehen, mit dem er in seiner Umgebung ständig aneckte. Tyrannisch, arrogant, hartherzig, anmaßend, so empfanden viele seiner Zeitgenossen den König, der seine tief liegende Unsicherheit mit übertriebener Härte kompensierte und durch seine körperlichen Schmerzen höchst ungeduldig war. Seine autoritäre Herrschaftsausübung, die wenig auf Konsens mit den Reichsfürsten ausgerichtet war, erklärt sich aber auch aus traumatisierenden Erlebnissen in seiner Kindheit. Heinrich wurde am 6. Mai 973 als Sohn des Bayernherzogs Heinrich des Zänkers geboren. Einen Tag später verstarb Kaiser Otto I. Heinrich der Zänker erhob anstelle des nachfolgenden Ottos II. vergeblich Ansprüche auf den Thron. Von 974 an war er entweder in Haft, auf der Flucht oder in Aufstände verwickelt. Zusammen mit seiner Mutter, der burgundischen Königstochter Gisela, und seinen beiden jüngeren Geschwistern scheint der kleine Heinrich ein höchst unsicheres und unstetes Leben geführt zu haben, bis Gisela den Fünfjährigen dem Freisinger Bischof zur Erziehung anvertraute. Einige Zeit später wurde er aus diesem gerade vertrauten Umfeld wieder herausgerissen und kam zusammen mit seinem Bruder Bruno an die Hildesheimer Domschule, wo beide vermutlich für ein geistliches Leben vorbereitet werden sollten. Seine Eltern hatten damals anscheinend alle großen Pläne auf die Rückgewinnung ihres Herzogtums aufgegeben. Als Heinrich der Zänker schließlich 985 doch wieder Bayern erhielt, holte er den Zwölfjährigen zurück nach Regensburg und übergab ihn nun Bischof Wolfgang zur Ausbildung. Doch jetzt galt es, ihn nicht mehr zu einem künftigen Bischof, sondern zu seinem Nachfolger als Herzog von Bayern zu erziehen. Diese alles andere als geborgene und glückliche Kindheit dürfte ihre Spuren in der Seele Heinrichs hinterlassen haben. Sein lebenslanges Misstrauen und die übertriebene Härte seiner Politik haben wohl hier ihre Wurzeln. Kunigunde hatte eine geradezu gegensätzliche, behütete Kindheit und Jugend erlebt, was ihr das Verständnis für ihren schwierigen Ehemann nicht gerade leichter gemacht haben dürfte. Die politischen Missionen, mit denen er seine Gemahlin betraute, lassen aber auf ein großes Grundvertrauen der beiden schließen.

Wenn heute etwas von Heinrich und Kunigunde noch lebendig ist, dann ihre Verehrung als Gründer des Bistums Bamberg. Doch selbst hierbei scheint der König seine ungewollte Kinderlosigkeit kompensiert zu haben. Da Nachkommen fehlten, musste er selbst seine Vorsorge für sein Seelenheil treffen. Doch genau wie bei seinem überhohen Selbstbewusstsein und seiner übertrieben harten Politik fand er auch hier nicht das richtige Maß. Kein Kloster, nein, gleich ein ganzes Bistum musste es als die einem König angemessene Eintrittskarte in den Himmel sein. Trotz allem Bamberger Lokalpatriotismus muss man sagen, Heinrich gründete mit Brachialgewalt 1007 ein Bistum, das außer ihm niemand wollte. Es musste aus den bestehenden Bistümern Würzburg und Eichstätt herausgeschnitten werden. Den Widerstand einiger Reichsbischöfe während der entscheidenden Synode im November 1007 konnte der König nur brechen, indem er vor ihnen gleich mehrfach zum äußersten Mittel des Fußfalls als Selbstdemütigung griff.

Die Weihe des Domes als seiner künftigen Grabstätte und seines Erinnerungsortes fand an Heinrichs Geburtstag, dem 6. Mai 1012, als regelrechter Staatsakt statt. Der König versammelte hierzu 45 Reichsbischöfe. Besondere Ehrengäste waren die Schwestern seines Vorgängers Kaiser Otto III., die Äbtissinnen Sophia und Adelheid, da Heinrich seine Bamberger Stiftung auch dem Seelenheil ihres Bruders widmete, während die Königin merkwürdigerweise gar nicht erwähnt wird. Von Kunigunde ist bei diesem ehrgeizigen Projekt überhaupt überraschend wenig die Rede, obwohl Bamberg ihre Morgengabe war, die sie gegen Kaufungen tauschen musste, wo sie sich ihren eigenen Erinnerungsort samt Grabstätte schuf. Dies hat zu vielerlei Spekulationen geführt, ob die Königin diesem Projekt ihres Mannes erst einigen Widerstand entgegensetzte. Die perfekte Harmonie des Herrscherpaares bei der Bistumsgründung, wie sie die spätere Legende der beiden Bamberger Heiligen konstruierte, ist jedenfalls aus der urkundlichen Überlieferung so nicht erkennbar. Kunigunde überlebte ihren Mann nur um knapp acht Jahre. Dennoch ließ sie sich nicht an seiner Seite in Bamberg, das einst ihre Morgengabe war, begraben. Ist hier noch ein letzter Groll über dieses wie immer rücksichtslos durchgepeitschte Großprojekt ihres Mannes zu erkennen, das auf ihre Kosten ging? Schließlich fügte sie sich ins Unvermeidliche und ist in den späteren Jahren in den Urkunden Heinrichs für Bamberg als Fürsprecherin, allerdings zusammen mit anderen Reichsfürsten, genannt.

Raffgierige Brüder

Kunigunde stammte aus einer auch für mittelalterliche Verhältnisse kinderreichen Familie. Zehn ihrer Geschwister erreichten immerhin das Erwachsenenalter. Durch den unverhofften Aufstieg ihrer Schwester zur Königin sahen zumindest die Brüder ihre Karrierechancen deutlich ansteigen. Ihr ältester Bruder Heinrich, der schon bei Kaiser Otto III. hoch im Kurs stand und, wie bereits erwähnt, vielleicht mit zum Entstehen der Eheverbindung beigetragen hatte, erhielt 1004 von seinem Schwager das Herzogtum Bayern. Damit stieg er vom Grafen- in den Reichsfürstenrang auf, vollzog also gleichsam den ersten Karriereschritt seiner Schwester nach. Sein Schwager König Heinrich riskierte dafür viel, denn die Nachfolge in Bayern hatte er eigentlich schon einem anderen Kandidaten versprochen, der nun mit dem Polenherzog Boleslav Chrobry und dem Bruder des Königs,

Bischof Bruno von Augsburg, einen Aufstand der Zukurzgekommenen anzettelte. Allerdings speckte der König vor der Übergabe das Herzogtum Bayern kräftig ab, indem er Kärnten als eigenes Herzogtum an den Salier Otto als Gegenleistung für dessen Verzicht auf die Thronkandidatur vergab und wichtige Pfalzen, Ländereien und Klöster seiner Gemahlin Kunigunde übertrug.

Im folgenden Jahr meldete auch Kunigundes Bruder Dietrich seine Ansprüche an, indem er gegen jedes Kirchenrecht und ohne vorherige Absprache mit seinem Schwager einfach den verwaisten Bischofsstuhl von Metz besetzte und damit den Herrschaftsraum seiner Familie an der Mosel beträchtlich ausdehnte. König Heinrich stimmte zähneknirschend diesem Gewaltakt zu, sicherlich entsprechend bearbeitet von seiner Gemahlin. Denn in Metz lag Einiges im Argen, hatte doch der vorherige Bischof von Metz einfach seinen fünfjährigen Neffen zum Nachfolger wählen und Dietrich nur als Verwalter einsetzen lassen. Da der König diesem kirchlichen Kuhhandel zugestimmt hatte, konnte er sich zudem schlecht gegen die Klärung der dortigen Verhältnisse wenden.

Als sich der nächste Teil seiner angeheirateten Verwandtschaft selbstständig machte, riss dem König allerdings der Geduldsfaden. Balduin von Holland, dessen Gemahlin Kunigundes Nichte war, eroberte die wichtigen Handelsstädte Gent und Valenciennes. Heinrich war beim Gegenschlag allerdings kein militärischer Erfolg beschieden, sodass er klein beigeben musste. Die eigenmächtige Bereicherung auf Kosten des königlichen Schwagers schien damals geradezu zur Tradition im Luxemburger Grafenhaus geworden zu sein. Denn 1008 erreichte Kunigundes Bruder Adalbero seine Wahl zum Erzbischof im Herrschaftszentrum ihrer Familie, Trier. Er hatte das Domkapitel entsprechend unter Druck gesetzt, ihn als Schwager des Königs zu wählen, ohne dass dieser etwas davon wusste. Nun fand Kunigunde kein Gehör mehr bei ihrem Gemahl, denn Heinrich bebte vor Zorn über die so offensichtliche und öffentliche Missachtung seiner Autorität und seines Willens. Der König setzte einen Vertrauten des Mainzer Erzbischofs als Trierer Erzbischof ein und seinen Schwager damit ab. Doch Adalbero fühlte sich im Stammgebiet seiner Familie sehr sicher und glaubte wohl, seine Schwester würde ihren Mann schon noch zum Einlenken bewegen können. Deren Bitten nutzten aber nichts. Der König sammelte ein Heer und zog nach Trier. Die sogenannte Moselfehde begann, die schließlich fast die Hälfte der Regierungszeit Heinrichs II. erheblich belasten sollte. Adalbero verschanzte sich im noch heute gewaltigsten Überrest der antiken Moselmetropole, der Basilika, einst Thronsaal Kaiser Konstantins des Großen und jetzt Burg der Trierer Erzbischöfe. Nach vergeblicher zweimonatiger Belagerung musste der König unverrichteter Dinge abziehen und installierte „seinen" Trierer Erzbischof erst einmal in Koblenz. Die Familie Kunigundes erhob sich nun insgesamt gegen den König, darunter auch Herzog Heinrich von Bayern. Was als erweiterter Familienzwist begann, eskalierte zur die Stabilität des Reiches bedrohenden Staatskrise.

Aus heutiger Sicht erscheint es absolut unverantwortlich, wie Kunigundes Brüder permanent die Stellung ihrer Schwester ausnutzten und diese damit in eine äußerst schwierige Lage brachten. Letztendlich hätte die Moselfehde durchaus zur Verstoßung Kunigundes führen können. Der König war nun gezwungen, hart durchzugreifen. Er setzte 1009 seinen Schwager als Herzog von Bayern ab, der sich nach Metz flüchtete, und übernahm das Herzogsamt wieder selbst. Sofort verfolgte er den Flüchtenden und belagerte Metz drei Monate lang, bevor er unter Verwüstung des Umlandes wieder abzog. Es dauerte noch unglaubliche sechs lange Jahre, bis sich die aufständischen Brüder Kunigundes nach vielerlei Gewalttaten und gebrochenen Friedensversprechungen endgültig unterwarfen. Erst 1015 erschienen sie barfuß im Büßergewand vor ihrem endlich siegreichen Schwager und baten unter Tränen um Verzeihung, was weniger echter Reue als vielmehr dem damals üblichen Unterwerfungsritual geschuldet war. Adalbero musste dauerhaft auf das Trierer Erzbistum verzichten, doch fand der König ihn materiell mehr als großzügig ab. Wir können nur vermuten, dass dieser hochgefährliche und absolut illoyale Familienaufstand eine schwere Belastungsprobe für die Ehe des Herrscherpaares war. Mutmaßungen, Kunigunde sei in dieser Zeit von Heinrich politisch kaltgestellt worden, entbehren aber jeder Grundlage. Da sie eine kluge Frau war, wird sie sich irgendwann auf die Seite ihres Mannes und gegen ihre vom Machtrausch erfasste Familie gestellt haben.

Ihren Bruder Heinrich ließ der König immerhin noch zwei Jahre im Ungewissen, bis er ihm schließlich das Herzogtum Bayern wieder zurückgab, eine wahrhaft königliche Versöhnungsgeste, bedenkt man dessen großen Vertrauensbruch. Aber Heinrich II. wollte endlich einen dauerhaften Frieden und wieder genügend Freiraum für seine politischen Ziele. Interessanterweise beauftragte der König 1018 Kunigunde mit der Wiedereinsetzung ihres Bruders in sein bayerisches Herzogsamt. Es wird vermutet, dass die Königin in der Zwischenzeit die herzoglichen Rechte wahrgenommen hatte und daher sie es sein musste, die in Vertretung des Königs hier handelte. Wie sich nach dem Tod ihres Gemahls noch zeigen wird, besaß Kunigunde das Vertrauen und die Unterstützung der wichtigsten bayerischen Adelsfamilien, denen sie hier gleichsam ihren Bruder wieder empfahl. Zudem konnte so die vollkommene Versöhnung zwischen ihr, dem König und ihrer Familie zum Ausdruck gebracht werden.

Kunigunde ist neben Agnes in deren Zeit als Regentin die einzige mittelalterliche Königin, die in Stellvertretung des Königs das Recht der Einsetzung eines Herzogs ausübte. Noch drei Jahre später ist Kunigunde bezeugt, wie sie zusammen mit ihrem Bruder dem Gericht in Regensburg vorsitzt, was ihre einzigartige Stellung in Bayern als ehemalige Herzogin und jetzige Königin mit reichem Besitz im Land zum Ausdruck bringt.

Auf dem Höhepunkt der Macht

König Heinrich II. scheint seiner Gemahlin eine besondere Rolle in Sachsen zugebilligt zu haben. Schon durch die Wahl Paderborns als Kunigundes Krönungsort hatte er ein wichtiges Zeichen gesetzt. Für alle sichtbar sollte sie hier als künftige Fürsprecherin der Sachsen eingeführt werden, gleichsam als Bindeglied zwischen dem König und dem ihm am kritischsten gegenüberstehenden Volksstamm. Beim ersten Italienzug des Königs 1004 reiste Kunigunde nicht mit, sondern ging nach Magdeburg, wo sie in seiner Abwesenheit residierte. Denn gerade die Ostgrenze machte Heinrich große Sorgen, war hier doch der königsgleich herrschende Polenherzog Boleslav I. Chrobry fast in der gesamten Zeit seiner Herrschaft Verursacher von Unruhen. Heinrichs Vorgänger Kaiser Otto III. hatte den Herzog durch seine Freundschaft und die geplante Heirat von Boleslavs Sohn Mieszko II. mit seiner Nichte Richeza aufgewertet. Heinrich II. dagegen war abrupt vom bisherigen ausgleichenden Kurs der Regentin Theophanu und ihres Sohnes Otto III. abgewichen und hatte sich durch seine ungeschickte Ostpolitik Boleslav zum dauerhaften Feind gemacht. Daher verbündete sich der polnische Herzog mit den wichtigsten Reichsfürsten Sachsens gegen Heinrich. Der König, der sich immer wieder demonstrativ als Stellvertreter Christi auf Erden inszenierte, schreckte wiederum nicht zurück, sich mit den heidnischen Liutizen und Redariern gegen den Polenherzog zusammenzuschließen, was ihm große Kritik seitens der Kirche einbrachte. Gerade Magdeburg bildete für Heinrich die wichtigste Ausgangsstation gegen Boleslav, weshalb Kunigunde hier 1004 als seine oberste Wächterin Stellung bezog.

Militärisch bewähren musste sich die Königin allerdings erst einige Jahre später. 1012 war Heinrich II. gerade im Westen des Reiches mit dem Kampf gegen Kunigundes aufständische Brüder beschäftigt, als der neu gewählte Erzbischof Walthard von Magdeburg verstarb. Der König hatte ihm Verhandlungsvollmacht und militärischen Oberbefehl im Kampf gegen Boleslav erteilt. Die Königin sandte rasch einen Boten nach Metz, wo sich ihr Gemahl befand, und berichtete ihm vom gefährlichen Machtvakuum, das sich durch den Tod des Magdeburger Erzbischofs an der Ostgrenze auftat. Heinrich II. handelte rasch und übertrug seiner Gemahlin die Statthalterschaft in Sachsen. Diese zog die notwendigen Truppen zusammen, verhinderte so weitere Eroberungen des Polenherzogs und hielt die Stellung bis zum Eintreffen des Königs. Vier Jahre später übertrug Heinrich Kunigunde nochmals die Statthalterschaft in Sachsen während seines Feldzugs nach Burgund. Und auch im Jahr 1020 ist Kunigunde in entscheidender Tätigkeit in Sachsen nachgewiesen. Der aufständische Herzog Bernhard II., der sich mit dem Polenherzog verbündet hatte, unterwarf sich. Auf Vermittlung Kunigundes behielt er jedoch seine Lehen und seine Ehre.

Im Frühjahr 1013 suchte Heinrich II. mit Boleslav den Frieden, um endlich zur Kaiserkrönung nach Rom ziehen zu können. Auf einem Hoftag in Merseburg ließ er die Heirat der Ezzonin und Enkelin Kaiser Ottos II., Richeza, mit Boleslavs Sohn Mieszko vollziehen. Der Polenherzog leistete zwar den Lehenseid, dachte anscheinend aber nicht an dessen Erfüllung. Nachdem auch unter den Brüdern Kunigundes einigermaßen Ruhe herrschte, konnte der König, begleitet von seiner Gemahlin, im Herbst seine zweite Italienreise beginnen, die in Augsburg ihren Anfang nahm, wo der einzige Bruder Heinrichs Bischof war. Der Polenherzog schickte nicht das zugesagte militärische Kontingent und verletzte damit seine Lehenspflicht, was ihm der König sehr übel nahm.

Zusammen mit seiner Gemahlin erhielt Heinrich II. am 14. Februar 1014 im Petersdom durch Papst Benedikt VIII. die Kaiserkrone. Er stiftete seine bisherige Königskrone dem Altar des hl. Petrus, über dem sie als herrscherliche Opfergabe aufgehängt wurde. Der Papst wiederum überreichte dem Kaiser eine goldene Weltkugel als Zeichen seiner nunmehrigen allumfassenden Herrschaft, die nicht mehr allein auf das deutsche Reich beschränkt war. In den Monaten ihres mehr als halbjährigen Italienaufenthaltes ordnete das Herrscherpaar die etwas zerrütteten kirchlichen und politischen Verhältnisse, hatte Heinrich doch mehr als ein Jahrzehnt untätig zugesehen, wie ein Gegenkönig dort faktisch herrschte. Das Kaiserpaar sah übrigens Papst Benedikt VIII. zum Osterfest 1020 in Bamberg wieder. Dorthin hatte er sich aufgemacht, um den Kaiser um Unterstützung gegen die in Süditalien vorrückenden Byzantiner zu bitten. Den Papstbesuch ließ das Kaiserpaar zum glanzvollsten Ereignis in der Bamberger Geschichte werden.

Den deutlichsten Hinweis auf eine kontinuierliche Beteiligung Kunigundes an der Herrschaft ihres Mannes bietet ihre nachweisbar hohe Frequenz als Fürbitterin. In mehr als einem Drittel der über 500 erhaltenen Urkunden Heinrichs II. erscheint die Kaiserin als einflussreiche Vermittlerin, vorrangig für die Belange der Reichsbischöfe und Klöster. Durch die räumliche und persönliche Nähe zu Heinrich II. besaß sie unter allen Großen des Reiches doch den maximalen Einfluss auf die Entscheidungen ihres schwierigen Gemahls. Von daher war ihre Krönung in Paderborn von Heinrich nicht nur als leeres Zeremoniell gedacht, sondern tatsächlich als Weihe zur ranggleichen *consors regni,* also zur vollgültigen Teilhaberin der Königsherrschaft.

Die „ausgebootete Witwe“

Ihre wohl wichtigste Rolle nahm Kunigunde, wenn auch nur für wenige Wochen, nach dem Tod ihres Mannes ein. Trotz Kinderlosigkeit, lebenslanger Krankheit und selbst im Angesicht des Todes hatte Kaiser Heinrich II. nicht versucht, seinen Nachfolger zu bestimmen. Als er nach längerem Leiden am 13. Juli 1024 in der Pfalz Grone starb, musste die Kaiserin für einen geregelten Übergang hin zu einem neuen König sorgen. Heinrich hatte ihr die Reichsinsignien und damit formell auch die Reichsverweserschaft übergeben. Zusammen mit ihren ebenfalls politisch versierten Brüdern, Bischof Dietrich von Metz und Herzog Heinrich V. von Bayern, nahm sie die große Aufgabe in Angriff. Dass dieser Übergang bis zur Neuwahl eines Königs nur sechs Wochen währte, spricht für die gute Organisation der Kaiserin. Der Hofchronist Konrads II., Wipo, stellt ihr ein schönes Zeugnis aus, wenn er schreibt: *„Mit klar blickender Einsicht war sie zielbewusst bemüht, dem Reich seine Festigkeit wiederzugeben."* Daneben musste sie noch die feierliche Überführung ihres verstorbenen Mannes nach Bamberg regeln und für die Gestaltung eines würdigen Begräbnisses sorgen, wie es einem Kaiser gebührte.

Am 4. September 1024 fand in Kamba bei Oppenheim am Rhein die Wahl statt, in der sich der Salier Konrad II. durchsetzte. Kunigunde übergab ihm daraufhin die Reichsinsignien und bestätigte ihn damit in seiner Herrschaft. Wipo beschreibt diesen Staatsakt folgendermaßen: *„Die schon genannte Kaiserin Kunigunde übergab ihm gerne die königlichen Insignien, die ihr Kaiser Heinrich hinterlassen hatte, und stärkte ihn dadurch in der Herrschaft, soweit ihr Geschlecht dazu ermächtigt war."* Was die Kaiserin bei diesem Abschied von der Macht gefühlt und gedacht hat, überlieferte leider niemand. Wäre es ihr vergönnt gewesen, einem Sohn das Leben zu schenken, hätte sie unangefochten in dessen Namen als Regentin über das Reich herrschen können. Auch nach dessen Mündigkeit wären ihr ein hoher Rang am Hof, Einfluss und Reichtum geblieben. Dass nun eine neue Dynastie die Krone übernahm, machte ihr dieses Manko in ihrem Leben noch einmal in aller Deutlichkeit und Konsequenz schmerzhaft bewusst. Als kinderlose Witwe des letzten ottonischen Herrschers spielte sie mit dem Regierungsantritt der Salier von einem Tag auf den anderen keine politische Rolle mehr. Da ihr Bruder Heinrich, der es als Herzog von Bayern am weitesten unter Kunigundes Geschwistern gebracht hatte, zwei Jahre später starb, verlor sie nach ihrem Mann nun auch noch die zweitwichtigste Stütze. Wenn man bedenkt, welche wichtige Rolle die beiden Schwestern Kaiser Ottos III., Sophia und Adelheid, selbst als Äbtissinnen unter Heinrich II. und noch unter Konrad II. spielten und wie sie von beiden Herrschern hofiert wurden, so erstaunt der Absturz von Kaiserin Kunigunde in die politische Bedeutungslosigkeit und das „Verschwinden" aus jeder Öffentlichkeit umso mehr.

Bis zu ihrem Klostereintritt in Kaufungen nahm sich die Kaiserin allerdings ein volles Jahr Zeit, wobei noch zu fragen sein wird, wie freiwillig dieser Schritt tatsächlich war. Anfang Mai 1025 ist sie auf einem Hoftag Konrads II. in Regensburg letztmals als politisch Handelnde nachweisbar. Als ehemalige Herzogin von Bayern sollte sie den neuen König zusammen mit ihrem Bruder beim bayerischen Adel einführen. Nach der Abreise des Königs nutzte die Kaiserin die Gelegenheit, mit Unterstützung der wichtigsten Grafen des Landes ihre bedeutenden bayerischen Güter, darunter der wichtige Pfalzort Altötting, der bayerischen Kirche zu übertragen. Profiteure dieser gewagten Aktion, die dem neuen König wichtige Reichs- und Herzogsgüter in Bayern auf immer entzogen hätte, wären vor allem der Erzbischof von Salzburg und der Freisinger Bischof gewesen. Kunigunde behielt sich in den damals ausgestellten Urkunden allerdings die Nutznießung dieser Güter auf Lebenszeit vor, sodass sie mit diesem Arrangement auch als Witwe eine mehr als wohlhabende Frau geblieben wäre. Doch der nüchterne Machtmensch Konrad II. war nicht bereit, ihr dies durchgehen zu lassen, auch nicht als Dank für die gelungene Übergabe des Reiches an ihn, und ließ die Schenkungen der Kaiserin einfach annullieren. Nur für einige wenige Besitzübertragungen stellte er neue Urkunden aus, nun allerdings im Namen seines Sohnes Heinrich III., dem er nach dem Tod von Kunigundes Bruder Heinrich V. 1026 das Herzogtum Bayern übergab.

Kunigunde war damit vom neuen König nicht nur politisch kaltgestellt, sondern auch um einen großen Teil ihres Vermögens gebracht worden. Nun blieben ihr nur noch das Kloster Kaufungen und das einfache Leben einer Nonne. Doch scheint dies vermutlich ihrem ursprünglichen Lebensplan für die Zeit als kaiserliche Witwe gar nicht entsprochen zu haben, sondern eher aus der Not der völlig Unterlegenen entstanden zu sein. Denn Kunigunde hatte sich bei der vereitelten bayerischen Schenkung ja die lebenslange Nutzung der Einkünfte ihrer einstigen immensen Güter ausbedungen. Vielleicht schwebte ihr ein Leben als einflussreiche fromme Witwe und Mäzenin vor, wie es ihre Vorgängerinnen Mathilde und Adelheid sowie nur wenige Jahre später die vertriebene Polenkönigin Richeza mit dem Erbe ihrer Mutter Mathilde, der Tochter Kaiser Ottos II., jahrzehntelang umsetzen konnten. Eine weitere große Demütigung blieb ihr allerdings erspart. Denn es gab unter der Herrschaft Konrads II. Überlegungen, das Bistum Bamberg wieder aufzulösen, was das sakrale Lebenswerk und die Memoria ihres verstorbenen Mannes zerstört hätte. Dass hinter diesem Plan nicht nur die neue Kaiserin Gisela, sondern auch der einzige Bruder ihres Mannes, Bischof Brun von Augsburg, steckten, hätte Kunigunde schwer getroffen. Doch wurde dieses unerhörte Vorhaben zu ihren Lebzeiten nicht umgesetzt, vielmehr sollte nach ihrem Tod der neue König Heinrich III. Bamberg eine Bestandsgarantie geben und auch Kaufungen besuchen und fördern, gleichsam als späte Wiedergutmachung des Hochmuts seiner Eltern gegenüber der alten Kaiserin.

Rückzug aus der Welt – Kloster Kaufungen

Am ersten Jahrestag des Todes ihres Mannes, am 13. Juli 1025, legte Kunigunde anstelle der Witwentracht ihre kaiserlichen Gewänder an, um die feierliche Einweihung der von ihr erbauten Kaufunger Abteikirche zu feiern. Letztmals präsentierte sie sich nicht nur im weltlichen Glanz, sondern war noch einmal Mittelpunkt des Kreises aus Reichsfürsten und Bischöfen, mit denen sie als Kaiserin eng zusammengearbeitet hatte. Kein Geringerer als Erzbischof Aribo von Mainz nahm die Weihe der Kirche vor. Als wahrhaft königliche Gabe übergab Kunigunde ihrer Kirche eine große Kreuzreliquie in kostbarer Einfassung als kultischen Mittelpunkt des Nonnenkonventes. Nach der Verlesung des Evangeliums trat die Kaiserin vor den Altar und legte alle äußeren Zeichen ihrer weltlichen Würde ab, um aus der Hand des Mainzer Erzbischofs den Nonnenschleier sowie den Ring als ewiger Braut Christi zu nehmen. Nun gehörte Kunigunde nicht mehr der Welt an, sondern führte das zurückgezogene Leben einer einfachen Nonne in strenger Klausur. Dass sie für diesen Schritt das erste Jahrgedächtnis ihres Mannes wählte, zeigt das starke geistige Band, über das sie mit ihm weiterhin verbunden bleiben wollte. Den Rest ihres Lebens beabsichtigte sie in Buße und Askese zu verbringen, um seine Seele zu retten. Ihre selbst gewählte Abkehr von aller weltlichen Macht und

Würde war derart radikal, dass sie darauf verzichtete, das von ihr gestiftete Benediktinerinnenkloster als Äbtissin zu leiten. Hierfür hatte sie ihre Nichte Jutta bestimmt, die so gleichsam das Kaufunger Erbe ihrer Tante antrat. Nach ihrem Tod sollte der Konvent vor allem die fortdauernde Sicherung des Seelenheils Kunigundes übernehmen, die als Stifterin die bevorzugte Grabstelle vor dem Kreuzaltar der Klosterkirche erhielt. Kunigundes Leben als Nonne dauerte immerhin noch knapp acht Jahre, bis sie am 3. März 1033 in Kaufungen verstarb.

Wie im vorangegangenen Kapitel angedeutet, könnte der Eintritt Kunigundes in Kaufungen kein ganz freiwilliger gewesen sein. Wäre sie, wie von ihr noch im Frühjahr 1025 auf dem Regensburger Hoftag geplant, im lebenslangen Genuss der Erträge ihrer umfangreichen bayerischen Besitzungen geblieben, hätte ihr Leben als Witwe sicherlich anders ausgesehen. Die erst für die Heiligsprechung Kunigundes im Jahr 1200 entstandene Vita, die uns das fromme Bild der einstigen Kaiserin als bescheidener Nonne zeichnet, erscheint allzu geglättet. Vielleicht war ihr radikaler Abschied von der Welt eher aus materieller Not und Resignation geboren, denn aus reiner Liebe zu Gott. Ihre Vorgängerinnen Mathilde und Adelheid nutzten ihre Klostergründungen nur als für eine Witwe adäquaten Lebensraum und zukünftigen Ort ihrer Memoria, waren aber bewusst nicht in den geistlichen Stand getreten. So sicherten sie sich nicht nur die Verfügungsgewalt über ihr Vermögen, sondern auch ihre Bewegungsfreiheit. König Konrad II. verhinderte, dass Kunigunde aus Bayern lebenslang reiche Einkünfte beziehen konnte. Kaufungen hatte sie vollständig in ihre Klosterstiftung eingebracht und einen Konvent installiert, was somit nicht mehr rückgängig zu machen war. Auch das Äbtissinnenamt hatte sie vergeben. So blieb wohl nur noch der Eintritt als einfache Nonne übrig. Wer nun recht hat, die geschönte Vita mit Kunigunde als Verkörperung christlicher Demut oder die aus den Urkunden durchscheinende harte Realität einer ausgebooteten Ex-Kaiserin, ist, wie so vieles im Leben der Kunigunde, schwer zu entscheiden.

Die Kaiserin hatte 1008 den Königshof Kassel mitsamt einem großen Forst als Ausgleich für ihren Verzicht auf ihre Morgengabe Bamberg erhalten, das ihr Mann zum Sitz seines Bistums bestimmte. Kurz danach scheint der Kasseler Königshof als Wirtschafts- und Verwaltungsmittelpunkt des umliegenden Reichsgutes in das nahe Kaufungen verlegt worden zu sein, das näher an wichtigen Handelsstraßen lag. Warum sich Kunigunde ausgerechnet diesen Besitz zur Absicherung ihres Lebensunterhaltes als Witwe wünschte und nicht etwa Güter in Bayern oder bei ihrer Familie an der Mosel wählte, bleibt rätselhaft. Die Forschung nimmt aber an, dass damals einer ihrer Brüder die Grafschaft Kassel innehatte und ein anderer Graf von Northeim war, sodass Kunigunde wohl glaubte, so nach dem Tod ihres Mannes besser geschützt zu sein. Als kinderlose Witwe befürchtete sie zu Recht, ihre Besitzansprüche gegen den neuen Herrscher nicht durchsetzen zu können. Deshalb griff sie, wie so viele hochadelige Frauen vor und nach ihr, zu einem bewährten Mittel der Absicherung ihrer Witwenausstattung, indem sie auf ihrem Gut ein Kloster gründete. Wagte man es doch absolut selten, ein einmal errichtetes und mit einem Konvent versehenes Kloster wieder aufzulösen. Zudem konnte sie, wie dann auch geschehen, in den Konvent eintreten, weshalb Kunigunde auch ein Frauenkloster gestiftet hatte. So war sie als Witwe lebenslang materiell versorgt und besaß einen für alleinstehende Frauen überlebenswichtigen persönlichen Schutzraum, sicherte aber auch zugleich ihr Seelenheil.

Ein zeitgenössischer Chronist bringt den Plan, in Kaufungen eine Abtei zu errichten, mit einer schweren Erkrankung der Kaiserin in Zusammenhang, die jene 1017 just bei einem Aufenthalt im Königshof Kaufungen niederwarf. Angeblich hätte sie damals gelobt, den Königshof in ein Kloster umzuwandeln, sollte sie wieder genesen. Diese Darstellung dürfte allerdings zu kurz greifen, bestanden solche Überlegungen wohl schon vorher. Kunigunde verstand allerdings die Krankheit als deutliche Mahnung, den Ausbau der Klostergründung zu forcieren, um ihr Projekt noch zu einem erfolgreichen Abschluss bringen zu

Auf dem heute in Mailand aufbewahrten Elfenbeinrelief knien Kaiser Otto der Große und Kaiserin Adelheid mit dem kleinen Otto II. vor dem Thron Christi, der von Maria und dem hl. Mauritius begleitet wird. Mauritius ist der besondere Schutzheilige des Kaiserpaares, da Adelheid neben seinem Grabkloster aufgewachsen ist und Otto ihm den Magdeburger Dom weihen ließ. – Elfenbein, um 983/84. Civiche Raccolte d'Arte Applicata, Mailand.

Die älteste heute noch bestehende Benediktinerabtei der Schweiz ist jene von Saint-Maurice im Rhônetal. Sie ist berühmt für ihren Reliquienschatz der Märtyrer der Thebäischen Legion, die hier angeblich Ende des 3. Jhs. als frühe Christen hingerichtet wurden. In der benachbarten Residenz des Königs von Hochburgund wuchs Kaiserin Adelheid die ersten sechs Jahre ihres Lebens auf.

Aus den 1260er-Jahren stammt diese farbig gefasste Steinfigur der Kaiserin Adelheid im Ostchor des Meißener Domes. Sie und ihr zweiter Gemahl Otto I. sind als Stifter des Meißener Bistums dargestellt (968). Allerdings erscheint Adelheid hier im Gewand einer staufischen Königin, wodurch sie der Bildhauer aus dem Umfeld des Naumburger Meisters gleichsam in seine Gegenwart holte.

Das Elfenbeinrelief aus dem späten 10. Jh. zeigt das Herrscherpaar Otto II. und Theophanu, dem Christus selbst Kronen aufsetzt. Tracht und Schmuck Theophanus lassen deutlich den Einfluss ihrer byzantinischen Heimat erkennen. – Musée national du Moyen Âge – Thermes de Cluny, Paris.

Blick durch das Langhaus auf den Westbau der Kölner Kirche St. Pantaleon, den Kaiserin Theophanu im späten 10. Jh. als würdige Grabstätte anfügen ließ. Die Emporen dienten einem von ihr installierten kleinen Benediktinerinnenkonvent, der ausschließlich für ihr Seelenheil beten sollte.

Neben Aachen war Ingelheim nahe Mainz die prächtigste Pfalz Kaiser Karls des Großen, die dieser Ende des 8. Jhs. nach dem Vorbild spätantiker Paläste errichten ließ. Auch die nachfolgenden Herrscher nutzten gerne diesen zentral gelegenen Ort zum zeitweiligen Aufenthalt, darunter Kaiserin Theophanu. Das letzte Großereignis, das hier stattfand, war 1043 die Hochzeit Heinrichs III. mit Agnes. (Digitale Rekonstruktion der *aula regia*)

Das hohe Selbstverständnis eines hochmittelalterlichen Kaiserpaares, hier Heinrich II. und Kunigunde, zeigt sich in diesem Widmungsblatt aus dem frühen 11. Jh. Christus selbst krönt das Herrscherpaar, das von den Apostelfürsten Petrus und Paulus empfohlen und von den Erdteilen und Provinzen verehrt wird. – Bamberger Evangeliar. Staatsbibliothek München.

Tilmann Riemenschneider, einer der hervorragendsten Bildhauer der Spätgotik, schuf von 1499 bis 1513 im Auftrag des Bamberger Domkapitels ein neues Prunkgrab für das heilige Kaiserpaar Heinrich II. und Kunigunde im Bamberger Dom. Anlass der großzügigen Stiftung war das 300-jährige Jubiläum der Heiligsprechung Kunigundes.

Ende des 19. Jhs. entdeckten Bauarbeiter in der Mainzer Altstadt zufällig einen 800 Jahre zuvor versteckten Schatz, der mittlerweile als Schmuck der Kaiserin Agnes gedeutet wird. Er befindet sich heute im Berliner Kunstgewerbemuseum. Hier die Adlerfibel (-brosche) als besonderes Hoheitszeichen der Trägerin.

Kaiser Heinrich III. überreicht den Codex der Speyerer Dompatronin und besonderen Beschützerin der salischen Dynastie, der Gottesmutter Maria. Diese legt segnend ihre linke Hand auf das Haupt der Kaiserin Agnes. – Dedikationsbild des Goldenen Evangelienbuches Heinrichs III. Echternach, um 1050.

Bevorzugter Aufenthaltsort des Kaiserpaares Heinrich III. und Agnes war die Pfalz in Goslar, die sie großzügig ausbauten. Die Anlage geht in ihrem heutigen Aussehen größtenteils auf die Rekonstruktion der Jahre 1873/79 als Denkmal deutscher Geschichte zurück.

Die englische Buchmalerei des späten 14. Jh. glättet die Lebensgeschichte Kaiserin Mathildes etwas, indem sie hier als britische Königin gezeigt wird. Tatsächlich gelang es ihr nach dem Tod ihres Vaters König Henry 1135 trotz ihr geleisteter Eide der Großen des Landes und eines mehrjährigen Kampfes nicht, als Königin anerkannt zu werden. Erst ihr Sohn Heinrich II. setzte sich hier durch. – Buchmalerei von Alan Strayler, 1380.

können. In den Gebäuden des Königshofes siedelte Kunigunde schon Ende 1017 einen Nonnenkonvent an. Der Umbau der großen Hofanlage zu einem Klausurkloster dauerte nur zwei Jahre, sodass es 1019 eingeweiht werden konnte. Als Patrone wählte die Kaiserin den Welterlöser, die Gottesmutter und den Apostelfürsten Petrus und damit genau jene, für die ihre Vorgängerin Kaiserin Adelheid gleich drei einzelne Klöster gestiftet hatte. Bis zu seinem Tod 1024 vermehrte Heinrich II. den Besitz des Klosters beträchtlich. Der Schwerpunkt der Güter lag eindeutig rund um Kaufungen und Kassel, an der Werra und in Thüringen, doch gab es auch Fernbesitz an der Mosel nahe Koblenz, um die Weinversorgung des Konventes zu sichern.

Nach dem Tod Kunigundes wandelte sich die Benediktinerinnenabtei wohl schon im 12. Jahrhundert in ein Damenstift um, das den adeligen Kanonissen ein angenehmes Leben mit Privatvermögen und ohne strenge Klausurvorschriften ermöglichte. Nur die Äbtissin legte noch die lebenslang bindenden Gelübde ab, während die übrigen Damen wieder austreten konnten, wenn sich die Chance einer standesgemäßen Heirat bot. 1527 hob der Landgraf von Hessen Kloster Kaufungen auf und verwendete nur einen Teil des reichen Besitzes zur Versorgung unverheirateter Töchter der hessischen Ritterschaft. Als ritterschaftliches Stift besteht es bis heute noch. Was allerdings durch die Einführung der Reformation völlig erlosch, war das Andenken an die inzwischen heiliggesprochene Gründerin. Alles was an sie erinnerte, einschließlich ihres Grabes, wurde getilgt, kostbare Erinnerungsstücke, die die Nonnen und Stiftsdamen jahrhundertelang gehütet hatten, verschwanden. Damit starb im mittelalterlichen Sinne Kunigunde fast fünfhundert Jahre nach ihrem tatsächlichen einen zweiten Tod, nämlich denjenigen des Verlustes des ewigen Gedenkens für sie und ihr Seelenheil.

Die ehemalige Abtei- und Stiftskirche dient heute als Pfarrkirche. Der Gründungsbau Kunigundes war von ihr recht anspruchsvoll als kreuzförmige Säulenbasilika angelegt worden. Doch blieb aufgrund späterer Umbauten allein der mächtige

Westbau der Kirche aus der Zeit der Kaiserin weitgehend in der Ursprungsform erhalten. Über der heute vermauerten Eingangshalle öffnet sich das Obergeschoss des Westbaus mit einer monumentalen Dreierarkade auf Säulen zum Mittelschiff. Nur hier spürt man noch etwas vom Anspruch des kaiserlichen Baus Kunigundes. Neben einigen Resten spätmittelalterlicher und neuzeitlicher Stiftsgebäude führt allein noch die kleine Georgskapelle in die Frühzeit Kaufungens zurück. Sie dürfte einst wohl die nach 1008 errichtete Kapelle des Königshofes gewesen sein, die dann bis zur Fertigstellung der Basilika 1025 als provisorische Kirche des Nonnenkonventes diente. Nur ein spätgotisches Relief vom einstigen Chorgestühl und eine Glasscheibe des 15. Jahrhunderts im sogenannten Rittersaal mit einer Darstellung Kunigundes lassen in Kaufungen heute überhaupt ahnen, dass es diese Kaiserin war, die hier ein Kloster gestiftet hat und darin ihr Leben beschloss. Anders als von Kunigunde gewünscht, ist nicht mehr Kaufungen ihr ureigenster Erinnerungsort, sondern Bamberg.

Mit ihrem Klostereintritt 1025 verschwand Kunigunde völlig aus der Geschichte. Als Nonne war sie nicht mehr rechtsfähig und konnte daher auch keine urkundlichen Verfügungen mehr treffen. Durch die Reformation wurde abrupt die klostereigene Überlieferung in Kaufungen vernichtet, sodass wir nichts über die acht Jahre Kunigundes als Benediktinerin wissen. War sie tatsächlich nur einfache Nonne oder hatte sie bestimmte Vorrechte innerhalb des Konventes, lebte sie in strenger Klausur oder war es ihr möglich, Freunde und Verwandte zu besuchen, interessierte sie sich noch für das politische Geschehen im Reich? Viele Fragen, keine Antworten. Dieses Vakuum füllte die immer mehr ausgeschmückte spätere Legende, nachdem sie im Jahr 1200 auf Bamberger Initiative hin zur Heiligen erhoben worden war. In den vergangenen 170 Jahren seit dem Tod der Kaiserin war auch das Wissen um ihr Klosterleben erloschen und wurde einfach mit erfundenen Wundergeschichten und allgemeinen Frömmigkeitsfloskeln gefüllt, die aus anderen Heiligenlegenden übernommen worden waren.

Die „Neuerfindung" Kunigundes als Heilige

Bis heute ist Bamberg der große Erinnerungsort Kunigundes, doch weniger als historischer Persönlichkeit, sondern vor allem als Heilige. Selbst die Verschonung der – inzwischen zum UNESCO-Weltkulturerbe erhobenen – Altstadt im Zweiten Weltkrieg schrieb die Bevölkerung Kunigunde zu, die bei Angriffen ihren Schleier als Nebel schützend über die Stadt gelegt haben soll. Im Spätmittelalter und Barock zur beliebten Volksheiligen geworden, grüßt sie als lächelnde Steinfigur an zahlreichen Stellen der Stadt freundlich die Vorübergehenden. Zentrum ihres Kults war und ist der Bamberger Dom, wo sie zusammen mit ihrem Ehemann Heinrich II. als heiliges Stifterpaar von Kathedrale und Bistum erscheint. Wer heute den staufischen Neubau des Domes aus dem frühen 13. Jahrhundert betritt, steht vor dem aufwendigsten Herrscher- weil Heiligengrab des deutschen Mittelalters. Bischof und Domkapitel beauftragten auf dem Höhepunkt mittelalterlichen Reliquienkultes 1499 keinen Geringeren als den Würzburger Bildhauer Tilman Riemenschneider mit der Herstellung eines prunkvollen Hochgrabes, das vierzehn Jahre später auch aufgestellt werden konnte. Anlass der mehr als großzügigen Stiftung war das 300-jährige Jubiläum der im Jahr 1200 erfolgten Heiligsprechung Kunigundes, deren Kult im Spätmittelalter denjenigen ihres Mannes bei Weitem überflügelt hatte. Beide sind auf der Deckplatte als idealisiertes, für alle Zeiten vorbildhaftes heiliges Herrscherpaar mit den Insignien ihrer Macht dargestellt. Erst die vier Reliefs der Seitenwände mit Wunderdarstellungen der Heinrichs- und Kunigundenlegende verraten, dass mit diesem Prunkgrab nicht die realen Menschen Heinrich und Kunigunde gemeint sind, sondern die Heiligen, welche die spätere Legende aus ihnen gemacht hat.

Nicht nur das prächtige Hochgrab mit den Gebeinen des heiligen Paares bekamen die Pilger zu sehen, sondern auch zahlreiche goldene, mit Perlen und Edelsteinen verzierte Reliquiare und Erinnerungsstücke. An den Hochfesten der beiden, wobei Kunigunde mit vier Festtagen ihren Gatten um das Doppelte übertraf, wurde das Heil der Heiligen mit einer prachtvollen Liturgie und Reliquienprozessionen regelrecht inszeniert. Dabei trugen Bischof und Domkapitulare auch die kostbaren Gewänder, die das heilige Paar getragen und gestiftet hatte. Diese sogenannten Kaisermäntel bilden bis heute den einzigartigen Schatz des Diözesanmuseums neben dem Bamberger Dom, während anderes wie die Kronen Heinrichs und Kunigundes nach der Säkularisation 1803 in die Schatzkammer der Münchner Residenz abtransportiert wurde.

Im Dom war zunächst die Verehrung Heinrichs II. als Stifter vorrangig, der 1024 als besondere Auszeichnung sein Grab in der Mittelachse vor dem Hauptchor gefunden hatte. 1146 sprach ihn Papst Eugen III. heilig. Dazwischen lag anscheinend genügend Zeit, um den realen Machtmenschen Heinrich zu vergessen, der noch im 11. Jahrhundert aufgrund des Verkaufs kirchlicher Ämter und seines harten Vorgehens gegen einige Klöster scharf kritisiert worden war. Sein großes Lebenstrauma der Impotenz und Kinderlosigkeit wurde nun umgedeutet zur freiwilligen Josephsehe. Ihm, der seine Schwester Gisela dem ersten König Ungarns zur Frau gegeben hatte, schrieb man die Bekehrung dieses Landes zum Christentum zu. Schließlich waren die Wiedererrichtung des Bistums Merseburg und die Schaffung des Bistums Bamberg neben den sich an seinem Grab einstellenden Wundern weitere Argumente, die in Rom offensichtlich zum Erfolg führten. Betrieben wurde die kostenintensive päpstliche Heiligsprechung durch die Bamberger Kirche, die fränkischen Zisterzienserklöster und vor allem König Konrad III. (1138–1152). Dieser hatte nach vielen Schwierigkeiten wie Heinrich II. den deutschen Thron erkämpfen können und besaß als erster staufischer Herrscher im südwestdeutschen und ostfränkischen Bereich seine Machtbasis. Konrad III. wollte mit der Heiligsprechung seines Vorgängers vorrangig nicht dessen Person, sondern gleichsam das Amt des deutschen Königs heiligen, dessen sakrale Aura vom Papst seit dem Investiturstreit massiv bestritten und bekämpft wurde. Konrad III. ließ sich schließlich gar an der Seite seines nun heiligen Vorgängers bestatten, um sich nicht nur augenfällig in dessen Tradition zu stellen, sondern auch beim Jüngsten Gericht am Tag der Auferstehung gleich einen prominenten Fürsprecher zu haben. Am 13. Juli 1147, dem Todestag des Kaisers, erhobenen Bischof und Domkapitel feierlich die Gebeine Heinrichs II. aus dem Grab und betteten sie in einen leider verlorenen, prachtvollen Reliquienschrein um. Alljährlich war dieser Tag nun das große Heiligenfest der Bamberger Kirche, das mit aufwendiger Liturgie und einer Schreinprozession begangen werden musste.

Während Heinrich in Bamberg als Stifter dauerhaft präsent war, tauchte Kunigunde erstaunlicherweise dort erst im Jahr 1200 wieder aus dem Dunkel der Geschichte auf. Am 29. März 1200 konnte Papst Innozenz III. in Rom auch ihre Heiligsprechung verkünden und stellte wenige Tage später Bischof und Domkapitel von Bamberg als Betreiber der Kanonisation die ersehnte offizielle Urkunde aus. Anscheinend hatten diese schon zwei Jahre vorher versucht, die Kaiserin heiligsprechen zu lassen. Doch stockte damals das Verfahren, da nach dem Pflugscharwunder (siehe unten) zu Lebzeiten Kunigundes noch nicht das hierfür zwingend notwendige zweite Wunder an ihrem Grab als himmlische Bestätigung geschehen war. Endlich trat am 1. August 1199, dem Hochfest Petri Kettenfeier, das Ersehnte ein: Ein Kranker wurde am Grab Kunigundes geheilt. Wie schon bei der Heiligsprechung ihres Mannes verbanden sich auch bei ihr handfeste geistliche und weltliche Interessen. Denn erst bei einem Hoftag 1201 erfolgte in Anwesenheit des Stauferkönigs Philipp von Schwaben die Erhebung ihrer Gebeine. Der Herrscher, der sich damals immer noch im von Innozenz III. ausgesprochenen Kirchenbann und im Dauerkampf mit seinem ebenfalls den Königsthron beanspruchenden welfischen Konkurrenten Otto IV. befand, nutzte werbewirksam dieses außergewöhnliche Großereignis, um sich möglichst effektvoll als wahrer christlicher Herrscher und Amtsnachfolger eines heiligen Kaiserpaares zu präsentieren. Tragischerweise sollte Philipp sieben Jahre später ausgerechnet in der Königspfalz neben dem Bamberger Dom gewaltsam einen frühen Tod finden.

Als Tag der Erhebung der Gebeine Kunigundes wurde der 9. September gewählt, der Tag nach dem Hochfest Maria Geburt. Damit sollte aller Welt vor Augen geführt werden, wie nah Kunigunde als Jungfrau und Kaiserin der Himmelskönigin Maria stand, dem Vorbild jeder Frau und Herrscherin. Mit dem im Spätmittelalter fast explosionsartig ansteigenden Marienkult stieg auch der Stern Kunigundes als Heiliger immer heller auf und überflügelte schließlich eindeutig die Verehrung Heinrichs II. Der 9. September war von König Philipp von Schwaben noch aus einem anderen Grund geschickt gewählt. Denn dies war auch der Jahrestag seiner Krönung, sodass er mit der Heiligsprechung Kunigundes, die gleichsam die Krone der Heiligkeit erhielt, demonstrativ auch den Anspruch auf die sakrale Aura seines eigenen Amtes verband.

Die effektvoll inszenierte Erhebung der Gebeine der heiligen Kaiserin führte rasch zahlreiche Pilger herbei, wobei der Schwerpunkt der Ausstrahlung ihres Kultes eindeutig auf Franken beschränkt blieb. Die Erwartungshaltung der Pilger, aber auch des Bamberger Bischofs und Domklerus an die himmlische Wirkkraft Kunigundes war hoch. Doch wurde man nicht enttäuscht, da sich rasch zahlreiche Wunderheilungen an ihrem Grab einstellten, die akribisch aufgezeichnet wurden, um aller Welt die Kraft dieser ganz besonderen heiligen Frau vor Augen zu führen. Die Sehnsüchte der Pilger auf Hilfe und Heilung vermischten sich mit den Zielen des Bamberger Domklerus zu einem sich selbst bestätigenden Kult. Sozusagen multimedial wurden Kunigunde und ihre Wirkmacht den Gläubigen vorgeführt. Der Schädel als kostbarster Teil der heiligen Gebeine war in einer goldenen, mit einer Krone verzierten Büste in menschlicher Gestalt gefasst, sodass die Heilige gleichsam in ihrem Bild mit ihrem Haupt anwesend war. Durch den Glauben an die einstige leibliche Auferstehung bildete die Heilige im Himmel mit ihrem Gebein auf Erden bis zum Tag des Jüngsten Gerichts eine Einheit. Somit war Kunigunde in ihrem Büstenreliquiar in einer einzigartigen Zwischenstellung zwischen Himmel und Erde präsent und konnte so von den Hilfesuchenden mit ihren Bitten bestürmt werden. Da sich die mittelalterlichen Menschen den Himmel wie einen irdischen Hofstaat mit Gott als dem Kaiser in seiner Mitte vorstellten, konnten sie ihn nicht direkt mit ihren Anliegen anflehen, sondern mussten sich wie im realen Leben möglichst einflussreiche Fürsprecher suchen. Gerade einer heiligen Kaiserin sprach man daher auch im Himmel eine besonders hervorgehobene Stellung in der unmittelbaren Nähe Gottes zu. Gegenstände, die sie angeblich benutzt hatte, oder von ihr getragene und gestiftete Gewänder wurden zusätzlich den Pilgern zu Verehrung gezeigt.

Man darf sich allerdings fragen, was denn 1201 der Stauferkönig als Gebeine Kunigundes im Bamberger Dom erhob. Denn erst im Lauf des 12. Jahrhunderts ist erstmals von einem Grab der Kaiserin dort die Rede. Nirgends findet sich eine Notiz, wann, warum oder durch wen ihr Leichnam von Kaufungen hierher gebracht worden sein sollte. Kunigunde war durch ihren Klostereintritt 1025 Nonne und damit Braut Christi geworden. Dadurch hatte sie alle weltlichen Bindungen gelöst, auch die an ihren verstorbenen Mann. Kloster Kaufungen war im Gegensatz zu Bamberg ihre ureigene Stiftung, die sie in vielen Jahren geformt hatte, bevor sie eintrat. Kein Ort der Welt war daher besser geeignet, bis zum Jüngsten Gericht für ihr Seelenheil zu sorgen. Warum also sollte sie verfügt haben, nach ihrem Tod in Bamberg begraben zu werden? Es gab schließlich keine Vorschrift, dass eine Ehefrau sich zwingend an der Seite ihres Ehemannes begraben lassen musste. Mit ihrer Klostergründung Kaufungen auf ihrem Wittum war Kunigunde schließlich dem Vorbild der 999 verstorbenen Kaiserin Adelheid gefolgt, die sich ebenfalls in ihrer Klosterstiftung Selz hatte begraben lassen.

Vermutlich waren Bischof und Domkapitel von Bamberg irgendwann im frühen 12. Jahrhundert unter Zugzwang geraten, als die Verehrung Heinrichs II. zunahm. So behauptete man einfach, auch das Grab seiner Gemahlin zu besitzen. Neuere Ausgrabungen im Dom brachten aber allein den leeren Sarkophag Heinrichs II. zum Vorschein. Misstrauisch dürfte auch die Tatsache machen, dass man im mittelalterlichen Bamberg zwar einen prachtvollen Reliquienschrein Heinrichs II. besaß, aber nach 1201 keinen für Kunigunde herstellen ließ. Allein von einem Kopfreliquiar ist immer die Rede. Vermutlich liegt des Rätsels Lösung darin, dass die Bamberger Herren die Kaufungener Stiftsdamen nur zur Herausgabe des Hauptes Kunigundes überreden konnten. Damit wäre im Sinne einer im Mittelalter gängigen Reliquienteilung beiden gedient gewesen.

Bischof und Domkapitel hatten mit der Heiligsprechung Heinrichs und Kunigundes im wenig frommen Konkurrenzkampf um die attraktivsten Heiligen Bamberg einen unschlagbaren Vorteil verschafft, war ein heiliges Kaiserpaar doch einzigartig in Europa! Zudem zeigte man so auch der benachbarten Benediktinerabtei auf dem Michaelsberg ihre Grenzen auf. Dort waren die Mönche durch die Heiligsprechung des hier begrabenen Bamberger Bischofs Otto mit dem Dom und seinem Stiftergrab gleichgezogen, wurden aber mit der Erhebung Kunigundes wieder auf den zweiten Platz verwiesen. Das damals angefertigte goldene Kopfreliquiar Kunigundes erhielt einen besonderen Platz im Bamberger Dom in der Scheitelnische hinter dem Altar des Ostchores. Die reich verzierte Nische, die im Gegensatz zum Reliquiar bis heute erhalten blieb, ist durch ein Rundfenster nach außen geöffnet. So konnte das Heil der heiligen Kunigunde, ausgehend von ihrem Haupt, über die ganze, ihr gleichsam zu Füßen liegende Stadt Bamberg ausstrahlen.

Bei beiden Heiligsprechungsverfahren mussten nicht nur die nötigen Wunder nachgewiesen, sondern auch ein Bericht (Vita) vorgelegt werden, der dem Papst das heiligmäßige Leben darstellte. Während die Vita Heinrichs die Wunderberichte noch rund um die tatsächlichen historischen Nachrichten arrangieren konnte, besteht die Vita Kunigundes nur noch aus frei erfundenen Legenden. Jede Neufassung ihres Heiligenlebens schmückte in den folgenden Jahrhunderten ihre Wunder mit immer mehr Details aus, bis im frühen 16. Jahrhundert die „Endfassung" erreicht war. Die Realität der Kaiserin des frühen 11. Jahrhunderts verschwand vollständig hinter fantastischen Geschichten, die das Volk liebte und Kunigunde, im Gegensatz zu Heinrich, immer populärer machten. Im Spätmittelalter überflügelte ihr Kult denjenigen ihres Mannes bei Weitem. Immer mehr verschmolz ihre nur noch legendäre Figur mit derjenigen Mariens zur Doppelgestalt der jungfräulichen irdischen und himmlischen Kaiserin. In der Hierarchie der Heiligen nahm sie in Franken und Altbayern nun einen Spitzenplatz ein, glaubten Volk und Kleriker doch, dass eine schon zu Lebzeiten so mächtige und fromme Frau auch im Himmel besondere Wirksamkeit entfalten müsste.

Am bekanntesten ist das sogenannte Pflugscharwunder: Trotz des gegenseitigen Versprechens, in einer keuschen Ehe zu leben, war der Kaiser eifersüchtig auf Kunigunde und misstraute ihr. Der Teufel, dem das fromme und keusche Leben der beiden schon lange ein Dorn im Auge war, versuchte nun in Gestalt eines jungen, attraktiven Höflings Kunigunde zu verführen. Diese erkannte jedoch den Versucher und warf ihn postwendend aus ihrem Gemach. Der gab nun erst recht nicht auf, sondern überlegte sich einen raffinierten Plan, indem er sich die latente Eifersucht Heinrichs zunutze machte. Als Trugbild erschien er einigen Mitgliedern des Hofstaates, die glaubten, an drei Morgen nacheinander einen hübschen jungen Mann gesehen zu haben, der sich aus dem Schlafgemach der Kaiserin schlich. Dieses böse Gerücht gelangte umgehend an den Kaiser, der sie nun des Ehebruchs beschuldigte. Alle Beteuerungen halfen nichts, Kunigunde musste sich einem grausamen Gottesurteil unterwerfen, um alle Welt von ihrer Reinheit zu überzeugen. Zwölf glühende Pflugscharen wurden vom Henker in einer Reihe auf den Boden vor der Bamberger Königspfalz gelegt, über die Kunigunde barfuß gehen sollte. Nur wenn ihr dies unverletzt gelingen sollte, wäre ihre Unschuld erwiesen, so der Richterspruch. Die Kaiserin flehte die Gottesmutter Maria um Hilfe an, die ihr mit himmlischer Stimme diese sogleich versprach. Nun fasste Kunigunde Mut und rief laut aus, dass sie öffentlich bekenne, noch nie von einem Mann, nicht einmal ihrem eigenen, berührt worden zu sein. Der Kaiser war über die Preisgabe dieses intimen und für ihn höchst demütigenden Details ihres Ehelebens so wütend, dass er seiner Frau mit der Faust auf den Mund schlug. Sie wischte das herabfließende Blut ab und begann, gestützt von zwei Bischöfen, unverletzt über die glühenden Eisen zu schreiten. Als sie die letzte Pflugschar erreichte, hielt sie inne und sprach ein Dankgebet an Maria. Nun ergriff Heinrich bittere Reue über sein Verhalten. Tränenüberströmt warf er sich seiner Gemahlin zu Füßen und bat um Verzeihung, die ihm Kunigunde als wahre Heilige natürlich sogleich gewährte.

Dieses Wunder machte Kunigunde als Heilige derart populär, dass bei ihren späteren Darstellungen sogar die Pflugschar ihr Erkennungszeichen wurde. Pilgern wurden im Bamberger Dom die Andreaskapelle als Ort des Wunders sowie die (heute verlorenen) Pflugscharen gezeigt. Das Gewand, das Kunigunde bei diesem Gottesurteil getragen haben soll, ist bis heute im Bamberger Diözesanmuseum erhalten. Im Mittelalter lieh es das Domkapitel gegen eine entsprechende Spende an hochschwangere Frauen aus, damit die Geburt gut verliefe. Die schönste Darstellung dieses Wunders findet sich auf der Kunigundenseite des Hochgrabes im Bamberger Dom durch Tilman Riemenschneider.

Als zweites Wunder aus ihrer Vita ist dort auch noch die sogenannte „Auszahlung des gerechten Lohnes" zu sehen. Die Kaiserin erscheint hier als mittelalterliche Mäzenin, die sich besonders für den Kirchenbau engagierte. Während ihr Mann den Bamberger Dom gründen und erbauen ließ, tat sie das Gleiche auf einem Nachbarhügel für das Stift St. Stephan. Als Bauherrin überwachte sie das Geschehen auf der Baustelle persönlich und zahlte auch aus ihrem Vermögen täglich den Lohn für die Arbeiter. In einer Schale hielt die Kaiserin das Münzgeld bereit, von dem sich jeder einen festgelegten Anteil nehmen konnte. Als einer der Arbeiter aber mehr herausnahm, als ihm eigentlich zustand, verschwanden die überzähligen Münzen in seiner Hand wieder. Die Mönche der Abtei auf dem Bamberger Michaelsberg zeigten Pilgern eine Kristallschale als das wunderbare Gefäß der Kaiserin. Anfang des 16. Jahrhunderts mussten sie es durch eine venezianische Achatglasschale ersetzen, die sich bis heute im Diözesanmuseum erhalten hat.

Der übrige Teil der Kunigundenvita bezieht sich dann schon auf ihr Leben im Kloster Kaufungen. Hier wird sie zum stereotypen Idealbild einer frommen Klosterfrau hochstilisiert, die unermüdlich betet, fastet und Werke der Nächstenliebe verrichtet. Selbst im Sterben verzichtete sie angeblich auf alle Zeichen ihrer einstigen kaiserlichen Würde und sehnte sich nach ihrem heiligen Ehemann, mit dem sie nun bald wieder vereint sein sollte. Immerhin lockern drei schöne Wundergeschichten das allzu glatte Ganze auf: Von den vielen Nachtwachen ermüdet, schlief Kunigunde einst beim Lesen ein. Auch ihre Vorleserin nickte weg und ließ ihre Kerze fallen, die sogleich das Bettstroh der Kaiserin entzündete. Das Geschrei ihrer aufgeschreckten Mitschwestern im Schlafsaal weckte Kunigunde auf. Mit einem einzigen Kreuzzeichen löschte sie den Brand, der weder ihr noch dem Kloster geschadet hatte. An einem anderen Tag ging sie in die Kirche, um am Altar ein Opfer niederzulegen. Hierzu streifte sie ihren Handschuh ab. Da aber niemand in ihrer Nähe war, um ihn solange zu halten, hing Kunigunde ihn einfach auf einen Lichtstrahl, der durch ein kleines Loch im bunten Fensterglas in den Raum fiel.

Die Kaiserin hatte nach der Gründung des Klosters Kaufungen dort ihre Nichte Jutta als Äbtissin eingesetzt in der Hoffnung, dass diese ihrer anspruchsvollen Aufgabe als Leiterin und Vorbild des Frauenkonventes gerecht werden würde. Als Kunigunde an einem Sonntag mit dem Vortragekreuz die Prozession der Nonnen in die Kirche anführte, bemerkte sie, dass ihre Nichte fehlte. Nach der Messe suchte sie das ganze Kloster ab, bis sie diese in einer abgelegenen Kammer mit ihren Dienerinnen bei Spiel und Trank fand. Voll heiligem Zorn gab Kunigunde der pflichtvergessenen Äbtissin eine derart heftige Ohrfeige, dass jene bis an ihr Lebensende einen dauerhaften Abdruck von Kunigundes Hand auf ihrer Wange als Mal ihrer Pflichtvergessenheit und ständige Mahnung davontrug.

Die jungfräuliche Kaiserin, der im ersten Teil der Legende schon mariengleiche Züge verliehen werden, wird durch die Schilderung ihrer Klosterzeit zusätzlich zur perfekten Verbindung der *Vita activa* und der *Vita contemplativa*, also des gute Werke tätigenden und des rein beschaulichen, meditativen Lebens. Beides sind Idealanforderungen an jedes mittelalterliche Nonnenleben, das Kunigunde in Kaufungen angeblich so gelungen vorlebte. Hübsche, volkstümliche Legenden und lieblich lächelnde Barockfiguren sind das, was im allgemeinen Bewusstsein von Kunigunde übrig geblieben ist, während ihre historische Gestalt bislang nur mühsam und höchst lückenhaft von Historikern ans Licht gebracht werden konnte.

„Der Preis der Macht"

KAISERIN AGNES

um 1027/28–1077

Von ihrer ehrgeizigen Mutter auf den deutschen Thron geschoben, erlebte Agnes an der Seite Heinrichs III. den Höhepunkt der salischen Dynastie. Dessen früher Tod machte sie unvermittelt zur Regentin für ihren noch unmündigen Sohn Heinrich IV. Fünf Jahre regierte sie in seinem Namen erfolgreich und unangefochten in kluger Ausgleichspolitik das Reich, bis ein von ihr verursachtes Papstschisma sie in tiefste Gewissensnöte stürzte. Mit ihrem radikalen Schritt der Witwenweihe und dem weitgehenden Rückzug von der Macht stieß sie die Reichsfürsten vor den Kopf. In einer spektakulären Entführung entzogen ihr diese ihren Sohn, doch kehrte die Kaiserin schließlich wieder an den Hof zurück, bis Heinrich IV. für mündig erklärt werden konnte. Unmittelbar danach kümmerte sie sich vorrangig um die Rettung ihres Seelenheils, indem sie persönlich Absolution vom Papst erbat. Als Gegenleistung verpflichtete sie sich nicht nur zu einem exklusiven Büßerinnenleben in der Ewigen Stadt, sondern diente bis zu ihrem Tod dem Papst als Spitzendiplomatin für den deutschen Hof. Bis zuletzt versuchte sie, zwischen Heinrich IV. und Papst Gregor im allmählich eskalierenden Investiturstreit zu vermitteln, dem härtesten Kampf zwischen weltlicher und geistlicher Macht. Ein enormer privater und historischer Spannungsbogen im Leben einer Frau, die allerdings von der Forschung höchst unterschiedlich beurteilt worden war. Galt Agnes bis vor wenigen Jahren noch als frömmelnde Herrscherin, die ihren Aufgaben nicht gewachsen war und sich gar vom Papst gegen ihren eigenen Sohn in Stellung bringen ließ, erfährt sie mittlerweile eine deutlich differenziertere Würdigung.

Triumph der Mutter

Agnes stammte aus einer der vornehmsten und mächtigsten Familien Frankreichs. Ihr Vater, Herzog Wilhelm V. der Große (reg. 995–1030), herrschte fast königsgleich nicht nur in seinem Herzogtum Aquitanien, sondern auch im Poitou, dem Berry und der Auvergne. Zugleich war er Lehensherr so bedeutender Vasallen wie den Grafen von Anjou oder von Angoulême und unterhielt eigenständige diplomatische Beziehungen mit den wichtigsten Fürsten- und Königshöfen Europas. Damit übertraf seine Machtposition bei Weitem diejenige seines eigenen Lehensherrn, des französischen Königs Robert des Frommen, mit dem er auch verschwägert war. Nach dem Tod Kaiser Heinrichs II. 1024 boten ihm die aufständischen Großen Italiens ihr Königreich, ja sogar die Kaiserkrone an, was sein hohes Ansehen in Europa deutlich vor Augen führt. Der Herzog lehnte es aber nach seinem dortigen Feldzug schon im Folgejahr in weiser Erkenntnis der verworrenen Lage ab, sich in diesem höchst riskanten italienischen Abenteuer weiter zu engagieren.

Da Wilhelm im Poitou seinen umfangreichsten Eigenbesitz hatte, residierte er in Poitiers. Als Idealbild eines mittelalterlichen Herrschers war er nicht nur von tiefer Frömmigkeit ergriffen, wie seine jährlichen Wallfahrten nach Rom, Santiago de Compostela oder Pilgerzielen in Frankreich zeigen, sondern er kümmerte sich auch eingehend um Kirchenfragen und Klöster. Mit dem Großabt Odilo von Cluny unterhielt er eine enge Freundschaft und förderte dessen aufstrebende klösterliche Reformrichtung. Die damals neu aufkommende Gottesfriedensbewegung, die unter anderem der allgemeinen Landplage adeligen

Fehdewesens ein Ende machen wollte, fand in ihm ebenfalls einen Unterstützer. Er scheint zudem eine, für einen Mann seiner Position, selten große Bildung erworben zu haben. Zahlreiche Gelehrte zog er an seinen Hof, wo er zudem eine Bibliothek aufgebaut und wissenschaftliche Dispute gefördert hatte. In seinen letzten Jahren beteiligte Wilhelm seinen ältesten Sohn an der Herrschaft, sodass er sich schließlich 1029 wie schon sein Vater und Großvater in ein Kloster zurückziehen konnte. Nur ein Jahr später starb er dort als Mönch.

Agnes dürfte ihren berühmten Vater kaum gekannt haben, da sie vermutlich erst kurz vor seinem Klostereintritt gezeugt worden war. Nach zwei Ehen, aus denen er schon überlebende Söhne und damit Nachfolger hatte, vermählte sich Wilhelm V. 1019 nochmals. Seine dritte und erheblich jüngere Ehefrau Agnes (um 995–1068) war eine Tochter Graf Otto Wilhelms von Burgund, dem mächtigsten Vasallen des burgundischen Königs. Sie schenkte ihm neben zwei weiteren Söhnen noch eine nach ihr benannte Tochter. Was Ehrgeiz, Machtwillen, aber auch Bildung, persönliche Frömmigkeit und Freigiebigkeit gegenüber Klöstern anging, scheint sie ihrem herzoglichen Gemahl durchaus ebenbürtig gewesen zu sein. Doch als ihr Mann 1030 starb, stand sie mit ihren drei minderjährigen Kindern zunächst ziemlich verlassen da. Für die Nachfolge im Herzogtum hatte ihr Gemahl bereits schon zu Lebzeiten seinen ältesten Sohn Wilhelm VI. den Dicken vorgesehen, sodass Agnes' Kinder leer ausgingen.

Doch resignierte sie als Witwe nicht einfach oder ging etwa gar nach Burgund zu ihrer Familie zurück, sondern setzte ihren ganzen Ehrgeiz daran, für ihre beiden kleinen Söhne zu kämpfen. Zur Durchsetzung ihrer hochgesteckten Ziele ging sie 1032 strategisch geschickt eine zweite Ehe mit Graf Gottfried Martell von Anjou ein, einem Vasallen ihres verstorbenen Mannes, der zudem noch deutlich jünger als sie war. Mit seinen Truppen nahm sie nun den Kampf um das Herzogtum Aquitanien auf. Schon 1033 konnte sie ihren Stiefsohn Herzog Wilhelm VI. gefangen nehmen und ließ ihn erst nach drei Jahren wieder frei.

Entmachtet und ohne Nachkommen starb er bereits 1036. Auch ihren Stiefsohn Odo aus der zweiten Ehe Wilhelms konnte sie beiseiteschieben. Agnes von Burgund herrschte nun als Regentin im Herzogtum Aquitanien und Poitou im Namen ihrer beiden eigenen Söhne, denen sie ein gewaltiges Erbe erkämpft hatte. Selbst als ihr Sohn Wilhelm VII. 1044 volljährig wurde, blieb sie weiter an der Macht. Nach dessen Tod 1058 konnte ihr zweiter Sohn als Wilhelm VIII. Nachfolger werden. Ihren zweiten Ehemann, den Grafen Gottfried Martell von Anjou, scheint Agnes von Burgund nur als Mittel zum Zweck benutzt und weitgehend von der Herrschaft in Aquitanien und Poitou ausgeschlossen zu haben. Die sich daraus entwickelnden Spannungen zwischen den Ehepartnern gipfelten ab 1049 in ihrer dauerhaften Trennung, der drei Jahre später die vermutlich von ihrem Mann angestrengte Scheidung folgte.

In typisch mittelalterlicher Mischung aus unerschrockenem Machtwillen und ängstlicher Vorsorge für das eigene Seelenheil gründete Agnes von Burgund gleich mehrere Klöster, darunter die berühmte Dreifaltigkeitsabtei in Vendôme. Wie ihr erster Mann hielt sie engen Kontakt mit Abt Odilo von Cluny, dessen Reformbewegung sie ebenfalls förderte. In eines dieser Klöster, die Benediktinerinnenabtei Notre-Dame in Saintes, zog sie sich ab 1060 zurück, nachdem ihr Sohn Wilhelm VIII. sie allmählich zur Durchsetzung seines eigenen Herrschaftsanspruchs vom Hof verdrängt hatte. Da sie aber keine Nonne geworden war, sondern nur ein allgemeines Gelübde eines frommen Lebens abgelegt hatte, versuchte sie von hier aus weiter, mit wechselndem Erfolg, Einfluss auf die Politik ihres Sohnes zu nehmen. Agnes von Burgund verstarb am 9. November 1068 in Saintes. In ihrem Testament hatte sie verfügt, dass sie wenigstens als Tote wieder in ihre alte Residenzstadt Poitiers zurückkehren wollte. Ihr Sohn erfüllte ihr diesen letzten Wunsch und ließ sie dort ehrenvoll in der von ihr gegründeten Abtei Saint-Nicolas beisetzen.

Hochzeit mit Hindernissen

Nachdem es Agnes von Burgund gelungen war, ihrem ältesten Sohn das Herzogtum Aquitanien und Poitou zu erkämpfen, konzentrierte sich ihr enormer Ehrgeiz darauf, ihre gleichnamige Tochter standesgemäß zu verheiraten. Es ist sehr bezeichnend für den starken Charakter dieser äußerst machtbewussten Fürstin, dass sie keinen geringeren Ehekandidaten als den deutschen König Heinrich III. ins Visier nahm, der seit Sommer 1038 ein junger Witwer und damit die begehrteste Partie in Europa war. Zum Gelingen dieses Eheprojekts, das ihr größter Triumph werden sollte, spielte sie gleich mehrere Strategien aus, um ans Ziel zu gelangen.

Ihre Tochter Agnes von Poitou, deren Geburtsjahr nicht bekannt ist, taucht erstmals 1031 in einer Urkunde ihres Stiefbruders Wilhelm VI. des Dicken auf, an dessen Hof sie wohl aufgezogen wurde. Hier scheint sie ihre Mutter auch nach ihrer Heirat im folgenden Jahr mit dem Grafen von Anjou weiterhin belassen zu haben. Vielleicht erhoffte sich Agnes von Burgund so für ihre Tochter eine bessere Erziehung als am kleineren Hof in Angers. Doch rasch geriet die kleine Agnes zwischen die Mühlräder der großen Politik, als ihre Mutter den Kampf um die Macht mit ihrem Stiefsohn begann. Wilhelm VI. scheint seine ihm anvertraute Stiefschwester als Geisel benutzt zu haben. Nachdem er 1033 von seiner Stiefmutter gefangen genommen worden war, blieb die kleine Agnes wohl als kostbares Pfand bei seiner Gattin Eustachia, die verzweifelt um die Rückkehr ihres Gemahls kämpfte. Erst nachdem Agnes von Burgund drei Jahre später bereit war, mit ihrem Stiefsohn Frieden zu schließen und ihn aus seiner Haft entließ, kehrte im Gegenzug ihre Tochter wieder zu ihr zurück. Wir können nur ahnen, was dieses innerfamiliäre machtpolitische Gezerre in der Seele des kleinen Mädchens angerichtet haben mag.

Zum Abschluss gebracht wurde das Eheprojekt zwischen König Heinrich III. und Agnes von Poitou wohl schon Pfingsten 1042. Damals sandte der Herrscher eine Gesandtschaft würdiger

Frauen und Männer des Hochadels unter Führung seines Cousins Bischof Brun von Würzburg nach Frankreich, die stellvertretend für ihn um die Hand der jungen Agnes werben sollten. Da ohne größere Verzögerungen der Ehevertrag und damit die Verlobung beschlossen werden konnte, scheinen entsprechende Verhandlungen vorausgegangen zu sein. Heinrich III. erkannte rasch das politische Potenzial, das ihm die junge Agnes vor allem über ihre burgundische Verwandtschaft bot. Heinrichs Vater Kaiser Konrad II. hatte aufgrund von Erbansprüchen seiner Gemahlin Gisela nach dem Tod des kinderlosen Königs Rudolf III. von Burgund, dessen Nichte sie war, das strategisch wichtige Nachbarland besetzt. Doch bedurfte es zweier Kriegszüge, um seinen Anspruch dort durchzusetzen, bevor er 1034 endgültig die burgundische Königskrone übernehmen konnte. Seinen Sohn und Mitkönig Heinrich III. ließ Konrad II. 1038 ebenfalls zum König von Burgund wählen und krönen, um die immer noch schwierige neue Herrschaft der salischen Dynastie dort zu bekräftigen, zumal Heinrich ein Großneffe des letzten burgundischen Königs war. Vermutlich nahm Agnes von Burgund an diesem Staatsakt teil und könnte schon damals ihr hochgestecktes Ziel einer Verheiratung ihrer Tochter mit Heinrich ins Auge gefasst haben.

Durch die Eheschließung mit Agnes von Poitou gewann Heinrich III. zwar keine Braut aus königlicher, aber immerhin herzoglicher Familie. Attraktiv wurde die Verbindung für ihn vor allem dadurch, dass sie seine immer noch unsichere Position in Burgund stärken konnte. Denn der Bruder seiner künftigen Schwiegermutter und damit Onkel seiner Braut, Graf Reginold, besaß als Hauptvasall des verstorbenen burgundischen Königs die Meinungsführerschaft unter den Großen des Landes. Vielleicht hatte ihm Agnes von Burgund jedoch zu viele Hoffnungen gemacht. Denn schon im Jahr nach der Hochzeit sollte Graf Reginold an der Spitze des burgundischen Aufstands gegen Heinrich stehen.

Für Agnes als Braut sprachen aus der Perspektive Heinrichs auch die Besitzungen ihrer Familie mütterlicherseits in Norditalien, die auf ihren Vorfahren König Berengar II. von Italien und seinen Sohn Adalbert zurückgingen (siehe Kapitel Kaiserin

Adelheid). Darüber hinaus war sie mit dem lothringischen Herzogshaus und den Grafen von Blois verwandt und nicht zuletzt Schwester des ganz Südwestfrankreich regierenden Herzogs von Aquitanien. Neben diesem dynastischen Beziehungsgeflecht entsprach sie auch was Alter, Gesundheit, Bildung, Intelligenz, Charakter, Ruf und Frömmigkeit betraf den Idealvorstellungen einer Herrschergemahlin.

Agnes' künftiger Ehemann, König Heinrich III., regierte nach dem Tod seines Vaters Konrad II. seit 1039 alleine das Reich. Bei der Verlobung mit Agnes von Poitou war er seit vier Jahren Witwer. Seine erste Ehe mit Gunhild, Tochter des Königs Knut von Dänemark, England, Schottland und Norwegen, die noch seine Eltern arrangiert hatten, dauerte gerade einmal zwei Jahre. Denn Gunhild, die in Deutschland wohl den Namen Kunigunde in Erinnerung an die erst wenige Jahre zuvor verstorbene Gemahlin Kaiser Heinrichs II. angenommen hatte, erlag auf dem zweiten Italienzug Konrads II. und Heinrichs III. 1038 einer Seuche. Das einzige gemeinsame Kind des Paares, Beatrix, das seinen Namen nach einer früh verstorbenen Schwester Heinrichs III. erhalten hatte, ließ der König schon ab dem Kleinkindalter im Damenstift Gandersheim aufziehen.

Auch wenn Gunhild eine mehr als standesgemäße Frau für einen deutschen König war, hatte Konrad II. für seinen Sohn und Nachfolger ursprünglich noch weit höher greifende Ehepläne. Unmittelbar nach der Rückkehr von seiner Kaiserkrönung sandte Konrad II. im Frühjahr 1028 eine Gesandtschaft an den byzantinischen Hof mit dem Ziel, eine oströmische Kaisertochter als Braut für den damals elfjährigen Heinrich zu gewinnen. Damit wollte er, wie schon bei der Brautwerbung Ottos des Großen für dessen Sohn, sein Kaisertum durch Ostrom bestätigen lassen. Die Verhandlungen zogen sich allerdings fast ein Jahr hin. Inzwischen hatte auf dem byzantinischen Thron ein Wechsel stattgefunden und der neue Herrscher Romanos Argyros konnte nur eine Schwester anbieten, die zudem noch verheiratet war und erst hätte geschieden werden müssen. Die deutsche Delegation brach daher die Eheverhandlungen ergebnislos ab.

Da der neue byzantinische Kaiser, Konstantin IX., seinen westlichen Kollegen aber nicht verärgern wollte, gab er der Gesandtschaft eine für mittelalterliche Verhältnisse wahrhaft herrscherliche Gabe mit, ein rund 30 Zentimeter langes Stück des Kreuzes Christi. Damit gelangte erstmals ein größerer Teil dieser Hauptreliquie der Christenheit in den Westen. Die generöse Gabe dürfte Konrad II. etwas über das misslungene Eheprojekt hinweggetröstet haben. Stolz ließ er die Reliquie in das von ihm zu Beginn seiner Herrschaft gestiftete salische Hauskloster Limburg an der Haardt verbringen, dessen Patrozinium daraufhin zu Heilig Kreuz wechselte. Der Leiter der deutschen Gesandtschaft, Graf Manegold von Donauwörth, erhielt von Kaiser Konrad für seine Verdienste Partikel der Reliquie, die heute noch in der Heilig-Kreuz-Kirche in Donauwörth verehrt werden, während der Limburger Schatz verloren ging.

Im April 1043 fand ein Treffen Heinrichs III. in Ivois an der Chiers nahe der damaligen, erheblich weiter westlich verlaufenden deutsch-französischen Grenze mit dem französischen König Heinrich I. statt, bei dem wohl letzte Probleme der künftigen Eheschließung mit einer Tochter bzw. Stieftochter eines seiner Vasallen beseitigt werden sollten. Der deutsche Heinrich wollte wohl bei seinem französischen Namensvetter dem Eindruck einer deutschen Einkreisungspolitik entgegenwirken, zumal das französische Königtum damals gegenüber seinen fast eigenmächtigen Vasallen in einer deutlich schwächeren Position war. Die beiden Könige waren nicht nur über ihren gemeinsamen Urahnen, den deutschen König Heinrich I., weitläufig verwandt, sondern beinahe Schwager geworden. Denn der französische König war zu Beginn seiner Herrschaft eine Verlobung mit der jüngeren Schwester Heinrichs III., Mathilde, eingegangen, die aber noch vor der Eheschließung 1034 verstarb und im Wormser Dom bestattet wurde. Anschließend hatte dieser eine Nichte des deutschen Königs geheiratet, um das angestrebte Bündnis zu festigen. Die beiden jungen Männer scheinen rasch zu einem guten Einvernehmen gekommen zu sein, sodass der deutsche König seine Ehepläne weiter verfolgen konnte.

Dass allerdings nicht alle von der geplanten Heirat Heinrichs III. mit Agnes von Poitou begeistert waren, beleuchtet schlaglichtartig einer der seltenen erhaltenen Briefe aus dieser Zeit. Immerhin der Abt des wichtigsten deutschen Zentrums der Klosterreform, des lothringischen Gorze nahe Metz, äußerte sich darin höchst abschätzig über die Brautwahl seines Herrschers. Zunächst lästerte er ausgiebig über die aus seiner Sicht verdorbenen Sitten und Modetorheiten der Franzosen, die nun durch die junge Braut aus dem Westen ungehindert den deutschen Königshof infizieren könnten. Denn im Gegensatz zu den körperverhüllenden, weich fließenden Gewändern der Damen des salischen Hofes herrschte im Herkunftsland der Braut, Aquitanien, eine schon mehr die weibliche Silhouette betonende Mode. Die unverheirateten jungen Frauen trugen ihre langen Haare offen und es gab erste Ansätze eines Dekolletés, was für Abt Siegfried anscheinend schon die sichere Eintrittskarte in die Hölle war. Vielleicht befürchtete er einen verderblichen Einfluss nicht nur auf die Damen, sondern ebenso auf die Männer des Hochadels. So rasierten sich in Frankreich – anders als im damaligen Deutschland – nicht nur die Kleriker, sondern auch die adeligen Herren. Die ersten Anfänge des Turnier- und Troubadourwesens dürften Abt Siegfried bei der Abfassung seines Briefes ebenfalls als Schreckensbild vor Augen gestanden haben.

Hätte Heinrich III. diese klerikale Nörgelei einfach achselzuckend ignorieren können, so traf ihn der zweite, weil erheblich gefährlichere Vorwurf des Abtes weitaus mehr. Denn offensichtlich waren Braut und Bräutigam aus kirchlicher Sicht unzulässig nah verwandt, was der Abt als eindeutiges Ehehindernis ansah. Schon Kaiser Heinrich II. hatte geradezu einen persönlichen Feldzug gegen Ehen unter nahen Verwandten geführt, die im Zuge der beginnenden Kirchenreform nun nicht mehr so einfach akzeptiert wurden. Heinrich III. und Agnes von Poitou waren tatsächlich über den deutschen König Heinrich I. im vierten Grad verwandt. Man kann sich vorstellen, wie schwierig und eng der Heiratsmarkt im Hochadel Europas im 11. Jahrhundert geworden war, wenn nur noch Ehen oberhalb des siebten Verwandtschaftsgrades von Kirchenseite aus akzeptiert wurden. War es doch das ganze Mittelalter hindurch Sitte, politische Koalitionen mit einem Ehebündnis zu besiegeln und den Einfluss der eigenen Dynastie durch möglichst vorteilhafte Heiraten unter Gleichrangigen zu mehren. Allerdings war strittig, wie die Verwandschaftsgrade gezählt werden sollten. Zudem war es mangels exakter Stammbäume oftmals unmöglich, die Herkunft über mehrere Generationen genau zurückzuverfolgen, sodass ein gewisser Interpretationsspielraum blieb. Empfänger des Brandbriefes ist ein weiterer bedeutender Reformabt der Salierzeit, Poppo von Stablo, der schon den Gründungskonvent im salischen Hauskloster Limburg an der Haardt installiert hatte. Poppo erwiderte dem Gorzer Abt, dass er den König auf das mögliche Ehehindernis schon aufmerksam gemacht hätte, woraufhin ihn dieser mit der Aufklärung des genauen Verwandtschaftsverhältnisses beauftragt habe.

Anscheinend stand der Gorzer Abt mit seiner ablehnenden Haltung nicht alleine da. Denn es dauerte immerhin beachtliche anderthalb Jahre, bis nach dem ersten Kontakt der beiden Familien tatsächlich die Hochzeit stattfand. Das Mindestalter der Braut von zwölf Jahren dürfte kein Hindernis gewesen sein, da Agnes dieses schon beim Erstkontakt knapp überschritten hatte. Vielleicht wollte man der jungen Braut erst einmal Gelegenheit geben, Grundkenntnisse in der deutschen Sprache zu erwerben, zumal sie wohl zu dieser Zeit am Hof ihres Onkels in Burgund lebte, das seit Konrad II. Teil des Reiches war. Zudem war die Mutter des Bräutigams erst im März 1043 im Speyerer Dom beerdigt worden, sodass ein pietätvoller Abstand für eine glanzvolle Hochzeit erforderlich war. Schon Weihnachten 1042 war Heinrich III. fest entschlossen, Agnes von Poitou zu heiraten, wies er doch damals das Angebot des Kiever Großfürsten zurück, eine seiner Töchter zu ehelichen.

Heinrich III. hielt auch trotz der ihm inzwischen eindeutig belegten nahen Verwandtschaft an seiner Braut fest. Um die Kritiker seitens der Kirche endgültig zum Schweigen zu bringen, bemühte er sich vermutlich um eine Ausnahmegenehmigung des Papstes. Im Spätsommer 1043 zog Erzbischof Hermann von Köln als Erzkanzler für Italien nach Rom zu Papst Benedikt IX., um die heikle und hochpolitische Angelegenheit im Sinne des deutschen Hofes zu regeln. Dort dürfte er ganz im Sinne Heinrichs III. dem Papst zudem eher die Sicht des salischen Hofes vorgetragen haben, dass die angeführte nahe Verwandtschaft wohl auf einem Missverständnis beruhe, obwohl man es am Königshof inzwischen hätte besser wissen müssen.

Die neue Königin

Nachdem König Heinrich III. seine erste Frau Gunhild von Dänemark 1036 noch unter der Herrschaft seines Vaters geheiratet hatte, wollte er jetzt als regierender König seine zweite Eheschließung entsprechend prunkvoller gestalten. Im Oktober 1043 zog der Sechsundzwanzigjährige seiner gerade einmal halb so alten Braut entgegen, mit der er in Besançon erstmals zusammentraf. Hier gaben beide am 1. November eine sogenannte Konsenserklärung ab. Dieser Rechtsakt, der zwischen Verlobung und Hochzeit stattfand, sollte die Freiwilligkeit der geplanten Eheschließung vor allem vonseiten der Braut garantieren, wie es von der Kirche zunehmend gefordert wurde. Besançon wurde nicht nur aufgrund seiner zentralen Lage als Ort der Übergabe der Braut gewählt. Stadt und Grafschaft hatte einst der Vater von Agnes von Burgund, Graf Otto Wilhelm von Burgund, geerbt. Indem Heinrich III. nun dessen Enkelin zur Gemahlin nahm, sollte so neben dem Erbanspruch seiner Mutter Gisela ein weiterer legitimierend hinzukommen. Ein anderer Punkt, der für Besançon sprach, war die Person des dortigen Erzbischofs Hugo von Salins. Dieser war nicht nur mit dem burgundischen Grafenhaus und damit mit der Braut verwandt, sondern unterstützte von Anfang an die umstrittene Angliederung Burgunds an das Reich, während sich die Grafen von Burgund eher für den Grafen von Blois als Nachfolger des letzten Königs aussprachen. Da der Graf von Blois Vasall des französischen Königs war, hätte seine Nachfolge in Burgund die

Zugehörigkeit des Landes zu Frankreich zur Folge gehabt. Schon 1041 erhob Heinrich III. den treuesten Sachverwalter der burgundischen Interessen der salischen Dynastie, Erzbischof Hugo von Salins, zum Erzkanzler für Burgund. So bedeutete die Entgegennahme der mit dem Erzbischof verwandten Braut des Königs in Besançon nicht nur eine politische Machtdemonstration Heinrichs III. für die Burgunder, sondern auch eine besondere Ehrerbietung für seinen Erzkanzler und Statthalter. Hier nahm auch Agnes von Burgund Abschied von ihrer Tochter und übergab sie in die Hände ihres künftigen Gemahls.

König Heinrich begleitete seine Braut ab Besançon und führte sie während der gemeinsamen Reise nach Mainz, dem für die Hochzeit vorgesehenen Ort, gleichsam ins Reich und in die Geschichte seiner Familie ein. Auch wenn leider keine Nachrichten bis zur dortigen Eheschließung drei Wochen später erhalten sind, liegt es nahe, dass der Hochzeitszug nicht über Lothringen, wo der größte Widerstand gegen diese Eheverbindung bestand, in den Rheingau zog. Vielmehr führte der König seine Braut wohl auf direktem Weg in die Kernlandschaft seiner salischen Familie an den Oberrhein. Mit Basel, das Kaiser Heinrich II. 1006 als ersten Teil Burgunds schon an das Reich gebracht hatte, war dann die Grenze zum deutschen Reichsgebiet erreicht. Falls nicht die schon von den Römern angelegte Straße entlang der Vogesen gewählt wurde, bot sich von Basel die Weiterfahrt per Schiff rheinabwärts als bequemes und schnellstes Fortbewegungsmittel an. Heinrich präsentierte so seiner Braut ihr gemeinsames Königreich gleich von der schönsten Seite. Galt doch die klimatisch außerordentlich begünstigte und sehr fruchtbare oberrheinische Tiefebene im Mittelalter gleichsam als Garten des Reiches. Bald schon war Straßburg und damit nach Basel schon die zweite Stadt als Sitz eines Reichsbischofs erreicht. Das sogenannte Reichskirchensystem, das seit Kaiser Otto I. ein zentraler Bestandteil der Herrschaftsausübung des deutschen Königs mit den Bischöfen als wichtigsten Helfern seiner Politik war, könnte hier der künftigen Königin eindrucksvoll vor Augen geführt worden sein.

Nahe der heutigen deutsch-französischen Grenze erreichte der Hochzeitszug mit der Abtei Selz das Grabkloster der Kaiserin Adelheid, der zweiten Gemahlin Kaiser Ottos I. Hier dürfte Agnes nicht nur vor dem Grab der machtbewussten wie frommen Frau gebetet haben, wo sich damals schon zahlreiche Wunder ereigneten und eine weitere neue Heilige der Ottonenfamilie zu erkennen gaben. Bedeutender für ihr späteres Schicksal dürfte der Bericht des Abtes gewesen sein, wie kraftvoll Adelheid zusammen mit ihrer Schwiegertochter Theophanu und nach deren frühem Tod nochmals alleine dem unmündigen Otto III. durch ihre fähige Regentschaft den Thron gesichert hatte.

Die nächste Etappe könnte schon Speyer gewesen sein, wo die gigantische Baustelle des Domes Macht und Bedeutung der neuen salischen Dynastie jedem vor Augen führte. Innerhalb der noch mitten im Bau befindlichen Kathedrale, vielleicht provisorisch geschützt durch eine Holzkapelle, lagen die Gräber der Stifter des Neubaus und Eltern ihres Bräutigams, Konrad II. und Gisela. Mitte Februar 1043 war die Kaiserin in Goslar verstorben. Daher wurde Agnes durch ihre Hochzeit gleich die erste Dame des Reiches und hatte so keine „Schonzeit" mehr zur Einarbeitung in ihre künftige Rolle, in der sie ihre Schwiegermutter ansonsten anfangs noch hätte vertreten können. Vielleicht führte der König seine Braut noch in die weniger als eine Tagesreise von Speyer entfernte Abtei Limburg an der Haardt, die seine Eltern 1025 anstelle der Stammburg der Salier gegründet hatten, um Gott für den Aufstieg der Dynastie auf den deutschen Thron zu danken. In der erst im Vorjahr vollendeten monumentalen Klosterkirche ruhte seit 1038 seine erste Gemahlin Gunhild. Auf halber Strecke zwischen Speyer und Mainz lag mit der Bischofsstadt Worms nicht nur eines der Zentren des Reiches, sondern auch der erste Herrschaftsmittelpunkt der salischen Familie. Im Dom konnte das Paar dann die Gräber der vor dem Chor bestatteten Vorfahren Heinrichs III. besuchen. Auch seine früh verstorbene Schwester Mathilde hatte hier noch 1034 als letzte Salierin ihr Grab gefunden.

Über Oppenheim, in dessen Nähe Konrad II. 1024 seine Wahl zum ersten König aus der Familie der Salier durchgesetzt hatte, gelangte der Hochzeitszug schließlich nach Mainz. Damals besaß die Stadt noch eine weitaus imposantere Silhouette als heute, wurde die mittelalterliche Metropole doch gleich von drei jeweils auf Hügeln gelegenen Klöstern und Stiften bekrönt, von denen heute allein noch die in gotischen Formen überkommene Stephanskirche übrig geblieben ist. Auf dem südlichsten Hügel erhob sich mit St. Alban die wichtigste Mainzer Abtei, die nicht nur einen hochverehrten Märtyrer, sondern auch die Gräber der Fastrada, einer der Gemahlinnen Karls des Großen, und dreier Kinder Kaiser Ottos des Großen barg. Agnes sollte hier in der wichtigsten Kirchenmetropole des Reiches durch den *Primas Germaniae*, den obersten Kirchenfürsten und Kanzler des Reiches, zur Königin geweiht, gesalbt und gekrönt werden. Damit brachte man zum Ausdruck, dass dem König nur eine ebenbürtige Gemahlin zugeführt werden konnte.

Heinrich hätte keinen glanzvolleren Rahmen für die Krönung seiner Braut auswählen können. Denn anstelle des heutigen Mainzer Domes aus dem 12. und frühen 13. Jahrhundert erhob sich damals ein wenige Jahre zuvor fertiggestellter Vorgängerbau von noch monumentaleren Ausmaßen. Mit seinem ausladenden Westquerhaus war die Säulenbasilika ein demonstrativer Nachbau von Alt-St.-Peter in Rom, wo der deutsche König traditionsgemäß die römische Kaiserkrone empfing. Willigis (975–1011), der mächtigste unter den Mainzer Kirchenfürsten, der drei Kaisern und zwei Regentinnen als wichtigster Helfer diente, hatte diesen gigantischen Bau anlegen lassen, um das Krönungsrecht und die Vorrangstellung des Mainzer Erzbischofs allen vor Augen zu führen. Arkadengänge verbanden den Dom mit der kleinen Vorgängerkathedrale im Westen, jetzt Stiftskirche Johannes des Täufers, und der neuen Marienkirche im Osten zu einer im deutschen Reich einzigartigen Gesamtanlage. Auch Lage und Patrozinium der Marienkirche, deren gotischer Nachfolgebau leider im frühen 19. Jahrhundert abgerissen wurde, verweisen auf den alten Petersdom. Denn die dortige, am Vorhof gelegene Marienkirche diente der Anlegung der kaiserlichen Gewänder und Insignien sowie der ersten Weihe vor der Kaiserkrönung.

Nachdem schon ihr Schwiegervater Konrad II. im noch unvollendeten Mainzer Dom gekrönt worden war, konnte sich im gerade fertiggestellten Bau die Krönung der neuen Königin umso prachtvoller entfalten. Das einzige erhaltene Ausstattungsstück des Willigis-Domes sind die heute im Marktportal eingebauten Türflügel aus massiver Bronze, die der Bauherr laut der noch sichtbaren Inschrift als erste Werke dieser Art nach den Bronzetüren Karls des Großen für dessen Aachener Pfalzkapelle anfertigen ließ. Ursprünglich befanden sie sich im Portal der Ostseite, sodass Agnes bei ihrer Krönung an ihnen vorüberschritt. Im Innern der Kathedrale blickte sie auf das über 300 Kilogramm schwere Goldkreuz, das Erzbischof Willigis aus dem ihm vom Kaiser verliehenen Tribut der Lombardei hatte herstellen lassen. Spätestens hier dürfte Agnes eine Ahnung vom Reichtum und der europäischen Vorrangstellung des deutschen Königtums bekommen haben. Den Krönungsakt vollzog Erzbischof Bardo von Mainz, ein Verwandter der verstorbenen Kaiserin Gisela, die dessen Wahl bei ihrem Mann durchgesetzt hatte. Vielleicht hatte die alte Kaiserin ihrem Sohn noch aufgetragen, seine Braut hier in Mainz krönen zu lassen. Denn damit wollte Gisela einen Makel ihrer eigenen Biografie ausmerzen. Erzbischof Aribo von Mainz hatte sich 1024 aufgrund übler Gerüchte über sie geweigert, sie zusammen mit Konrad II. zu krönen, was erst einige Wochen später durch den Kölner Erzbischof nachgeholt werden konnte.

Die Hochzeit feierte das Königspaar gleich anschließend Ende November in der nur wenige Kilometer von Mainz entfernten Pfalz Ingelheim. Die verkehrsgünstig mitten im lieblichen Rheingau nahe großer Jagdgebiete gelegene Pfalz bot einen großartigen Rahmen für die Feierlichkeiten. Karl der Große hatte die Pfalz im späten 8. Jahrhundert nach dem Vorbild spätantiker Paläste, vielleicht auch des antiken Kölner Forums, als monumentale Anlage mit einem großen, halbrunden, mit Säulenarkaden geschmückten Innenhof anlegen lassen. Auch die Detailformen waren überdeutlich antiken Vorbildern verpflichtet, da sich Karl der Große als Erneuerer des weströmischen Kaiserreichs verstand, in dessen Tradition sich auch alle seine Nachfolger befanden. Wer heute die spärlichen Ruinen inmitten des schlichten Dorfes besucht, kann sich nur noch schwer eine Vorstellung von diesem ungemein großen und prächtigen Palast machen, welcher der Aachener Pfalz in nichts nachstand. Allein die erhaltenen Umfassungsmauern der Königshalle, in der das Hochzeitsmahl von Heinrich und Agnes gefeiert wurde, lassen die unmittelalterliche, weil noch antike Großzügigkeit der Anlage ahnen. Später nutzten die Ottonen die zentral gelegene Ingelheimer Pfalz intensiv, während die Hochzeitsfeier des Jahres 1043 das letzte hier stattgefundene Großereignis war. Neben Lage und repräsentativen Baulichkeiten dürfte es noch einen weiteren Grund gegeben haben, die Hochzeitsfeier samt Hochzeitsnacht ausgerechnet hier abzuhalten. Denn damals galt die Ingelheimer Pfalz als Geburtsort Karls des Großen. Heinrich III. hoffte wohl, hier einen zweiten Karl zu zeugen.

Ein Leben unterwegs

Das Reisepensum des ersten gemeinsamen Jahres des Paares glich fast dem Umritt eines frisch gekrönten Königs durch sein Reich. Nach den mehrwöchigen Hochzeitsfeierlichkeiten zog das Paar mit dem Hof zunächst nach Trier, Sitz eines wichtigen Erzbistums des Reiches. Noch zahlreicher als heute ragten hier die Monumente der spätantiken Kaiserresidenz in den Himmel, die von Kaiser Konstantin dem Großen so machtvoll ausgebaut worden war. Dieser galt als erster christlicher Herrscher und damit neben Karl dem Großen als das zweite große Vorbild für einen mittelalterlichen Herrscher. Der spätantike Trierer Dom wurde im Mittelalter als Haus der heiligen Kaiserin Helena verehrt, der Mutter Konstantins, der man die Bekehrung ihres Sohnes zuschrieb. Als das Königspaar das Weihnachtsfest hier feierte, war die Erweiterung der Kathedrale zur heutigen Gestalt gerade begonnen worden. Da Trier als Aufenthaltsort des salischen Hofes ansonsten keine Rolle spielte, ist es als erster Reiseort des frisch vermählten Paares besonders bemerkenswert. Die Moselmetropole war Sitz des Erzbischofs für Lothringen, also jenes Gebietes des Reiches, aus dem die stärkste Kritik an Heinrichs Eheschließung mit Agnes gekommen war. So dürfte der Aufenthalt des Paares hier unmittelbar nach seiner Hochzeit mehr als Demonstration königlichen Selbstbewusstseins anzusehen sein. Heinrich wollte die Kritiker mit den geschaffenen Fakten konfrontieren, ging aber auch deutlich auf Versöhnungskurs. Denn er verkündete einen allgemeinen Frieden mit seinen Feinden und forderte diese auf, es ihm gleichzutun.

Im Januar 1044 sind beide mit dem Hof in Kaufungen bei Kassel bezeugt, wo Agnes noch das Grab ihrer großen, im Kloster schon als Heilige verehrten Amtsvorgängerin Kunigunde gesehen haben dürfte, da die Gebeine der Kaiserin vermutlich erst im frühen 12. Jahrhundert, wenn überhaupt, an die Seite ihres Mannes nach Bamberg überführt wurden. Agnes konnte hier von den Erzählungen der Nonnen über Kunigunde lernen, was es bedeutet, eine fromme Herrschergattin zu sein, die sich auch durch Schicksalschläge und Widrigkeiten nicht beugen und verbittern lässt. Heinrich hatte zudem gegenüber der verstorbenen Kaiserin und Kaufungen auch einiges gutzumachen, denn seine Eltern behandelten die Witwe Kaiser Heinrichs II. nach ihrem Herrschaftsantritt und der Übergabe der Reichsinsignien alles andere als nobel, indem sie ihr die Verfügungsgewalt über ihren bayerischen Besitz nahmen.

Im Februar ist das Königspaar im Damenstift Gandersheim nachweisbar. Neben Quedlinburg war es das zweite bedeutende Hauskloster der vorangegangenen ottonischen Dynastie. Der Besuch bedeutete für Agnes nicht nur eine weitere Facette in ihrem Bild des deutschen Herrschaftssystems, sondern besaß auch einen sehr persönlichen Aspekt, denn hier lebte Beatrix, das einzige Kind ihres Mannes aus seiner ersten Ehe mit Gunhild. Wie bei den Ottonen und Saliern üblich, bestimmten sie eine oder manchmal auch gleich mehrere ihrer Töchter als Geschenk an Gott und übergaben sie schon im Kindesalter zur

Erziehung an ihre künftige Wirkungsstätte. Da Damenstifte wie Gandersheim und Quedlinburg nur Mädchen des Hochadels aufnahmen, war für eine ihrem königlichen Rang entsprechende Umgebung und Erziehung hier bestens gesorgt. Die kleine Beatrix war damals beim Besuch ihres Vaters und ihrer neuen Stiefmutter zwar erst sechs Jahre alt, doch ließ sie der König gegen das Wahlrecht der Stiftsdamen zur Äbtissin des Reichsstiftes einsetzen, um ihr diese materiell höchst einträgliche und angesehene Spitzenposition zu sichern. Zudem sollte sie in dieser zentralen Einrichtung des sächsischen Hochadels seine Position stärken. Beatrix verstarb schon mit 24 Jahren und wurde im wichtigsten ottonischen Damenstift Quedlinburg begraben. Dort war sie als Nachfolgerin der Schwester Kaiser Ottos III. ebenfalls Äbtissin geworden, was ihre Einkünfte nochmals erheblich steigerte.

Agnes scheint sich mit ihrer Stieftochter gut verstanden zu haben. Denn sie unterstützte sie später in einem langwierigen Streit mit den Gandersheimer Stiftsdamen. Dieser hatte sich daran entzündet, dass Beatrix begann, Stiftsgüter als Lehen auszugeben, um salierfreundliche Adelige in Sachsen zu fördern. Die Kanonissen befürchteten dadurch eine deutliche Verringerung ihrer Einkünfte, der sächsische Hochadel aber eine Schwächung seiner Position. Insgesamt scheint sich hinter dem Streit ein Grundmisstrauen der sächsischen Stiftsdamen ihrer ihnen aufgezwungenen salischen Äbtissin gegenüber abzuzeichnen, zumal deren Vater Heinrich III. in Sachsen eine rigorose Politik ihren Familien gegenüber betrieb. Die Angelegenheit schlug höchste Wellen bis nach Rom, wohin Beatrix vor den deutschen Papst Viktor II. geladen wurde, der aber in ihrem Sinn entschied. Die Stiftsdamen ließen aber nicht locker, sodass sich Agnes in der Zeit ihrer späteren Regentschaft 1057 nochmals des schwierigen und heiklen Falls annehmen musste. Damals konnte sie aber den sächsischen Aufstand endgültig niederschlagen, sodass die Gandersheimer Damen vonseiten ihrer Familien wenig Rückhalt hatten. Auch die Legaten des neuen Papstes Stephan IX., die bei Agnes damals um dessen Anerkennung nachsuchten, waren gezwungenermaßen auf ihrer Seite, sodass sie einen Kompromiss im Sinne ihrer Stieftochter durchsetzen konnte.

Vom sächsischen Damenstift Gandersheim reiste der Hof im Frühjahr 1044 weiter zur wichtigsten Königspfalz in Sachsen, Goslar. Für Heinrich III. und Agnes sollte dieser Ort so etwas wie ihr „Heim" werden, das sie in ihrem mit dem Königsamt verbundenen Reiseleben bevorzugt aufsuchten. Insgesamt sind hier 22 Aufenthalte des Königspaares bezeugt, davon waren 18 sogar mit einem Hoftag verbunden. Schon Kaiser Heinrich II. scheint die Goslarer Pfalz angelegt und die damals bedeutendsten deutschen Silberbergwerke im benachbarten Rammelsberg weiter ausgebaut zu haben. Zudem waren die strategische Lage im immer noch unruhigen Sachsen und die Verkehrsverbindungen hervorragend. In den folgenden fünf Jahren ließen Heinrich III. und Agnes die Pfalzanlage größer und repräsentativer neu errichten. Neben der Pfalz gründete der König ein Stift, dessen Kirche er 1051 den Heiligen Simon und Juda weihte, an deren Festtag, dem 28. Oktober, er 1017 geboren worden war. Neben der Abteikirche Limburg und dem Speyerer Dom wurde sie zur dritten Hauskirche der Salier. Wer hier zum Stiftsgeistlichen berufen wurde, hatte einen ersten wichtigen Karriereschritt hinter sich gebracht. Denn König und Königin wählten aus ihrem Kreis einen Teil ihrer Hofgeistlichkeit aus, von denen sie später nicht wenige zu Bischöfen befördern konnten. Während die der Limburg ähnliche Stiftskirche im frühen 19. Jahrhundert bis auf die Vorhalle mit dem romanischen Thron abgerissen wurde, blieb das in staufischer Zeit umgebaute und mit Kapellen erweiterte zentrale Wohn- und Repräsentationsgebäude Heinrichs III., das sogenannte Kaiserhaus, bis heute erhalten. Allerdings ließ es der preußische Staat nach der Reichsgründung 1871 als Denkmal des mittelalterlichen Kaisertums restaurieren und mit monumentalen Fresken schmücken.

Im April 1044 ist der Hof in der Pfalz Nimwegen nachweisbar, die schon Karl der Große im Grenzgebiet der Franken, Friesen und Sachsen nahe der Aufgabelung des Rheins errichtet hatte. In ihrer Pracht stand sie den Pfalzen in Aachen und Ingelheim in nichts nach. Konrad II. hatte sich hier öfter aufgehalten. Sein Sohn Heinrich III. besaß ganz persönliche Erinnerungen an diesen Ort, fand in Nimwegen doch im Sommer 1036 die Hochzeit mit seiner ersten Frau Gunhild statt. Bei seinem Besuch im Frühjahr 1044 konnte das Königspaar nicht ahnen, dass diese Pfalz nur drei Jahre später in den Kämpfen mit dem Herzog von Niederlothringen zerstört werden sollte. Heinrich III. ließ als Ersatz zusammen mit Agnes die Pfalz Kaiserswerth, heute ein Stadtteil von Düsseldorf, anlegen. Wer das Gelände der Pfalz Nimwegen besucht, wird aus der Salierzeit allein noch den Zentralbau der Nikolauskapelle entdecken, der ein vereinfachter Nachbau der Aachener Pfalzkapelle Karls des Großen ist.

Von Nimwegen aus scheint der Hof rheinaufwärts gezogen zu sein, da er im Mai in Worms nachweisbar ist. Die alte Salierstadt hatte sich im frühen 11. Jahrhundert unter ihrem großen Bischof Burchard nicht nur mit einem über 100 Meter langen Domneubau geschmückt, sondern mit diesem als Zentrum ein Kreuz aus vier weiteren Kirchen erhalten. Dieser Bischof war es auch gewesen, der sich seine Zustimmung zur Wahl des Ottonen Heinrich II. von diesem dadurch erkaufen ließ, dass er die lästige Konkurrenz der Salier um die Stadtherrschaft verdrängen konnte. Sogleich ließ Burchard deren Stadtburg niederreißen und auf ihren Mauern das Stift St. Paul erbauen. Im staufischen Dom markieren bis heute die Gräber der salischen Vorfahren vor dem Chor den hohen Rang dieser mit den Ottonen verwandten fränkischen Hochadelsdynastie, die es schließlich mit dem Vater Heinrichs, Konrad II., 1024 endgültig auf den deutschen Thron geschafft hatte.

Im Juni hielt sich das Königspaar mit dem Hof in der alten bayerischen Hauptstadt Regensburg auf, da Heinrich seinen dritten Ungarnfeldzug vorbereitete. Diese damals mit Abstand bedeutendste Stadt Süddeutschlands, die zudem ein wichtiges kirchliches Reformzentrum zu dieser Zeit war, sollte im weiteren Leben von Agnes noch eine wichtige Rolle spielen.

Der nächste belegte Aufenthalt des Hofes ist im August Merseburg in Sachsen, das Heinrich II. und Kunigunde als Bischofssitz nach zwischenzeitlicher Auflösung neu eingerichtet hatten. Im September ist das Königspaar im Westen des Reiches, in Aachen, nachweisbar. Nach Ingelheim und Nimwegen konnte Agnes hier die dritte große Pfalz Karls des Großen kennenlernen, die ganz nach spätantiken Vorbildern ausgerichtet war. Schon damals dürfte die Gestalt des in der Pfalzkapelle begrabenen großen Karolingers legendär und zum Maßstab aller deutschen Könige geworden sein. Neben dem Karlsgrab und der benachbarten Grablege Kaiser Ottos III. werden die Stiftsherren Agnes auch den Thron Karls gezeigt haben, den Erzstuhl des Reiches. Nachdem Otto I. die Aachener Pfalzkapelle als Ort der Königskrönung etabliert hatte, musste ihn jeder neue deutsche König zum Abschluss der Zeremonie besteigen. Sicher bewunderte Agnes neben der ungewöhnlichen Architektur auch die ungemein prachtvolle Ausstattung der Pfalzkapelle, die durch Heinrich II. mit der goldenen Altartafel und dem Ambo wahrhaft königliche Geschenke erhalten hatte. Als fromme Herrscherin wird sie ferner den durch Karl den Großen für seine Pfalzkapelle in Jerusalem besorgten Reliquien Verehrung gezeigt haben.

Das zweite gemeinsame Weihnachtsfest beging das junge Paar schließlich in Speyer. Hier bot sich als Rahmen für die feierliche Liturgie das von Konrad II. gegründete Johannesstift an, da der von ihm 1025/30 begonnene gewaltige Domneubau noch lange nicht fertiggestellt war. Heinrich III. setzte sich zeit seines Lebens energisch für den Weiterbau der Kathedrale nach dem Tod seiner Eltern ein. Da er großzügig Geldmittel zur Verfügung stellte, waren damals die Mauern schon 20 Meter in die Höhe gewachsen. Wie Bauuntersuchungen ergaben, ließ Heinrich III. die ursprünglich geplante Länge der Kathedrale um einiges erweitern, damit der Speyerer Dom zur größten Kirche der Christenheit werden sollte, die auch mit ihrer bisher nicht gekannten Raumhöhe von über 33 Metern völlig neue Maßstäbe setzte. Um die roten Sandsteine aus den über 30 Kilometer entfernten Brüchen des Pfälzer Waldes am Haardtrand schneller und einfacher nach Speyer transportieren zu können, legten die Architekten eigens einen Kanal parallel zum Speyerbach an, auf dem die Flöße zur größten Baustelle Europas gezogen werden konnten.

Agnes konnte damals schon die vollendete riesige Krypta sehen, die den kaiserlichen Maßstab des gesamten Domes schon vorwegnahm, und sich als gewaltige Unterkirche nicht nur unter dem Chor, sondern auch dem gesamten Querhaus erstreckte. Aus ihrer Heimat kannte sie zwar eine qualitätvolle romanische Baukultur, doch in solchen Dimensionen hatte sie so etwas noch nicht gesehen. Hallenartig weite Seitenschiffe und stadttorgroße Arkaden und Obergadenfenster sowie eine völlig neuartige Skelettbauweise erregten sicherlich nicht nur ihr Staunen. Schon hier oder bei den späteren Speyer-Aufenthalten mit ihrem Mann scheint sie dieser mit der Finanzierung und dem Endziel der Planungen vertraut gemacht zu haben. Mit dem Speyerer Dombauprojekt schuf sich die salische Dynastie nicht nur eine wahrhaft kaiserliche Grablege und ein einzigartiges Prestigeobjekt. Vielmehr galt der gewaltige Aufwand des Neubaus in erster Linie als Ehrbezeugung der Salier an die persönliche Schutzpatronin der Familie, die Gottesmutter Maria, welcher der Speyerer Dom geweiht war. Ihrer Hilfe hatten Konrad II. und seine Gemahlin Gisela den überraschend reibungslosen und schnellen Übergang der Krone auf ihre Dynastie zugeschrieben.

Königin und Kaiserin

Auch im folgenden Jahr 1045 setzte das Herrscherpaar mit seinem Hof die anstrengende Reiseherrschaft fort, diesmal zwischen den Eckpunkten Zürich, Regensburg, Köln, Speyer und Goslar. Gerade die körperliche Leistung der jungen Agnes kann hier nur bewundert werden, wurde sie doch zu Beginn des Jahres erstmals schwanger. Ihr Kind brachte sie im Herbst in Goslar auf die Welt. Doch schon kurze Zeit später ist sie pflichtbewusst wieder an der Seite ihres Mannes unterwegs. Das erste Kind des Paares war noch nicht der erhoffte Thronerbe, sondern „nur" ein Mädchen, das sie Adelheid nannten. Benannt wurde es wohl nicht nach der großen Kaiserin und Regentin der Ottonenzeit, sondern der damals bei ihrem Stift Öhringen lebenden Großmutter Heinrichs väterlicherseits. Wie schon für seine erste Tochter Beatrix bestimmte der König auch für dieses Mädchen eine geistliche Laufbahn. Sie kam bald zu ihrer Halbschwester in das Damenstift Gandersheim, wo sie ihr nach deren Tod 1061 dort und in Quedlinburg als Äbtissin nachfolgte. Adelheid verstarb erst 1096 und fand wunschgemäß ihr Grab in der Quedlinburger Stiftskirche.

Zum Weihnachtsfest des Jahres 1045 kehrte die junge Familie wieder nach Goslar zurück. Zur großen Freude von Agnes bekam sie dort Besuch von ihrer Mutter, die sie seit zwei Jahren nicht mehr gesehen hatte. Agnes von Burgund konnte in der Goslarer Pfalz nicht nur ihre Tochter, sondern auch ihr erstes Enkelkind in die Arme schließen. Da ihr Sohn Herzog Wilhelm VII. von Aquitanien im Jahr zuvor mündig geworden war und einen Teil der Regierungsverantwortung übernahm, leistete sich Agnes von Burgund vermutlich nicht nur einen Kurzbesuch. Vielleicht begleitete sie ihre Tochter sogar über ein Jahr lang, denn mit der für Ende 1046 geplanten Kaiserkrönung in Rom stand ein einmaliges Ereignis an, das sie unbedingt miterleben wollte.

Im Sommer des Jahres 1046 fand jedoch zunächst ein anderer wichtiger Vorgang im Leben der Königin statt. Denn weder am Morgen nach der Hochzeitsnacht noch in den bisherigen zweieinhalb Jahren ihrer Ehe hatte Agnes eine standesgemäße materielle Ausstattung für die Zeit ihrer Witwenschaft, die sogenannte Morgengabe, erhalten. Dies jedoch nicht weil Heinrich III. zu knausrig gewesen wäre, sondern ganz im Gegenteil, weil er seiner zweiten Gemahlin als regierender König besonders umfangreiche Güter überschreiben wollte. Für Agnes hatte er die Güter der Markgrafen von Meißen vorgesehen, die nun mit Ekkehard II. gerade ausgestorben waren. Das Herrscherpaar unternahm daher im Sommer 1046 eine regelrechte Rundreise durch Sachsen, um vor Ort jeweils die notwendigen Urkunden auszustellen und die Güter durch Agnes in Besitz zu nehmen. Diese

Güterumschreibung scheint vor allem zulasten kirchlicher Gemeinschaften gegangen zu sein, die eigentlich das Anrecht auf das umfangreiche Erbe gehabt hätten. Die Königin sollte dieses Unrecht später aber wieder rückgängig machen. Agnes erhielt in den folgenden Jahren immer wieder Besitzungen von ihrem Mann überschrieben, gerade nach besonderen familiären Ereignissen wie bei der Geburt eines Kindes oder wenn dieses wieder den königlichen Haushalt verließ. Auf einem Hoftag Ende Juni in Merseburg versorgte der König noch seine Tochter aus erster Ehe standesgemäß, indem er die achtjährige Beatrix auch zur Äbtissin von Quedlinburg weihen ließ, die somit den beiden wichtigsten und reichsten ottonischen Damenstiften vorstand.

Der Romzug sammelte sich Anfang September 1046 in Augsburg, dem traditionellen Abreiseort des deutschen Königs für ein solches Unternehmen. Hier feierten der Hof und die mitziehenden Großen des Reiches noch das Hochfest Maria Geburt am 8. September, um die nicht ungefährliche Reise unter den Schutz der Gottesmutter und Schutzheiligen der salischen Dynastie zu stellen. Auch der Speyerer Dom und damit zugleich dessen Patronin erhielten damals größere Schenkungen. In den in Augsburg ausgefertigten Urkunden empfahl sich das Herrscherpaar samt Familie dem Seelenheilgedenken des Speyerer Domkapitels. Schon Anfang Oktober gelangte der beeindruckend umfangreiche Krönungszug nach dem geglückten Alpenübergang nach Verona. In Pavia, der nächsten Reisestation, hielt der König an seinem Geburtstag, dem 28. Oktober, eine Synode ab, um sich auch in seinem italienischen Reichsteil als tatkräftiger Herrscher und Stellvertreter Christi auf Erden zu beweisen. Papst Gregor VI. zog dem Herrscherpaar bis Piacenza entgegen, um dort die genauen Modalitäten der Krönung zu besprechen. Doch erst nach diesem anscheinend wohlwollend beendeten Treffen dürften Heinrich und Agnes informiert worden sein, dass der Papst sein Amt von seinem Vorgänger schlicht und ergreifend gekauft hatte.

Der tieffromme König, der seine besondere Rolle als Vermittler zwischen Gott und den Menschen sehr ernst nahm, dürfte darüber ziemlich entsetzt gewesen sein. Denn der Kauf eines geistlichen Amtes (Simonie), egal ob Priester, Bischof oder Papst, galt zunehmend als schwere Sünde. Eine Kaiserkrönung durch einen der Simonie beschuldigten Papst hätte nicht nur die ganze Zeremonie entweiht und wertlos gemacht, sondern Heinrich und Agnes selbst mit großer Sünde befleckt. Der König ließ umgehend von seinen Hofgeistlichen weitere Erkundigungen einholen, die das niederschmetternde Ergebnis brachten, dass auch noch die beiden lebenden Vorgänger Gregors VI. weiterhin als Päpste auftraten, somit ein Schisma innerhalb der Kirche aufgetreten war. Aufgrund seines Selbstverständnisses als Stellvertreter Christi auf Erden berief Heinrich daher für den 20. Dezember 1046 eine Synode in Sutri, das zwei Tagesreisen nördlich von Rom lag, zur Klärung dieses unhaltbaren Zustands ein. Ganz nach seinen Wünschen wurden dort alle drei Päpste ihres Amtes enthoben. Über den abgesetzten Gregor VI. war der König so zornig, dass er ihn sofort als Gefangenen über die Alpen bringen und in Köln inhaftieren ließ. Vier Tage später zog der Krönungszug glanzvoll in Rom ein. Doch war Heinrich noch nicht in Feierlaune, galt es doch, am gleichen Tag noch einen neuen Papst wählen zu lassen. Der König setzte mit Bischof Suidger von Bamberg als Papst Clemens II. einen der Simonie unverdächtigen, ihm treu ergebenen Reichsbischof auf den Thron Petri. Auch die folgenden drei Päpste ließ Heinrich III. aus dem Kreis seiner Reichsbischöfe rekrutieren, um das hohe Amt aus dem unwürdigen Geschacher der stadtrömischen Adelscliquen herauszuhalten. Damit legte der König die Grundlagen für das Erstarken des Reformpapsttums, das seinem Sohn und Erben Heinrich IV. so enorme Schwierigkeiten bereiten sollte. Der deutsche Papst Clemens II. wurde am 25. Dezember 1046 inthronisiert. Nach dieser prachtvollen Zeremonie trat das Herrscherpaar vor den Altar und wurde von Clemens zu Kaiser und Kaiserin gekrönt. Der Termin war von Heinrich ganz bewusst gewählt worden, hatte doch das Vorbild aller deutschen Könige, Karl der Große, im Jahr 800 ebenfalls an Weihnachten im Petersdom die Kaiserwürde erhalten.

Agnes war bei der Krönung schon unübersehbar wieder schwanger. Mit ihrer Mutter, die an der Zeremonie im Petersdom teilgenommen hatte, reiste sie Anfang des Jahres 1047 von Rom aus sogar noch zum Monte Gargano, um an diesem Hauptheiligtum des Erzengels Michael um die Geburt eines gesunden Thronfolgers zu beten. Ihre Mutter begleitete sie anschließend nach Ravenna, wo die Kaiserin im Frühjahr ihre Tochter Gisela zur Welt brachte. Das Mädchen hatte seinen Namen nach der Mutter Heinrichs III. erhalten. Der Kaiser konnte erst im April in Ravenna das neue Familienmitglied begrüßen, da er unmittelbar nach der Krönung von Rom aus nach Unteritalien gezogen war. Nun brach der Hof wieder auf, um in das Reich zurückzukehren. Unterwegs dürfte sich Agnes von ihrer Mutter verabschiedet haben, die nun nach Poitiers zurückkehrte. Ende Mai traf die Reisegesellschaft in Augsburg ein. Da der dortige Bischof inzwischen gestorben war, setzte der Kaiser hier einen seiner Hofgeistlichen mit Namen Heinrich ein, der im weiteren Leben seiner Frau noch eine verhängnisvolle Rolle spielen sollte.

Im Herbst des Jahres 1048 brachte Agnes ihre dritte Tochter Mathilde in der Pfalz Pöhlde zur Welt. Namensgeberin dürfte wohl die inzwischen als Heilige verehrte Gemahlin König Heinrichs I. gewesen sein. Auch eine jung verstorbene Schwester Heinrichs III. trug diesen Namen, der so wieder innerhalb der salischen Familie auflebte. Vielleicht war die Schwangerschaft der Kaiserin diesmal schwieriger als bei ihren ersten beiden Kindern, worauf einige Seelenheilstiftungen Heinrichs III. für seine Gemahlin in dieser Zeit hindeuten könnten.

Erst nach knapp siebenjähriger Ehe wurde dem Herrscherpaar am 11. November 1050 in der Goslarer Pfalz ein Sohn und Thronerbe geschenkt. Zunächst war für ihn der Name Konrad nach seinem kaiserlichen Großvater vorgesehen, doch schwenkten die Eltern einige Zeit später zu Heinrich um, damit der Gedanke der gewünschten Erbfolge stärker zum Tragen kam. Schon am darauffolgenden Weihnachtsfest ließ der Kaiser die anwesenden Reichsfürsten seinem neugeborenen Sohn die Treue schwören. Denn Heinrich III. war im Herbst noch vor dessen Geburt bei einem Polenfeldzug schwer erkrankt, was ihm deutlich vor Augen geführt haben mag, dass auch sein Leben ganz plötzlich zu Ende gehen könnte. Mit der Taufe des kleinen Heinrich ließ sich das Herrscherpaar aber ungewöhnlich viel Zeit, denn sie fand erst am 31. März 1051 in Köln statt, vermutlich, weil man aus ihr ein möglichst prachtvolles Fest machen wollte. Wohl auf Wunsch und Vermittlung der Kaiserin Agnes bzw. deren Mutter konnte kein Geringerer als der Großabt Hugo von Cluny als Taufpate gewonnen werden. Zu ihm sollte der spätere Heinrich IV. lebenslang ein gutes Verhältnis haben, sodass er ihn selbst in seiner tiefsten Notlage beim berühmten Canossagang als Vermittler und Helfer herbeirufen konnte. Anfang Juli feierte das Kaiserpaar mit der Weihe der Stiftskirche St. Simon und Juda in Goslar die Vollendung ihrer Lieblingspfalz, das im ruhelosen Reiseleben der beiden ein fester Ankerpunkt war.

Im Herbst des folgenden Jahres brachte die Kaiserin in Regensburg 1052 ihren zweiten Sohn zur Welt, der nun nach seinem Großvater tatsächlich den Namen Konrad erhielt. Auch in der Zeit dieser Schwangerschaft machte Heinrich einige Stiftungen für das Seelenheil seiner Gemahlin, damit Gott ihr beistand. Es könnte sein, dass Agnes am Ende ihrer Schwangerschaft ganz bewusst nach Regensburg, der damaligen Hauptstadt des Herzogtums Bayern, gereist war, um dort ihrem Kind das Leben zu schenken. Denn der Kaiser setzte bereits 1054 den erst Zweijährigen zum Herzog von Bayern ein, doch starb der kleine Konrad schon 1055. Nach der Geburt ihres zweiten Sohnes in Regensburg konnte sich Agnes nicht lange erholen, traf doch kurz darauf der deutsche Papst Leo IX. in Regensburg ein. In einem feierlichen Staatsakt erhob er im Beisein des Kaiserpaares und des bayerischen Hochadels die heiligen Bischöfe Wolfgang und Erhard zur Ehre der Altäre. Mit dem Papst zogen Heinrich und Agnes nun einige Wochen durch das Reich und verbrachten mit ihm das Weihnachtsfest in Worms. Das Kaiserpaar arbeitete eng und vertrauensvoll mit diesem ersten Reisepapst der Geschichte zusammen, der unterwegs unermüdlich versuchte, die Ziele der Kirchenreform vor Ort durchzusetzen. Der Kaiser hatte mit Leo IX. nicht nur einen seiner vertrauten Reichsbischöfe, sondern auch einen Verwandten auf den Papstthron gebracht.

Im Sommer des Jahres 1054 kam die Kaiserin mit einer vierten Tochter, Judith, nieder. Bedingt durch Schwangerschaft und Geburt dürfte die Kaiserin im Sommer 1054 ihren Gemahl nicht nach Aachen begleitet haben, wo dieser ihren dreieinhalbjährigen Sohn zum Mitkönig Heinrich IV. krönen ließ, nachdem er diesen schon ein Jahr zuvor in Trebur von den Großen des Reiches hatte wählen lassen. Der Staatsakt fand am 17. Juli und damit am Weihetag der Aachener Pfalzkapelle Karls des Großen statt, dem so besondere Ehre erwiesen wurde. Es ist überdeutlich zu spüren, wie stark der Kaiser besorgt war, seinen kleinen Sohn zum unbestrittenen Nachfolger aufzubauen, um das Wahlrecht der deutschen Reichsfürsten „auszuhebeln".

Auf der Rückreise vom zweiten gemeinsamen Italienzug des Herrscherpaares, der fast das ganze Jahr 1055 dauerte, nahmen sie die fünfjährige Bertha von Turin als Verlobte des kleinen Heinrich mit über die Alpen. Noch während der Italienreise war der gerade einmal dreijährige Sohn Konrad gestorben. An seiner Stelle setzte der Kaiser nun 1056 seine Gemahlin als Herzogin von Bayern ein, um die Kontrolle über diesen wichtigen Reichsteil zu behalten, ein in der deutschen Geschichte einmaliger Vorgang! Heinrich III. wertete damit die Position der Kaiserin als Mitherrscherin deutlich auf. Zudem brachte ihr der Besitz Bayerns eine enorme Einkommenssteigerung.

Anfang September 1056 traf der neue Papst Viktor II., wiederum ein deutscher Reichsbischof, in Goslar ein und begleitete das Herrscherpaar zu einem mehrwöchigen, frühherbstlichen Jagdaufenthalt in die Pfalz Bodfeld im Harz. Doch ein schwerer Schicksalschlag sollte die heiteren Tage dort abrupt beenden.

Regentin mit „männlicher Kraft"

Ganz überraschend verstarb Kaiser Heinrich III. am 5. Oktober 1056 mit nur 39 Jahren in der Pfalz Bodfeld. Agnes, die am Sterbebett ihres Mannes gestanden hatte, musste Trauer und Verzweiflung unterdrücken, um sich einigermaßen zu fassen, denn es galt, die letzten klaren Minuten seines Lebens zu nutzen, um die Anweisungen des Kaisers für die Fortführung der Reichsregierung entgegenzunehmen. Da der Thronerbe noch ein Kind war, war die Gefahr mit Händen zu greifen, dass Unruhen ausbrechen und andere ihre Ansprüche auf die Herrschaft anmelden würden. Der Kaiser hinterließ seinem Sohn das Reich in einem höchst gefährdeten Zustand, hatte er doch durch die zunehmend selbstherrliche Art und Weise seiner Regierung viele Reichsfürsten verprellt. Auch war es ihm nicht gelungen, die großen Unruheherde in Sachsen und Ungarn zu befrieden. Ein Glücksfall für Agnes war die Anwesenheit Papst Viktors II. beim Tod ihres Mannes. Dieser hatte erst im vorhergehenden Jahr durch Heinrich III., dem er zuvor als Bischof von Eichstätt treu gedient hatte, den Papstthron bestiegen. Auf Wunsch des Sterbenden nahm er zusammen mit der Kaiserin entschlossen die große Aufgabe in Angriff, dem Kind Heinrich IV. den Thron zu sichern und einen möglichst reibungslosen Übergang zu gestalten.

Doch zunächst galt es, den toten Kaiser würdig zu bestatten. In der Stiftskirche der Goslarer Pfalz wurden Herz und Eingeweide begraben, bevor der Leichnam auf seinen langen Weg nach Speyer gehen konnte. Noch heute hält ein gotisches Hochgrab Heinrichs III., das die Eingeweide birgt und sich jetzt in der Goslaer Pfalzkapelle St. Ulrich befindet, die Erinnerung daran wach, dass der Kaiser diesen Ort besonders liebte. Der sicherlich eindrucksvolle Trauerzug quer durch Deutschland, der von Kaiserin, Thronerbe und Papst angeführt wurde, traf schließlich noch Ende des gleichen Monats in Speyer ein. Denn die Kaiserinwitwe hatte als Bestattungstag ihres Mannes den 28. Oktober, seinen Geburtstag, gewählt. Wie er es gewünscht hatte, fand er sein Grab an der Seite seiner Eltern vor der Vierung des Domes. Heinrich III. hatte den von seinen Eltern begonnenen ehrgeizigen Dombau während seiner Herrschaft energisch vorangetrieben, doch konnte er die Vollendung des romanischen Riesenbaus nicht mehr erleben. Allerdings dürften Chor und östliches Langhaus bei seinem Tod weitgehend fertiggestellt gewesen sein, da seine Witwe nur fünf Jahre später die Schlussweihe vornehmen lassen konnte. Hauptzweck des gigantischen Domneubaus war die bestmögliche Absicherung des Seelenheils der Stifter. Daher ist es verständlich, warum es am Osterfest 1052 zu einem Eklat zwischen Heinrich III. und dem Speyerer Bischof gekommen war. Der Kaiser musste empört feststellen, dass die Grabstelle seiner Eltern unwürdig eng und ohne zugeordneten Altar zwischen den Kryptatreppen angelegt worden war, und verließ zornig den Dom. Nachdem daraufhin die Kryptatreppen in die Seitenschiffe verlegt worden waren, wo sie sich noch heute befinden, entstand nun eine der größten Grabanlagen, die das Mittelalter kannte. Das ganze östliche Drittel des Mittelschiffes wurde eine Stufe tiefer gelegt sowie durch eine Brüstung abgeteilt und nun hinter den Stiftergräbern der Kreuzaltar aufgerichtet, an dem die Seelenmessen gefeiert werden konnten. Vermutlich plante Heinrich III. schon damals, sich einst an der Seite seiner Eltern bestatten zu lassen und damit den Dom zu Speyer endgültig als Hauskirche und Grablege der Salier zu etablieren. Durch die Erweiterung der Grablege unter Heinrich III. entstand der sogenannte Königschor, ein eigenständiger liturgischer Bereich, der allein dem Totengedenken der hier bestatteten Kaiser und Kaiserinnen dienen sollte. Schon damals könnten sich hier schon die sogenannten Stühlbrüder versammelt haben, deren einzige Aufgabe es war, täglich für das Seelenheil der Salier zu beten.

Kaiserin Agnes scheint anlässlich der Domweihe 1061 den Königschor nochmals verändert zu haben. Denn die vorher im Boden ohne eigene Grabplatten eingelassenen Gräber ihrer Schwiegereltern und ihres Mannes wurden nun durch Aufmauerung deutlich kenntlich gemacht. Bis zu ihrem Weggang nach Rom versuchte Agnes immer, sich am Sterbe- oder am Geburtstag ihres verstorbenen Mannes in Speyer aufzuhalten, um für sein Seelenheil zu beten und die feierliche Gestaltung des liturgischen Totengedenkens zu überwachen. Vermutlich galt damals auch schon der erst bei Heinrich V. bezeugte Brauch, dass sich alle Speyerer Bürger am Sterbe- und Gedächtnistag des jeweiligen Herrschers mit Kerzen zum Dom zu begeben hatten, um für das Seelenheil des hier bestatteten Toten zu beten.

Agnes blieb nach der Bestattung ihres Mannes wenig Zeit zur Trauer, doch gibt immerhin ein Brief der Kaiserin an Abt Hugo von Cluny Auskunft über ihre deprimierte Seelenlage und die Last der großen Verantwortung. Zusammen mit Papst Viktor II. zog sie von Speyer eilig nach Aachen, um vom Oberhaupt der Kirche ihren Sohn nochmals zum deutschen König krönen zu lassen. Die Wiederholung der schon zweieinhalb Jahre zuvor vollzogenen Krönung des Kindes sollte aller Welt deutlich vor Augen führen, dass der kleine Heinrich IV. der einzige und wahre Nachfolger des verstorbenen Kaisers war und unter dem besonderen Schutz der Kirche stand. Dies war der erste und wichtigste Schritt, um der Erhebung eines Gegenkönigs zuvorzukommen. Anschließend zog der Hof weiter in das eine Tagesreise entfernte Köln, um hier den ersten Hoftag des jungen Königs abzuhalten. Damit sollten Handlungsfähigkeit und nahtlose Fortsetzung der Salierherrrschaft demonstriert werden. Agnes präsentierte sich dort mit Unterstützung des Papstes erstmals öffentlich als Regentin des Reiches im Namen ihres sechsjährigen Sohnes, bis dieser mit 14 oder 15 Jahren für mündig erklärt werden konnte. Auf dem Kölner Hoftag erreichte Papst Viktor mit Unterstützung Erzbischof Annos II. von Köln noch die wichtige Aussöhnung mit den lothringischen Fürsten, wodurch der Friede an der westlichen Reichsgrenze gesichert werden konnte. Diese Ausgleichspolitik, die versuchte, möglichst viele Reichsfürsten und deren Interessen einzubinden, sollte nun das Leitbild der Regentin werden, die sich damit deutlich von der schroffen Politik ihres Mannes absetzte.

Nun zog der Hof demonstrativ weiter in die Nähe zweier Unruheherde der letzten Jahre Heinrichs III., Bayern und Ungarn, um auch hier einen ausgleichenden Neubeginn zu versuchen. So verbrachte der Hof das Weihnachtsfest 1056 in der bayerischen Hauptstadt Regensburg, wo anschließend ebenfalls ein Hoftag abgehalten wurde. Die Kaiserin hatte ein Jahr zuvor von ihrem Mann das Herzogtum Bayern übertragen bekommen, nachdem hier ein gefährlicher Aufstand gegen Heinrich III. nur durch den plötzlichen Tod der beiden herzoglichen Anführer zusammengebrochen war. Papst Viktor, der vor Agnes im Auftrag des Kaisers als Bischof von Eichstätt stellvertretend das Herzogtum Bayern zwei Jahre geleitet hatte, konnte auch hier zusammen mit der Regentin einen Ausgleich bewerkstelligen.

Agnes erklärte auf dem Regensburger Hoftag öffentlich, möglicherweise von ihrem inzwischen verstorbenen Mann noch schwanger zu sein. Die anwesenden Fürsten bestätigten sie nicht nur im bayerischen Herzogsamt. Falls ihr Kind ein Sohn werden würde, sollte sie ihm das Herzogtum übergeben und es bis zu dessen Mündigkeit verwalten. Da nichts von der Geburt eines weiteren Kindes überliefert ist, scheint es Agnes noch während der Schwangerschaft verloren zu haben. Trotzdem hat die Kaiserin das Herzogsamt aber bis 1061 innegehabt und ohne Schwierigkeiten und Widerstände verwaltet, bis sie es freiwillig weitergab. Eine eindrucksvolle Bestätigung der Regentin zeigte sich durch den Schwur der auf dem Hoftag versammelten Fürsten, ihr als Vorsteherin des salischen Hauses bei einem frühen Tod Heinrichs IV. ein Vorschlagsrecht für dessen Nachfolge einzuräumen.

Im Februar 1057 trat Papst Viktor II. die Rückreise nach Rom an, hatte er doch das sichere Gefühl, alles in seiner Macht stehende getan zu haben, um der Witwe und dem kleinen Sohn seines Freundes und Förderers die Herrschaft gesichert zu haben. Nicht nur durch sein Papstamt hatte sein Wort in Deutschland besonderes Gewicht, sondern auch durch die Tatsache, dass er sein Bistum Eichstätt beibehalten und damit gleichrangig unter den Reichsbischöfen und -fürsten agieren konnte. Agnes wird seiner entscheidenden Hilfe nochmals dankbar und wehmütig gedacht haben, als Viktor noch im gleichen Jahr verstarb und ihr damit unzeitig eine wichtige Stütze wegbrach.

Wie erfolgreich und geschickt die auf Ausgleich bedachte Regentin ihre anspruchsvolle Aufgabe erfüllte, wurde ihr mehrfach von den zeitgenössischen Chronisten bestätigt. Deren gutes Zeugnis für Agnes ist umso bemerkenswerter, wenn man sich vor Augen hält, dass es sich bei ihnen um zölibatär lebende

Kleriker und Mönche handelte, die generell alles andere als frauenfreundlich waren. Erst am Ende ihrer Regentschaft sollte die Stimmung unter ihnen ins Gegenteil umschlagen.

Im Sommer 1057 brach ein Aufstand der Sachsen gegen die salische Vorherrschaft aus, der dritte offene Krisenherd, den ihr Heinrich III. ungelöst hinterlassen hatte. Doch konnte dieser rasch niedergeschlagen werden, zumal er sich noch gegen die Politik des verstorbenen Kaisers gerichtet hatte. Die Regentin begann nun auch hier, durch ausgleichendes Taktieren die Gemüter zu beruhigen und die sächsischen Großen mehr einzubeziehen. Im gleichen Jahr sicherte sie sich die Unterstützung Rudolfs von Rheinfelden, dem sie die Anwartschaft auf das Herzogtum Schwaben und eine Ehe mit ihrer Tochter Mathilde versprach. Dadurch wollte sie dieses wichtige Herzogtum fest an die salische Dynastie binden. Damals verließ das neunjährige Mädchen ihre Mutter, um nun am Hof des Konstanzer Bischofs weiter erzogen zu werden. So sollte sie gleichsam in den künftigen Herrschaftsbereich ihres Mannes hineinwachsen. Da die Kaiserin die Übergabe des Herzogtums quasi wie eine Mitgift an ihre Tochter gestalten wollte, hätte Rudolf eigentlich noch warten müssen, bis Mathilde mit zwölf Jahren ehefähig gewesen wäre. Doch 1059 ließ er seine elfjährige Braut aus dem Konstanzer Bischofspalast entführen und verkündete die offizielle Verlobung, damit er endlich in Schwaben die Herrschaft antreten konnte. Die Kaiserin scheint ihm über sein ungestümes Verhalten nicht allzu böse gewesen zu sein. Denn im folgenden Jahr ließ sie in der Lieblingspfalz ihres verstorbenen Mannes, Goslar, die glanzvolle Hochzeit der beiden ausrichten. Ein schwerer Schlag für sie als Mutter, aber auch als Politikerin dürfte der Tod Mathildes nur wenige Tage nach der Hochzeit im Mai 1060 gewesen sein. Damit waren ihre dynastischen Pläne für Schwaben zunichtegemacht worden, doch behielt Rudolf sein Herzogtum, ja sogar die Verwaltung des Königreiches Burgund, und beide sollten später bis zum Tod der Kaiserin vor allem in Fragen der Kirchenreform eng verbunden bleiben. Rudolf heiratete später Adelheid von Turin, die Schwester Berthas von Turin, und wurde dadurch Schwager Heinrichs IV., sodass die verwandtschaftlichen Bande zum salischen Haus nun auf diesem Weg erneut geknüpft werden konnten.

Ihre jüngste Tochter Judith setzte die Regentin ein, um dem 1058 mit dem ungarischen König Andreas I. geschlossenen Frieden Dauer zu verleihen. Was ihr verstorbener Mann mit mehreren Kriegen nicht erreicht hatte, wollte sie nun durch eine Eheverbindung ermöglichen und damit auch ihrem bayerischen Herzogtum, das an Ungarn grenzte, endlich Ruhe verschaffen. Als bestätigender Teil des Friedensvertrages verlobte Agnes ihre vierjährige Tochter mit dem ungarischen Thronfolger Salomon. Leider zerplatzte ihr Friedenstraum schon zwei Jahre später durch einen Machtkampf innerhalb der ungarischen Königsfamilie, der dazu führte, dass ihr Schwiegersohn lange Jahre um seinen Thron kämpfen musste. Um ihm militärisch Rückendeckung zu geben und um die Lage im benachbarten Bayern zu sichern, entschied sich die Regentin 1061, ihr Amt als bayerische Herzogin aufzugeben und hier den Sachsen Otto von Northeim einzusetzen. Dessen Frau Richenza war die Tante der Braut Heinrichs IV., wodurch auch hier ein familiäres Band mit der salischen Dynastie bestand. Judith heiratete den mittlerweile zum König gekrönten Salomon 1066 mit zwölf Jahren, musste mit diesem aber acht Jahre später aufgrund eines Bürgerkrieges Ungarn verlassen und residierte seitdem in Regensburg.

Wie schon mit ihrem Mann Heinrich III. zog die Kaiserin mit dem kleinen Heinrich IV. durch das Reich, berief Hoftage ein, die sie mit ihrem Sohn leitete, wohnte Gerichtssitzungen bei, schlichtete Streit und beschenkte im Namen ihres Sohnes immer wieder Kirchen, Klöster und Bistümer. Neben der Vergabe frei werdender Herzogtümer war die Neubesetzung von Bischofsstellen ihre vornehmste Aufgabe, mit denen sie ihre unangefochtene Machtposition als Regentin und Leiterin der Reichsregierung demonstrieren konnte. Die neuen Bischöfe wählte sie vorrangig aus dem Kreis ihrer Hofgeistlichen, mit denen sie schon lange Zeit vertrauensvoll und gut zusammengearbeitet hatte. Ein besonderer Liebling unter ihren jungen Hofkaplänen scheint Gundekar gewesen zu sein, den sie 1057 zum Bischof von Eichstätt bestimmte. Die einzelnen Schritte des umfangreichen Zeremoniells seiner Bischofserhebung ließ sie an zentralen Orten des Reiches durchführen, um ihrem Schützling einen möglichst glanzvollen Rahmen zu bieten. So erhielt Gundekar den Ring als Zeichen seiner Erwählung durch den von Agnes angeleiteten Kinderkönig Heinrich IV. auf dem Hoftag von Trebur, den Hirtenstab allerdings erst einige Wochen später im Speyerer Dom, wo die Kaiserin das erste Jahrgedächtnis ihres Mannes beging. Die endgültige Bischofsweihe ließ Agnes unmittelbar nach dem Weihnachtsfest in der Königspfalz Pöhlde vor den Augen des gesamten Hofes zelebrieren, sodass die Eichstätter Bischofschronik bewundernd davon spricht, Agnes habe Gundekars Weihe wie für ihren eigenen Sohn ausgerichtet.

Wie machtbewusst Agnes in ihrer Zeit als Regentin auftreten und wie stark Undank sie in unversöhnliche Wut versetzen konnte, zeigt exemplarisch der Bamberger Bischofsstreit. Anfang 1061 hatte Bischof Gunther von Bamberg die Äbtissin des Klosters Bergen bei Neuburg an der Donau wegen angeblicher Misswirtschaft abgesetzt. Da Bergen von Kaiser Heinrich II. schon 1007 dem von ihm damals gegründeten Bistum Bamberg geschenkt worden war, war die Angelegenheit formal in Ordnung. Doch die angeklagte Äbtissin ließ sich nicht so einfach beiseiteschieben und wandte sich gleich an die höchste Instanz, die Regentin Agnes. Die Kaiserin sprach sich beim Bamberger Bischof für deren Wiedereinsetzung ein und schien nicht mit besonderem Widerstand gerechnet zu haben. Als Bischof Gunther sie jedoch einfach abblitzen ließ, erfasste Agnes großer Zorn, zumal Gunther einst einer ihrer Hofgeistlichen war und sie selbst ihn kurz nach Antritt ihrer Regentschaft als Bamberger Bischof eingesetzt hatte und daher dauerhaftes Entgegenkommen erwarten konnte. Ohne zu zögern, griff sie gleich zum stärksten Gegenmittel, indem sie ihm das Eigentumsrecht an Bergen entziehen wollte. Der Bischof wiederum ließ sich nicht einschüchtern, zumal es sich bei Bergen um ein sehr reiches Frauenkloster handelte. Zusätzlichen Konfliktstoff brachte eine

Schenkung an einen Ministerialen aus Gütern der Bamberger Kirche, die Agnes im Namen ihres Sohnes veranlasste. Im Frühjahr 1062 eskalierte der Streit gar zum Stellvertreterkrieg, da auf Bamberger Gebiet im Namen der Kontrahenten zwei Grafen gegeneinander fochten. Nach der Entführung Heinrichs IV. im April 1062 in Kaiserswerth und ihrem zeitweisen Rückzug vom Hof (siehe unten) scheint Agnes aber Ende dieses Jahres eingelenkt zu haben, indem sie sich öffentlich mit Gunther versöhnte, die strittige Schenkung zurücknahm und jene Bamberger Kirchen entschädigen ließ, die während der Kampfhandlungen Einbußen erlitten hatten. Einen kleinen Seitenhieb gegen ihren einstigen Gegner gönnte sie sich dennoch, indem sie ausgerechnet das von ihm gegründete Stift St. Maria und Gangolf sowie das Bamberger Domstift leer ausgehen ließ.

Der Friede scheint aber nicht lange gehalten zu haben, da Gunther im April 1063 Erzbischof Anno von Köln um Beistand gegen die Kaiserin bat. Offiziell war dies zwar korrekt, da Anno faktisch der Reichsregierung vorstand, doch gegenüber Agnes nicht besonders sensibel, da sich der Gewaltakt Annos gegen Agnes gerade gejährt hatte. Als im Januar 1064 die Angelegenheit Gunthers auf dem Hoftag von Trebur verhandelt werden sollte, kniff der Bamberger Bischof, nachdem er erfahren hatte, dass auch die Kaiserin dort anwesend sein wollte. Gunther entschloss sich, eine Wallfahrt nach Jerusalem zu unternehmen, damit sich während seiner Abwesenheit die Gemüter wieder beruhigen konnten. Da der Bamberger Bischof allerdings 1065 auf dem Rückweg aus dem Heiligen Land in Ungarn verstarb, konnte Agnes ihrerseits nun endgültig einlenken und entschädigte jetzt auch das Bamberger Domstift. Dort scheint man ebenfalls nicht mehr nachtragend gewesen zu sein, was sich im Briefverkehr der Bamberger Domherren ablesen lässt. Vorher fast als Ausbund der Hölle und als Furie verdammt, bekam Agnes dort nun endlich wieder eine „gute Presse".

Zwei glanzvolle Ereignisse sollten die Regentin auf dem Höhepunkt ihrer Macht zeigen. Am 4. Oktober 1061 ließ sie durch den von ihr so geförderten Bischof Gundekar von Eichstätt den gerade vollendeten Speyerer Dom einweihen, den größten Kirchenbau Europas und Monument der salischen Dynastie. Ganz bewusst wählte Agnes für diesen Staatsakt den Tag vor dem Jahrgedächtnis ihres Mannes aus, den sie vor aller Welt als Hauptstifter des Domes ehren wollte. Er hatte das gigantische Bauprojekt nach dem Tod der Eltern energisch vorangetrieben und war daher dessen eigentlicher Erbauer. Nach seinem Tod übernahm Agnes auch diese Aufgabe des Domweiterbaus von ihm, die sie ganz in seinem Sinne zur Vollendung brachte. Zwei Jahrzehnte später sollte sein Sohn und Nachfolger Heinrich IV. dem Speyerer Dom durch den fast vollständigen Neubau der Ostteile und die Einwölbung des Mittelschiffes erst jene Form geben, die wir noch heute vor uns haben.

Ende Oktober 1061 reiste die Kaiserin anschließend mit ihrem Sohn weiter nach Basel, um hier eine Reichsversammlung zu leiten. Wie in Speyer so wollte Agnes auch hier das Lebenswerk ihres Mannes fortsetzen und wie damals in Sutri der Kirche einen nach den Prinzipien der Kirchenreform gewählten Papst geben. Denn einen Monat zuvor hatte in Rom mit Alexander II. ihrer Meinung nach ein Mann den Stuhl Petri bestiegen, dessen Wahl sie als ungültig erachtete. Die Bischöfe der Lombardei sowie eine Gesandtschaft unzufriedener Römer bestärkten sie in ihrem Denken. So ließ sie demonstrativ am einstigen Geburtstag ihres Mannes, dem 28. Oktober, von den in Basel versammelten Bischöfen den Bischof Cadalus von Parma zum Papst Honorius II. wählen. Wie bitter muss für Agnes allerdings anschließend die Erkenntnis gewesen sein, dass sie damit ihr Ende als aktive Politikerin eingeläutet hatte. Denn die Kaiserin hatte es versäumt, Alexander II. förmlich abzusetzen und die Wahl ihres Kandidaten gründlich vorzubereiten. Zudem war Basel weit weg von Rom, wo man sich wenig für die Wahl des Gegenpapstes interessierte. Die Reform des Papsttums, die Heinrich III. und Agnes tatkräftig betrieben hatten, verlieh Alexander II. nun genau jenes Selbstbewusstsein, die Eingriffe der Regentin in kircheninterne Entscheidungen als unzulässig abzuwehren. Aus päpstlicher Sicht war die Kaiserin nun einfach eine Laiin wie jede andere Frau und daher nicht berechtigt, in geistliche Belange einzugreifen. Hatte doch Alexanders gerade verstorbener Vorgänger Nikolaus II. kurz nach seiner Papstweihe 1059 im Lateran eine Synode einberufen, die unter anderem die Papstwahl im Sinne der Kirchenreform regeln sollte. Allein die Kardinäle sollten den Papst wählen – wie es seit dieser Zeit bis heute Brauch ist –, während der Einfluss des Kaisers auf die Wahl stark eingeschränkt wurde. Aus römischer Sicht reichte es, ihm einfach die bereits erfolgte Wahl anzuzeigen. Von einer Sonderrolle des deutschen Herrschers als Stellvertreter Christi und oberstem Schutzherrn der Kirche ist in diesem Papstwahldekret keine Rede mehr. Dies galt natürlich auch für die Regentin, die im Namen des Kinderkönigs handelte. Da die deutschen Reichsbischöfe sich später mit Papst Nikolaus II. völlig überworfen und schließlich alle seine Beschlüsse für ungültig erklärt hatten, glaubte auch die Regentin, eine rein innerkirchliche Papstwahl wie von Alexander II. ignorieren zu können.

Damit hatte Agnes genau das Gegenteil von dem erreicht, was sie wollte, und der Kirche ein zweieinhalbjähriges Papstschisma beschert, das erst im Mai 1064 enden sollte. Ausgerechnet sie, die tieffromme Frau, hatte nun die größte Sünde begangen, die in den Augen der Kirche für einen Laien möglich war. Sie als Förderin der Kirchenreform war in einen völligen Gegensatz zu den Reformern der Kurie in Rom geraten. Dieser unlösbare Konflikt schien Agnes in eine schwere Lebenskrise gestürzt zu haben. Einblick in ihr mehr als aufgewühltes Seelenleben gibt ein Brief, den sie dem Abt des ihr nahestehenden italienischen Reformkloster Fruttuaria schrieb. Hierin spricht sie erstaunlich offen von ihren übergroßen Gewissensqualen, die sie, schlimmer als Gespenster und Albträume, ständig verfolgen würden. Von innerer Unruhe getrieben, fliehe sie zu den Gräbern der Heiligen, von Kirche zu Kirche, ohne inneren Frieden zu finden. Daher bitte sie die Mönche des Klosters eindringlich, ihr als großer Sünderin zu gedenken und sie in ihre Gebetsgemeinschaft aufzunehmen, damit sie nicht der schrecklichen ewigen Verdammnis anheimfalle.

Nur wenige Wochen später tat Agnes einen Schritt von unglaublicher Radikalität, der, auch wenn man ihn nicht begreift, einem noch heute Respekt einflößt. Indem sie Ende November 1061 am Grab ihres Mannes im Dom zu Speyer den Schleier nahm und in den Stand einer gottgeweihten Witwe trat, gab sie ihrem Lebensweg für alle sichtbar eine völlig neue Richtung. Sie legte demonstrativ die königlichen Gewänder aus kostbarer Seide sowie allen herrscherlichen Schmuck ab und zog nun für den Rest ihres Lebens die dunkle Witwentracht aus grober Wolle an. Freiwillig gab sie die größte Machtfülle auf, die damals eine Frau in Europa besaß, da sie entschied, künftig nur noch beratend als Regentin tätig zu sein. Gebete, Demut, Enthaltsamkeit, Askese und Werke der Nächstenliebe sollten von jetzt an ihren Lebensmittelpunkt bilden. Die zeitliche Nähe ihres vorher nicht angekündigten Schrittes zum von ihr verursachten Papstschisma lässt nur die Deutung zu, dass sie sich ihre Schuld daran nicht verzeihen konnte. Sie wollte so öffentlich Buße tun, um sich und das salische Haus von dieser in ihren Augen schwersten Sünde zu reinigen. Demonstrative öffentliche Bußakte selbst eines Herrschers sind im Mittelalter nichts Ungewöhnliches. Doch waren diese auf den jeweiligen Moment beschränkt, während Agnes hier gleich lebenslang Abbitte leisten wollte.

Allerdings vergaß sie bei diesem Schritt nicht, dass es immer noch ihre Hauptaufgabe war, ihren Sohn bis zur Mündigkeit zu begleiten und ihm bis dahin die Herrschaft zu sichern. Deshalb wählte sie auch den Status der gottgeweihten Witwe, da sie so im Gegensatz zum Klostereintritt ihre Bewegungsfreiheit und die Verfügungsgewalt über ihren immensen Besitz behielt. Ein Vorbild könnte für sie die vertriebene Polenkönigin Richeza gewesen sein, die als letzte der mächtigen rheinischen Ezzonenfamilie ihren riesigen Besitz allmählich an Kirchen und Klöster verschenkte und 1049 in Köln durch Papst Leo IX. ebenfalls den Witwenschleier genommen hatte. Gerade im Umfeld der damaligen Kirchenreform, der Agnes sehr nahestand, scheint sich der

Stand der gottgeweihten Witwe für eine gewisse Zeit verbreitet zu haben. Indem die Frauen einer Wiederheirat entsagten und sich ganz religiösen Pflichten widmeten, nahmen sie eine Stellung zwischen Kloster und Welt ein. Dank der Weihe standen sie nun unter dem Schutz der Kirche und konnten so, im gewissen Rahmen, ein für mittelalterliche Verhältnisse relativ freies Leben führen, unabhängig von den Befehlen eines Ehemannes oder der männlichen Verwandtschaft. Selbst ihre eigene Mutter Agnes von Burgund hatte 1060 ihren politischen Ehrgeiz gezähmt und sich in den Status der gottgeweihten Witwe begeben.

Um kein Machtvakuum entstehen zu lassen, wählte Agnes ihren besonderen Vertrauten, Bischof Heinrich von Augsburg, als denjenigen aus, der allein in ihrem Namen die Regierungsgeschäfte führen sollte. Einst Mitglied der Hofkapelle ihres Mannes, hatte das frisch gekrönte Kaiserpaar ihn nach der Rückkehr aus Italien zum dortigen Bischof gemacht. Während das Papstschisma, das sich Agnes offenkundig nicht verzeihen konnte und sie in schwerste Gewissensqualen stürzte, ihr wohl vom Hof vergeben worden wäre, zumal die Amtszeiten damaliger Päpste erfahrungsgemäß nicht allzu lange dauerten, löste ihre Weitergabe der faktischen Macht an den Augsburger Bischof die eigentliche Katastrophe für die Kaiserin aus.

Nicht nur durch ihr gewandeltes Äußeres war Agnes nun eine Provokation inmitten des prachtverliebten Hofes. Die Regentin hatte mit ihrem radikalen Schritt die Großen des Reiches regelrecht vor den Kopf gestoßen. Verständnis für ihre Seelenqualen war von ihnen nicht zu erwarten. Für sie galt entweder völliger Rückzug ins Kloster oder aber komplettes Ausfüllen ihrer bisherigen Funktion. Für sensible Zwischenschritte wie die Witwenweihe war in dieser machtbewussten Männerwelt kein Platz! Klagen wurden geäußert, wie eine solche Frau, die nunmehr wie eine Nonne lebte, den künftigen König erziehen sollte. Jetzt machte sich auch Unmut darüber Luft, warum ein niederer Ministeriale und damit ein eigentlich unfreier Dienstmann bei der Erziehung Heinrichs IV. eine wichtige Rolle spielte, was doch dem Hochadel vorbehalten sein sollte. Was jedoch viele ehrgeizige Fürsten und Bischöfe in Agnes' Umgebung am meisten erboste, war ihre Wahl Bischof Heinrichs von Augsburg zum alleinigen „Ersatzregenten". Insgesamt scheint dadurch die bisherige, auf Ausgleich bedachte Regierung der Kaiserin in eine Schieflage geraten zu sein. Neid machte sich unter den am Hof vertretenen Fürsten und Bischöfen breit, die zwar bereit waren, sich der tatkräftigen Regentschaft der Kaiserin unterzuordnen, aber nicht einem ihrer Standesgenossen. Zwei schwere politische Fehler in kurzer Folge sowie ihre „Selbstneutralisation" durch die Schleiernahme waren für die Großen des Reiches zuviel. Erst jetzt wurde Kritik an der Regentschaft der Kaiserin laut, die sie zuvor höchst erfolgreich und ohne Widerstand über fünf Jahre lang ausgeübt hatte. Erst jetzt wurde thematisiert, dass eine Frau und ein Kind kein Reich regieren könnten. Erst jetzt traf die tieffromme Frau giftigster Klatsch, Bischof Heinrich sei gar ihr Liebhaber.

Doch mit dem, was nun kommen sollte, hatte wohl selbst eine so erfahrene Politikerin wie sie nicht gerechnet: Nachdem Agnes mit ihrem Sohn das Osterfest Ende März 1062 feierlich in Utrecht verbracht hatte, zog der Hof Anfang April weiter zur Pfalz Kaiserswerth, einem für die Regentin höchst vertrauten und angenehmen Ort. Denn dort hatte ihr Mann in ihren ersten gemeinsamen Jahren auf einer großen Rheininsel eine repräsentative Pfalz errichten lassen, in der sich beide mit dem Hof seit 1050 mehrfach aufhielten. Die benachbarte Benediktinerabtei, die schon seit dem späten 7. Jahrhundert bestand und das Grab des angelsächsischen Missionsbischofs Suitbert hütete, wandelte Heinrich in ein Stift um, sodass eine seiner Lieblingspfalz Goslar entsprechende Anlage auch im Westen des Reiches bestand. Ausgerechnet hier, vor den Augen des versammelten Hofes, spielte sich nun ein innerhalb der deutschen Geschichte unerhörtes Ereignis ab.

Erzbischof Anno II. war aus dem nahen Köln mit einem prächtigen Schiff angereist, das nun unmittelbar vor der Pfalz vertäut war und auf die Anwesenden nicht wenig Eindruck machte. In der heiteren Stimmung des Frühlingstages lud Anno den elfjährigen Heinrich ein, sein Schiff näher zu betrachten, auf dem neben dem Erzbischof von Mainz und dem Herzog von Bayern noch einige sächsische Grafen bereits warteten. Kaum an Bord angekommen, ließ Anno plötzlich ablegen. Der Knabe geriet in Panik, da er einen Mordanschlag befürchtete, und sprang in den Fluss. Doch holte ihn der Braunschweiger Graf aufs Schiff zurück, das ihn nach Köln brachte. Mit der Entführung des Königs hatte sich der machtbewusste und ehrgeizige Anno nun handstreichartig an die Stelle Heinrichs von Augsburg als tatsächlicher Regent des Reiches und Erzieher des unmündigen Königs gesetzt. Sicherheitshalber hatten die Verschwörer auch gleich noch die Reichsinsignien aus der Pfalz geraubt und mit nach Köln genommen.

Für Agnes wäre es ein Leichtes gewesen, Truppen zu sammeln und gegen Anno vorzugehen, zumal sich dieser durch sein willkürliches und arrogantes Auftreten in und außerhalb Kölns schon viele Feinde geschaffen hatte. Die Kaiserin aber scheint es wie ein Gottesurteil über sich hingenommen zu haben, als Strafe für die schwere Sünde des Schismas, wie ihr ihre übergroßen Schuldgefühle suggerierten. Nominell änderte sich allerdings an ihrer Stellung als Regentin nichts, außer dass nun anstelle ihres Favoriten, des Augsburger Bischofs, erzwungenermaßen der Kölner die Regierungsgeschäfte führte. Durch die Verschwörung der wichtigsten Mitglieder des Hofes war ihr allerdings schlagartig klar geworden, wie unzufrieden man plötzlich mit ihrer Herrschaft war, wie einsam und unvorbereitet sie in letzter Zeit fatale Entscheidungen getroffen hatte. Anno hatte ihr durch seinen Handstreich unmissverständlich deutlich gemacht, dass ihre große Zeit zu Ende war. Wir können nur ahnen, wie dieses Scheitern Agnes in ihrer eh schon fast verzweifelten Grundstimmung getroffen haben muss. Noch weniger wissen wir, was der Verlust des Kindes für die Mutter bedeutet haben mag, die ihn als Gefangenen davonziehen sah. Was diese Gewalttat und die mehrjährige Erziehung durch den harten Anno allerdings erst in der Seele des Kindes anrichtete, lässt sich nur vermuten und erklärt vielleicht den schwierigen Charakter

Heinrichs IV. nach seiner Mündigkeit. Erzbischof Anno zwang den König ein Jahr später, eine Urkunde zu unterschreiben, die ihm als Entschädigung für die Ausgaben der Erziehung und Hofhaltung ein Neuntel aller Einkünfte des Reiches und des Königs übertrug. Somit hatte sich der Coup auch materiell für Anno mehr als gelohnt, auch wenn er sich aus seiner Sicht nicht persönlich bereicherte, sondern alles seiner Kölner Kirche übergab, deren Vormachtstellung er durch seine erweiterte Machtfülle erheblich ausbauen konnte.

Im Dunkel der Verzweiflung

Nach der Entführung von Kaiserswerth ist von der Kaiserin nur überliefert, dass sie sich zunächst auf ihre Güter zurückzog und dem Hof für längere Zeit fernblieb. Doch nicht in die Einsamkeit wandte sie sich, sondern nach Regensburg, wo sie vermutlich zwischen 1062 und 1064 überwiegend lebte. Regensburg war der Ort, an dem sie sich nach Goslar zusammen mit ihrem Mann am häufigsten aufgehalten hatte. Als ehemalige Herzogin von Bayern war es zudem bis vor kurzem ihre Hauptstadt gewesen. An ihren Aufenthalt in Regensburg erinnert bis heute im Historischen Museum der Stadt die älteste erhaltene Steinfigur einer mittelalterlichen deutschen Herrscherin. Auf der Rückseite des leider nur in seiner unteren Hälfte überkommenen Reliefs bezeichnet eine Inschrift in lateinischen Großbuchstaben die Dargestellte als die erhabene Kaiserin Agnes. Vermutlich stand dieses einzigartige Monument als Zeichen ihrer besonderen Wertschätzung im Damenstift Niedermünster, der alten herzoglichen Grablege. Hier in dieser Fernhandelsstadt liefen auch die wichtigen Informationen zusammen, die sie benötigte. Sowohl in den Damenstiften Nieder- und Obermünster sowie der Benediktinerabtei St. Emmeram herrschte ein reges geistiges und geistliches Leben. Hier wirkten damals spätere wichtige Reformer wie ihr Hofkaplan Ulrich, der Prior in Cluny wurde, Gerald von Ostia und Wilhelm von Hirsau, die in den

1060er-Jahren Regensburg verließen. In Regensburg hatte die gescheiterte Regentin noch Freunde, die ihr anscheinend von ihrem tiefen Wunsch abrieten, sich in ein Kloster zurückzuziehen, und deutlich machten, dass ihr Platz bis zur Mündigkeit des jungen Königs immer wieder auch am Hof sei.

Am Hof ist Agnes allerdings erst seit Anfang 1064 wieder urkundlich nachweisbar. Unangefochten konnte sie dort wieder in einem gewissen Rahmen eigenständig tätig werden, denn der zweijährige Rückzug vom Hof war allein ihre Entscheidung und keine Verbannung durch Anno. Vielleicht hatte sie sich inzwischen auch klargemacht, dass die Entführung von Kaiserswerth zwar ein unerhörtes Ereignis war, das aber weniger gegen sie als gegen Bischof Heinrich von Augsburg gerichtet war. Nun sind es vor allem Schenkungen, die sie tätigte. Es scheint so, als wollte sie auch hier ein Unrecht tilgen, das in ihrem Namen einmal begangen worden war, denn es sind vor allem jene Güter, mit denen sie einst ihr Mann aus dem Erbe der Ekkehardiner ausgestattet hatte, die sie nun den geistlichen Gemeinschaften in Sachsen als eigentlichen Erben übergab. Damit entwarf sie geradezu ein Gegenbild zur Politik der Reichsregierung unter Erzbischof Anno von Köln und Erzbischof Adalbert von Hamburg-Bremen, der sich inzwischen an Annos Seite gedrängt hat, die beide in Sachsen nur ihre eigene Verwandtschaft oder sich selbst versorgten.

Im Frühsommer 1064 reiste Anno von Köln nach Rom, um das Cadalus-Schisma zu beenden und damit auch das Trauma der Kaiserin. Erzbischof Adalbert von Hamburg-Bremen nutzte die Abwesenheit des Konkurrenten, um ihn aus seiner Stellung als alleiniger Regent zu verdrängen und auch für sich einen Anteil an der Macht zu erkämpfen. Für Agnes bedeutete diese Machtverschiebung wenig, hatte sie doch auch mit Adalbert ihre Konflikte. Im Gegensatz zu Anno kam er anscheinend dem Wunsch der Kaiserin entgegen, jetzt wieder eine stärkere Position am Hof einzunehmen, da es nun darum ging, die Mündigkeit ihres Sohnes vorzubereiten. Zudem galt es Sorge zu tragen, dass Heinrich IV. nicht zwischen den beiden machtgierigen Erzbischöfen Adalbert und Anno zerrieben wurde. Denn die Kaiserin besaß noch genug Autorität und Einfluss, um als Anwältin ihres Sohnes aufzutreten. Ein Hoftag sollte öffentlich ihre Stellung klären, nachdem sie beschlossen hatte, wieder in die aktive Politik zurückzukehren. Allerdings wurde dieser wieder abgesagt, sodass eine offizielle Regelung unterblieb.

Seit Agnes' Entmachtung in Kaiserswerth und ihrem zweijährigen Rückzug verkam der Hof zum reinen Selbstbedienungsladen der Großen des Reiches, die sich unter anderem einige der wichtigsten und wohlhabendsten Reichsabteien durch den von ihnen abhängigen Kinderkönig übertragen ließen. Der kleine Heinrich, der zwischen ihnen hin- und hergezerrt wurde, war für sie nur eine willenlose Schachfigur im selbstsüchtigen Ringen um den eigenen Vorteil. Heinrich konnte zeit seines Lebens diese schlimmen Erfahrungen seiner Kindheit nicht vergessen, weshalb er sich später als selbstständig regierender König mit Ratgebern und Freunden niederen Ranges umgab, was wiederum die Elite des Reiches dauerhaft verärgerte und zu schweren Konflikten in der Zeit seiner Herrschaft führte.

Am negativsten wirkte sich auf den kleinen Heinrich wohl der Einfluss des Erzbischofs Adalbert von Hamburg-Bremen aus. Dieser war nicht nur ebenso raffgierig wie seine Mainzer und Kölner Kollegen, sondern verdarb wohl endgültig den Charakter des seelisch erheblich belasteten Heranwachsenden. Auch nach seiner Mündigkeit hielt der vierzehnjährige König an ihm als Hauptberater fest, der ihm wohl jene rücksichtslose Gewaltbereitschaft und sexuelle Schrankenlosigkeit vorlebte, die Heinrich später fast um seine Krone brachte. Adalbert schaffte es zunächst nicht nur, sich den jungen König gefügig zu machen, in dem er sich zum väterlichen Freund aufschwang, aber zugleich den Pubertierenden durch große sexuelle Freiheiten beschäftigt hielt. Vielmehr hatte er den König auch politisch vollkommen in der Hand, sodass die von der Herrschaftsbeteiligung ausgeschlossenen Großen Adalbert schließlich schon 1066 stürzten. Seine geplante Flucht mit Heinrich und den Reichsinsignien konnte gerade noch vereitelt werden.

Nun kam ausgerechnet wieder Erzbischof Anno von Köln ans politische Ruder, der aber stärker als Adalbert das Konsensbedürfnis der anderen Reichsbischöfe und -fürsten befriedigen konnte, indem er sie stärker an der Regierung beteiligte. Hält man sich diese Vorgänge rund um den heranwachsenden Heinrich vor Augen, die ihn sein Leben lang belasten sollten, kann man sich nur wundern, weshalb seine Mutter Agnes nicht eingriff. Aus heutiger Sicht kann man sagen, sie kehrte zu spät an den Hof zurück und verließ ihn nach der Mündigkeit ihres Sohnes viel zu früh. Sie allein hätte als Mutter und Regentin das Machtvakuum rund um den Kinderkönig füllen können, um das sich nun so viele auf Kosten ihres Sohnes zankten. Fünf Jahre hatte sie dies als Regentin erfolgreich geschafft, bis sie innerlich völlig aus der Bahn geworfen worden war. Man hat fast den Eindruck, als lebte sie seit ihrem Papstschisma-Trauma in einer anderen Welt, modern gesprochen in einer schweren Depression. Dies erklärt wohl am besten ihre unverständliche Distanziertheit zum Geschehen um ihren eigenen Sohn, über das ihre Vertrauten sie ja ständig auf dem Laufenden hielten, und ihre vorher nicht gekannte Passivität. Den Rest an Kraft, der ihr blieb, setzte sie allein dafür noch ein, ihr eigenes Seelenheil zu retten. So verwundert es nicht, dass es ihr gerade noch gelang, die Mündigkeitserklärung Heinrichs abzuwarten, bis sie nach Rom ging und aus dem Leben ihres kaum erwachsenen Sohnes erst einmal verschwand.

Die Regentschaft der Kaiserin endete offiziell erst am 29. März 1065 mit der Schwertleite Heinrichs IV., der nun selbstständig als König regieren konnte. Das Fest wurde im Anschluss an die Osterfeiertage in Worms begangen. Anscheinend nahm man mit dem Termin Bezug zur Taufe Heinrichs, die am 31. März 1051 erfolgt war. Im mittelalterlichen Recht gab es verschiedene Ansichten zur Mündigkeit. Nach fränkischem Recht wäre ein Sohn, dessen Vater schon verstorben ist, mit Vollendung des 15. Lebensjahres volljährig gewesen. Bei Heinrich IV. wäre dies erst der 11. November 1065 gewesen. Doch scheint sich Heinrich auf das Vorbild Kaiser Ottos III. berufen zu haben, der schon mit Vollendung des 14. Lebensjahres mündig erklärt worden war. Für Heinrich hätte sich so das Weihnachtsfest 1064 als würdiger Rahmen angeboten. Nachdem vor allem Anno von Köln wohl diesen frühen Termin hintertrieben hatte, trat Heinrich anscheinend in einen Streik. Er unterschrieb keine Urkunden mehr und trotzte sich so immerhin den Ostertermin 1065 ab. Als man ihm in einer feierlichen Zeremonie erstmals die Waffen umlegte, ging er mit gezogenem Schwert sofort auf Anno los. Nur durch das Einschreiten der Kaiserin konnte ein Unglück verhindert werden. Agnes griff weniger aus Sympathie für Anno ein, denn aus Sorge um ihren Sohn, den ein Bischofsmord zu Beginn seiner Regierung schwer belastet hätte.

Treue Tochter des heiligen Petrus

Die Kaiserin hatte aus ihrer Sicht nun ihre letzte große Aufgabe erfüllt, indem sie ihrem Sohn und damit dem salischen Haus den Thron bewahrt hatte. Sie begleitete den jungen König und den Hof noch ein paar Wochen, ehe sie schon im Sommer 1065 in Günzburg an der Donau endgültig Abschied nahm. Nun begann nach ihrer Zeit als Kaiserin und Regentin ihre dritte Lebensphase, die sie ausschließlich dem Papsttum und dem Erfolg der Kirchenreform widmen sollte. Jetzt endlich fühlte sie sich frei von der Last ihrer Pflichten und konnte nach Rom reisen. Hierbei begleiteten sie ihr Vertrauter Bischof Rainald von Como und ihre Schwägerin Ermesinde, die ebenfalls den Witwenschleier genommen hatte. Zunächst besuchte die Kaiserin das Reformkloster Fruttuaria im Piemont, dem sie sich besonders verbunden fühlte. Hier bereitete sie sich innerlich auf ihren Bußgang nach Rom vor.

Den Römern bot sich beim Einzug der Kaiserin in die Ewige Stadt im Spätherbst 1065 ein kurioses Spektakel. Agnes scheint geradezu einen Gegenentwurf zu ihrem Triumphzug anlässlich der Kaiserkrönung neun Jahre zuvor inszeniert zu haben. Wie Christus beim Einzug in Jerusalem ritt sie auf einem Maulesel.

Kein äußerliches Zeichen verriet mehr ihren hohen Rang als einst mächtigste Frau Europas. Ein einfaches Wollkleid bedeckte ihren Körper, ein Witwenschleier ihren Kopf. Anstelle eines Szepters hielt sie in ihren Händen den Psalter, aus dem sie betete. Wenn man sich klarmacht, wie wichtig Rituale und demonstrative öffentliche Gesten im Mittelalter waren, kann man ermessen, wie effektvoll dieser Auftritt gewesen sein muss. Vom höchsten weltlichen Thron war sie herabgestiegen, um sich als demütige Büßerin dem Papst zu Füßen zu werfen, ganz so wie später ihr Sohn beim weitaus berühmteren Canossa-Gang.

Ihre einmalige Geste verfehlte ihre Wirkung nicht. Papst Alexander II., den sie einst nicht anerkennen wollte, empfing sie im Lateranpalast, hörte ihre Beichte und erteilte ihr die völlige Absolution. Von ihren übergroßen Gewissensqualen nun durch die höchste kirchliche Instanz auf Erden befreit, konnte ihre Seele wieder atmen, sie sich auch wieder verstärkt für ihren Sohn einsetzen. Als Buße legte ihr Papst Alexander allerdings in vorausschauender Weise auf, neben Nachtwachen, Gebeten und Fasten mit all ihrer Kraft von nun an der Kirche des hl. Petrus und damit dem Papsttum zu dienen. Dank ihrer guten Verbindungen an den deutschen Hof und zu ihrem Sohn sowie ihrem hohen Ansehen in Europa besaß die Kaiserin für den Papst ein wichtiges Potenzial zur endgültigen Durchsetzung der Kirchenreform. Die Kaiserin nahm die auferlegte Buße mehr als ernst und wurde für ein Jahrzehnt die wichtigste Diplomatin des Papsttums für den deutschen Königshof. Auf den päpstlichen Synoden, die sich mit dem deutschen Reich befassten, hatte Agnes sogar ein Rederecht, was zeigt, wie hoch ihre Meinung in Rom geschätzt wurde. Brieflich blieb sie mit ihrem Sohn Heinrich IV. wohl immer in engem Kontakt, sodass sie über das Geschehen im Reich und am Hof aus erster Hand informiert war. Der König scheint zu seiner Mutter auch in ihrer römischen Zeit ein enges Vertrauensverhältnis besessen zu haben. So schickte sie ihm zum Beispiel einmal von dort ein heilkräftiges Pulver. Mit ihren Vermittlungsbemühungen zwischen ihm und dem Papst im sich anbahnenden Investiturstreit vertrat sie zwar vorrangig die Ziele der

Kurie, doch konnte sie ihrem Sohn klarmachen, dass sie letztendlich damit auch sein Wohl und Seelenheil im Blick hatte.

Agnes' Seelenführer in Rom wurde der Reformer Petrus Damiani, der sie in ihrem asketischen Leben bestärkte. Wie eng ihre Beziehung wurde, geht aus einem Brief hervor, in dem er sie während seiner Abwesenheit von Rom in ihrer ungewohnten Einsamkeit tröstete. Ihr asketisches Leben führte allen vor Augen, wie ernst es der Kaiserin mit ihrer Umkehr war. Dank ihrer immer noch erheblichen Einkünfte konnte sie sich gegenüber Armen, Kirchen und Klöstern äußerst freigiebig zeigen.

Anfang 1067 brach Agnes zusammen mit dem deutschen Kardinalbischof Leopert von Palestrina zu ihrer ersten diplomatischen Reise nach Deutschland auf. Der Papst benötigte militärische Hilfe gegen die Normannen, die Rom bedrohten. Agnes ließ es sich nicht nehmen, mitten im härtesten Winter über die Alpen zu ziehen, um im Februar auf dem Hoftag in Augsburg zu erscheinen und ihre Mission auszuführen. Die Kaiserin schien es mit ihrer Rückkehr nach Rom plötzlich nicht mehr besonders eilig gehabt zu haben, da sie noch im Sommer mit Heinrich IV. in Speyer nachweisbar ist. Agnes blieb wohl fast ein Jahr in Deutschland und reiste erst wieder im Frühjahr 1068 nach Rom zurück. Nachdem sie ihre schwere Seelenlast durch ihr Bußjahr in Rom endlich abgeworfen hatte, scheint sie die gemeinsame Zeit mit ihrem Sohn genossen und ihre alten Freunde und Vertrauten besucht zu haben. Ihr Seelenführer Petrus Damiani fühlte sich schließlich gar bemüßigt, ihr einen Brief zu schreiben, in dem er sie vor den Verlockungen des Hoflebens warnte und ihre Rückkehr anmahnte. Man wollte anscheinend in Rom seine wichtigste Verbündete nicht wieder an die Welt verlieren.

Doch die Kaiserin hatte noch ein wichtiges persönliches Vorhaben zu erfüllen. Denn zusammen mit Bischof Altmann von Passau, einem ihrer einstigen Hofgeistlichen, dem sie am Ende ihrer Regentschaft noch das Bischofsamt verschafft hatte, gründete sie das Kollegiatstift St. Nikola in Passau als programmatischen Ausdruck ihres Reformgedankens. Hier sollten modellhaft die strengen Anforderungen an ein Stiftsleben umgesetzt werden, wie sie auf dem Laterankonzil 1059 beschlossen worden waren. Das damals noch seltene Nikolauspatrozinium erklärt sich aus der Familiengeschichte der Kaiserin, denn bereits 1050 hatte ihre Mutter Agnes in Poitiers ein Stift Saint-Nicolas gegründet, in dem sie 1068 auch begraben wurde. Der Vater ihres zweiten Ehemannes und damit des Stiefvaters der Kaiserin, Graf Fulco von Anjou, hatte auf der Rückkehr von seiner Jerusalemreise 1020 das Nikolausgrab in Myra besucht, Reliquien mitgebracht und in Angers die älteste Nikolauskirche Frankreichs gegründet.

Nach der Rückkehr der Kaiserin in die Ewige Stadt verstummen zwei Jahre lang die Nachrichten über sie. Anscheinend hielt sie sich mehrfach einige Monate in den wichtigen Abteien in und um Rom auf, darunter dem berühmten Monte Cassino, dem Ursprungskloster des Benediktinerordens, dem sie reiche Geschenke machte. Ihr friedliches Seelenleben wurde allerdings zwischenzeitlich durch den Scheidungsversuch Heinrichs IV. von Bertha von Turin im Sommer 1069 getrübt. Bertha war ja schon in Kindertagen mit Heinrich verlobt worden und mit ihm zusammen am Hof aufgewachsen. Nachdem der König durch seine Mündigkeitserklärung mit vierzehneinhalb Jahren die überstrenge Erziehung durch den verhassten Erzbischof Anno von Köln abgeschüttelt und sich ganz dem lasterhaften und verschlagenen Erzbischof Adalbert von Hamburg-Bremen angeschlossen hatte, konnte er sich in seiner Pubertät sexuell exzessiv ausleben. Sein Interesse an der aus seiner Sicht wenig anziehenden Dauerverlobten schwand zusehends. Dennoch wurde Heinrich im Sommer 1066 regelrecht zur Hochzeit gezwungen. Im Frühjahr war er nämlich so schwer erkrankt, dass man schon seinen Tod befürchtete. Deshalb sollte Heinrich schnellstmöglich einen legitimen Erben zeugen, damit bei einem eventuellen frühen Tod des Herrschers das Reich nicht in eine Krise geriet.

Der sechzehnjährige Heinrich ließ die Hochzeitszeremonie zwar über sich ergehen, rührte aber der eigenen Aussage nach seine junge Frau überhaupt nicht an, wie er sie insgesamt völlig ignoriert zu haben scheint. Wichtigstes Argument für ihn bei seinem Scheidungsversuch drei Jahre nach der Hochzeit war daher seine Behauptung, Bertha sei immer noch Jungfrau und damit die Ehe ungültig, da nicht vollzogen. Den zunächst herangezogenen Reichsbischöfen, denen Bertha bekennen musste, dass sie tatsächlich noch unberührt war, erschien die hochpolitische Angelegenheit zu heikel. Sie verwiesen den König an den Papst, da die Kurie entscheiden sollte. Vermutlich war es Agnes, die dafür sorgte, dass ihr Vertrauter Petrus Damiani vom Papst zu ihrem Sohn geschickt wurde, um ihm unmissverständlich von einer Trennung abzuraten. Ausschlaggebendes Argument für Heinrich, die Ehe dann doch fortzusetzen, war die für den Fall einer Scheidung angedrohte Verweigerung der Kaiserkrönung durch den Papst. Ein Jahr später brachte Bertha dann ihr erstes von insgesamt vier Kindern zur Welt und hielt ihrem schwierigen Gatten selbst in den problematischsten Phasen seines Lebens die Treue.

Berthas Schwester Adelheid, die mit Herzog Rudolf von Rheinfelden, dem späteren Gegenkönig, verheiratet war, geriet gleichzeitig mit ihr in noch existenziellere Nöte. Denn ihr Mann hatte sie 1069 einfach verstoßen, indem er ihr Ehebruch vorwarf. Doch wie sein Schwager Heinrich IV. musste auch er auf Druck des Papstes seine unschuldige Gemahlin wieder aufnehmen und die Ehe fortsetzen. Deutlich zeigt sich hier der große Schutz für hochgestellte Ehefrauen durch die neu erstarkte Autorität des Papsttums, das streng auf die Unauflösbarkeit der Ehe pochte und dies nun auch durchsetzen konnte.

Erst im Frühjahr 1070 trat die Kaiserin wieder durch ein bedeutendes Ereignis ins Licht der Geschichte. In Rom trafen mit Erzbischof Anno von Köln und Erzbischof Siegfried von Mainz zwei ihrer einstigen größten Feinde ein, beide unmittelbar an der Entführung von Kaiserswerth beteiligt, um mit Papst Alexander II. Reformfragen der Reichskirche zu besprechen. Die Kaiserin wurde vom Papst wohl zu den Beratungen hinzugezogen und scheint auch die Gelegenheit genutzt zu haben, sich mit ihren einstigen Gegnern auszusöhnen. Vermutlich trat sie mit Anno sogar die Rückreise ins Reich an und machte unterwegs mit ihm in ihrem Lieblingsreformkloster Fruttuaria im

Piemont Station. Hier überzeugte sie Anno davon, sein wenige Jahre zuvor gegründetes Kloster Siegburg bei Bonn dieser Reformrichtung anzuschließen und die dort schon installierten Mönche durch einen Konvent aus Fruttuaria zu ersetzen. Vielleicht war dies die Bedingung, die Agnes Anno für eine rückhaltlose Versöhnung machte. Der Kölner Erzbischof nahm anscheinend gleich einen Gründungskonvent von hier mit und Agnes überließ dem Kloster als Entschädigung einen ihr gehörenden Hof im Piemont. Es ist durchaus möglich, dass die Kaiserin weiter mit Anno und den Mönchen zu ihrem Sohn zog, um im Auftrag des Papstes mit ihm zu sprechen.

Eindeutig gesichert ist ihre Deutschlandreise im Sommer 1072, die sie mit einem großen Gefolge von Äbten und Mönchen antrat, da es sich um eine höchst heikle Mission handelte. Ihr einstiger Schwiegersohn Rudolf von Rheinfelden, der ihr als Anhänger der Kirchenreform besonders nahestand, hatte sie um Unterstützung auf dem Wormser Hoftag gebeten. Rudolf wurde anscheinend beschuldigt, einen Anschlag gegen den König vorbereitet zu haben. Die Kaiserin konnte ihren Sohn wohl von dessen Unschuld überzeugen und eine Versöhnung herbeiführen. Gleichzeitig erreichte sie auch die Zustimmung Heinrichs zur Gründung des Reformklosters St. Blasien im Schwarzwald durch Rudolf von Rheinfelden. Agnes scheint gleich den hierfür notwendigen neuen Konvent aus Fruttuaria mitgebracht zu haben, den sie auf ihrer Rückreise nach Italien zusammen mit Rudolf in St. Blasien einführte. Mit der Kaiserin war auch Abt Hugo von Cluny, der Taufpate des Königs, an den Hof gereist. Er erreichte durch die Vermittlung von Agnes bei Heinrich eine Unterstützung der Reform von Cluny in Deutschland.

Dass Agnes ihren Wunschkandidaten Wibert für das bedeutende Erzbistum Ravenna bei Heinrich durchsetzen konnte, zeigt ihren immer noch erheblichen Einfluss auf ihren Sohn und ihre ungebrochene Autorität unter den Reichsfürsten. Wibert war schon lange Jahre Kanzler für Italien gewesen und hoffte nun auf einen weiteren Karriereschritt, indem er sich bei Heinrich IV. für die Neubesetzung des verwaisten Bischofsstuhles von Parma ins Gespräch brachte. Der Kaiser lehnte ab, doch Wibert gab sich nicht geschlagen und wandte sich an Agnes, der es nun sogar gelang, ihm einen weit wichtigeren Kirchenposten zu verschaffen. Allerdings musste sie nicht mehr erleben, dass ihr Sohn diesen Erzbischof Wibert später auf dem Höhepunkt des Investiturstreits zum Gegenpapst Clemens III. erheben sollte, was sie nie und nimmer geduldet hätte.

Der lange Arm der Mutter machte sich ferner auf der Fastensynode 1073 in Rom bemerkbar. Agnes setzte sich hier vehement für die Exkommunikation einiger korrupter Reichsbischöfe ein, denen sie einen schlechten Einfluss auf ihren Sohn zuschrieb. Danach hielt sie sich wieder längere Zeit im Kloster Monte Cassino auf, wo sie die Nachricht vom Tod Alexanders II. und der Wahl Hildebrands zum neuen Papst Gregor VII. erhielt. Mit Hildebrand hatte Agnes nicht erst in Rom Kontakt geknüpft. Er war ihr schon aus seiner Zeit als päpstlicher Gesandter an ihrem deutschen Hof bekannt. Genau wie seinen Vorgänger unterstützte sie ihn mit größtmöglichem Einsatz, um die Angelegenheiten der Kirchenreform bei ihrem Sohn durchzusetzen. Die Teilnahme an seiner Papstweihe Ende Juni 1073 dürfte wohl das glanzvollste Ereignis gewesen sein, das sie in ihrer römischen Zeit erlebte. Tatsächlich erwies sich Agnes neben der Markgräfin Beatrix von Tuszien und deren Tochter Mathilde, beide Verwandte ihres verstorbenen Mannes, als wichtigste Helferin für Gregor VII., welcher der mächtigste Papst des Hochmittelalters werden sollte.

Schon im März des folgenden Jahres brach Agnes im Auftrag Gregors zu einer neuen Deutschlandreise auf, die allerdings ihre letzte werden sollte. Wiederum war sie wichtigster Teil einer hochrangigen päpstlichen Delegation. Zunächst feierte die Kaiserin mit ihrem Sohn und dem Hof das Osterfest in Bamberg, bevor sie gemeinsam zum Hoftag nach Nürnberg weiterreisten. Hier trat Agnes erneut als Vermittlerin zwischen dem Papst und ihrem Sohn auf, den sie zur Einberufung einer Reformsynode überreden konnte, bei der die zentralen Forderungen der Kirchenreformer nach Abschaffung der Priesterehe und des geistlichen Ämterkaufs endlich innerhalb der Reichskirche durchgesetzt werden sollten. Als Gegenleistung erreichte sie bei Gregor VII. die Aufhebung einer Kirchenstrafe gegen Heinrich, da dieser weiter an seinen gebannten Ratgebern festgehalten hatte.

Nach Abschluss ihrer Mission scheint Agnes rasch nach Rom zurückgekehrt zu sein. Vermutlich reiste sie über Regensburg, wo sie zum letzten Mal ihre Tochter, die ungarische Königin Judith, traf, die aufgrund der Wirren in ihrem Land und später als Witwe hier von 1074 bis 1088 lebte, bis sie in zweiter Ehe den Herzog von Polen heiratete. Anscheinend fühlte Agnes, dass sie Deutschland nicht wiedersehen sollte, denn vor ihrer endgültigen Abreise kümmerte sie sich noch um die Übertragung der Sorge für das Seelenheil ihrer verstorbenen und noch lebenden Kinder an den Speyerer Dom, der Hauskirche der salischen Dynastie. Der Sachsenaufstand mit der Zerstörung der Harzburg im Frühjahr 1074, in deren Stiftskirche ihr früh verstorbener Sohn Konrad und ihr Enkel Heinrich bestattet worden waren, und die Bedrohung des nahen Goslar, wo zwei ihrer Töchter begraben lagen, veranlassten die alte Kaiserin wohl zu diesem Schritt.

Nach ihrer Rückkehr in die Ewige Stadt dankte ihr Gregor VII. herzlich für ihren großen Einsatz und schrieb es allein ihren Bemühungen zu, dass ihr Sohn wieder in den Schoss der Kirche zurückgekehrt war. Das Verhältnis von Agnes und Gregor scheint sehr eng gewesen zu sein. So teilte der Papst in einem Brief an die ungarische Königin Judith mit, wie sehr ihn die Anwesenheit ihrer Mutter in Rom tröste und lobt sie über alle Maßen. In einem Schreiben an den Bruder von Agnes, Herzog Wilhelm VIII. von Aquitanien, äußerte er, dass er sie wie eine Mutter liebe. Es ist sogar überliefert, dass Gregor plante, den Schutz der Kirche Heinrich IV. zu übertragen, um mit Agnes und Mathilde von Tuszien zu einem Kreuzzug ins Heilige Land aufzubrechen. Gregor nicht wohlgesonnene deutsche Bischöfe spotteten über diesen „Weibersenat", dem der Papst hörig sei.

Doch schon bald zeigte sich, dass Heinrich IV. nicht bereit war, sich dem Papst bedingungslos unterzuordnen. Nach kurzer Zeit eskalierte die Situation völlig. Ein Machtkampf brach aus, der ihren Sohn nicht nur das Seelenheil, sondern auch fast den Thron kosten sollte. Agnes, die immer wieder zwischen dem Papst und ihrem Sohn vermittelt hatte, musste beinahe das Scheitern all ihrer Bemühungen erleben. Auf der Fastensynode 1075 hatte Gregor VII. wiederum einige Reichsbischöfe und Berater aus dem engsten Umfeld Heinrichs IV. gebannt, die er als Feinde der Kirchenreform brandmarkte. Am Ende des gleichen Jahres schrieb der Papst schließlich dem König einen unmissverständlichen Brief, in dem er sich allein als Stellvertreter Christi auf Erden bezeichnete und daher die völlige Unterwerfung des Königs unter seine Anordnungen einforderte. Damit traf er Heinrich IV. zielgenau an seiner empfindlichsten Stelle, indem er ihm und dem deutschen Königtum generell absprach, unmittelbar durch Gott eingesetzt und selbst Stellvertreter Christi auf Erden zu sein. Papst Gregor durchschaute nun die Hinhaltetaktik des deutschen Königs, der trotz aller gegenteiligen Beteuerungen offensichtlich nicht bereit war, von seiner bisherigen Praxis der Vergabe von Bischofssitzen abzuweichen. Enttäuscht wandte sich das Kirchenoberhaupt von seinen geplatzten Kooperationsträumen ab und ging zu einem harten Konfrontationskurs über.

Doch nicht nur der König, auch seine engsten Vertrauten und Politiker, die Reichsbischöfe, waren davon betroffen, denn Gregor versuchte, mit Brachialgewalt erstmals einen römischen Zentralismus durchzusetzen, dem auch sie sich völlig unterzuordnen hatten. Nicht mehr der König, sondern der Papst sollte allein über ihre Einsetzung entscheiden, was das bisherige politische System im Reich auf den Kopf gestellt hätte. Nun holte Heinrich IV. zum Gegenschlag aus. Ende Januar 1076 ließ er seine Bischöfe ihren Gehorsam gegenüber dem Papst aufkündigen und forderte Gregor auf, zurückzutreten.

Der König schien seinen Gegner aber unterschätzt zu haben. Gregor griff auf der Fastensynode im Februar 1076 zum stärksten Gegenmittel, das er besaß, und exkommunizierte den deutschen König. Mit diesem ungeheuren Vorgang verstieß er Heinrich nicht nur aus der Gemeinschaft der Kirche, sondern ganz aus der mittelalterlichen Gesellschaft. Keiner war mehr verpflichtet, dem König zu gehorchen, dem der Papst die Herrschaft über Deutschland und Italien absprach. Dieser Bannfluch, von Gregor vorgetragen als Gebet an den heiligen Petrus, wurde in Anwesenheit von Agnes ausgesprochen. Mit ihrer Autorität unterstützte sie gleichsam die Verhängung dieser stärksten Kirchenstrafe, die sie auch in einem Brief an ihren Vertrauten Bischof Altmann von Passau verteidigte. Doch führte sie darin das Dilemma allein auf den Einfluss schlechter Ratgeber zurück, mit denen ihr Sohn sich umgeben hatte.

Es fällt aus heutiger Sicht schwer, nachzuvollziehen, wie die Mutter einem solch gravierenden Schritt gegen ihren eigenen Sohn zustimmen konnte. Aber vermutlich haben sowohl Gregor als auch Agnes die politischen Auswirkungen auf die Herrschaft Heinrichs unterschätzt und etwas naiv geglaubt, ihn gleichsam mit der Peitsche endlich zum Gehorsam zwingen zu können. Immer mehr Reichsbischöfe ließen den König nun im Stich und wechselten auf die Seite des Papstes, da sie sich hier mehr Vorteile erhofften. Schließlich teilten die Reichsfürsten nach einer Versammlung in Trebur im Oktober 1076 dem immer stärker isolierten König lapidar mit, entweder er könne sich binnen Jahresfrist vom päpstlichen Bann lösen oder er gelte auch für sie als abgesetzt. Bis dahin solle er sich aller politischen Entscheidungen enthalten, keine Krone mehr tragen, Kirchen nicht mehr betreten und wie ein einfacher Mann leben.

Die Kaiserin erkannte nun die existenzielle Gefahr, in der Heinrich schwebte. Sie rief ihren Vertrauten Abt Hugo von Cluny nach Rom, dem sie einst bei der Taufe ihren Sohn anvertraut hatte. Zusammen mit ihm und der Markgräfin Mathilde von Tuszien gelang es ihr schließlich, Gregor VII. zu überzeugen, noch im Dezember in Rom aufzubrechen, um Anfang Februar 1077 auf dem Hoftag in Augsburg Heinrich persönlich zu treffen. Allein durch das persönliche Gespräch mit dem Papst, so hoffte sie, könnte ihr Sohn zur Vernunft gebracht und damit sowohl seine Seele als auch sein Thron gerettet werden. Vielleicht hatte sogar Agnes selbst ihrem Sohn mitgeteilt, dass Gregor VII. nach Deutschland unterwegs war.

Der König wollte das Zusammentreffen des Papstes mit den von ihm abgefallenen Reichsbischöfen und Fürsten auf jeden Fall verhindern. Heinrich erkannte die große Gefahr, dass sie ihn dann gemeinsam endgültig absetzen würden. So brach er ohne zu zögern zusammen mit seiner Gemahlin, dem kleinen Thronfolger und wenigen Getreuen Ende 1076 nach Italien auf. Heinrichs Schwiegermutter Adelheid von Turin ermöglichte ihm in ihrer Herrschaft Savoyen die Reise nach Süden. Im Januar war der Übergang über die tief verschneiten Westalpen ein äußerst gefährliches Unternehmen. Die königliche Familie traf Papst Gregor VII. dann bereits in der Burg von Canossa an, in der er sich unter dem Schutz der Markgräfin Mathilde vorsichtshalber verschanzt hatte.

Doch Heinrich war nicht als Kämpfer, sondern als Büßer gekommen. Nach dem erforderlichen öffentlichen Ritual bat der König ab dem 25. Januar 1077 drei Tage lang barfuß und im Büßergewand vor dem Burgtor in der Winterkälte um Vergebung seiner Sünden. Der Papst war nun unter Zugzwang, zumal sich auch die Burgherrin Mathilde von Tuszien, zugleich neben Agnes seine stärkste Unterstützerin, der ebenfalls anwesende Abt Hugo von Cluny, vermutlich von Agnes herbeigerufen, und einige italienische Fürsten sowie die Schwiegermutter Heinrichs für die Aufhebung des Banns über den reuigen König einsetzten. Offensichtlich hatte sich die Kaiserin nicht gemeinsam mit dem Papst und Mathilde auf die Reise begeben. Erst als sie hörte, dass ihr Sohn ihm entgegenzog, machte sie sich auf den Weg. Man erwartete sie anscheinend in Canossa am 28. Januar, als die Rückkehrbedingungen Heinrichs in die Kirche beraten worden waren, doch traf sie erst Anfang Februar in Piacenza mit ihrem Sohn zusammen.

Wir wissen leider nicht, wie diese letzte Begegnung von Mutter und Sohn verlaufen ist. Doch dürfte Agnes hochzufrieden mit der auf spektakuläre Weise öffentlich bekundeten Reue Heinrichs gewesen sein. Sie war ja überzeugt davon, dass es allein der verderbliche Einfluss seiner schlechten Ratgeber gewesen sei, der ihren Sohn in den Dauerkonflikt mit dem Papst getrieben hatte. Wie so viele Mütter wollte sie bis zuletzt an das Gute in ihrem einzigen Sohn glauben und blendete dessen schwierigen Charakter einfach aus. Zudem hatte sie ihm durch ihren eigenen Bußgang 1065 nach Rom schon vorgelebt, wie eine grundlegende, dauerhafte Aussöhnung und Vergebung zu erreichen war. Von daher wird sie sicherlich stolz auf ihn gewesen sein, dass er ihrem Beispiel in Canossa gefolgt war. Nun war Heinrich wieder in die Gemeinschaft aller Christen aufgenommen. Er hatte seine Handlungsfreiheit wiedergewonnen und seinen Thron gerettet, so schien es zumindest in jenen Tagen. Die Kaiserin erreichte beim König auch, dass ihr Freund aus Regensburger Tagen, Bischof Gerald von Ostia freigelassen wurde, der als Gesandter des Papstes von Heinrich in Haft gehalten wurde. Agnes begleitete ihren Sohn anschließend nach Pavia, der alten Königsstadt der Langobarden. Dort sollte Heinrich als Zeichen der vollkommenen Aussöhnung und als Beginn einer neuen Zeit die lombardische Königskrone erhalten.

Doch mitten in die Vorbereitungen der Feierlichkeiten platzte die Nachricht, dass die deutschen Reichsfürsten am 15. März 1077 Rudolf von Rheinfelden zum neuen König gewählt hatten. Damit zerbrach der versöhnliche Schein der Tage nach Canossa und die reale Machtpolitik holte Heinrich IV. mit aller Härte ein. Er nahm rasch Abschied von seiner Mutter und reiste in Gewaltmärschen auf dem schnellsten Weg zurück in die Heimat, um den Kampf um seinen Thron aufzunehmen. Für Agnes muss es ein schwerer Schlag gewesen sein, dass sich ausgerechnet Rudolf von Rheinfelden gegen ihren Sohn aufstellen ließ. Ihm hatte sie einst gegen die Ansprüche der Zähringer das Herzogtum Schwaben als Machtbasis verschafft und seinen gesellschaftlichen Rang durch die Hochzeit mit ihrer Tochter Mathilde größtmöglich gesteigert. Zudem waren sie Verbündete bei der Durchsetzung der Kirchenreform in Deutschland gewesen, was Agnes durch ihren Einsatz auf dem Wormser Hoftag fünf Jahre zuvor eindrucksvoll bewiesen hatte.

Nach der Aussöhnung zwischen ihrem Sohn und dem Papst war die Mission der Kaiserin erfüllt. In die politischen Kämpfe im deutschen Reich konnte und wollte sie nicht mehr eingreifen, obwohl sie vielleicht die Einzige gewesen wäre, die den Gegenkönig zum Verzicht hätte bewegen können. Doch längst war auch dieser schon zum Getriebenen einer entfesselten Fürstenopposition geworden. Immer schlimmere Nachrichten trafen bei der alten Kaiserin ein, die ihr von einem sich mehr und mehr entfesselnden Kriegsgeschehen berichteten. Mit Gebeten und Fasten versuchte sie in Rom, die Hilfe des Himmels herabzuflehen, doch war sie zu deprimiert und auch schon zu krank, um noch einen letzten Versuch zu starten, ihrem Sohn den Thron zu erhalten. Man kann nur hoffen, dass sie nicht mehr alle Vorwürfe erfuhr, die Heinrichs Gegner im Reich über ihn verbreiteten, um ihn für immer als König unmöglich zu machen, darunter sogar eine angebliche Vergewaltigung seiner Schwester Adelheid, Äbtissin von Quedlinburg, durch einen seiner Ritter, bei der der König das Opfer festgehalten hätte.

Am 14. Dezember des Canossa-Jahres 1077 starb die Kaiserin im Lateranpalast, dem damaligen Hauptsitz der Päpste. Vermutlich hatte sie dort überwiegend gelebt, wenn sie sich in Rom aufhielt, unterbrochen nur von längeren Klosteraufenthalten und ihren diplomatischen Missionen an den deutschen Königshof. Papst Gregor VII. stand seiner großen, selbstlosen Helferin in ihrem Sterben bei und hielt auch persönlich die Totenmesse im Petersdom. Wie es sich Agnes gewünscht hatte, wurde ihr Leichnam nicht nach Speyer überführt, um an der Seite ihres Mannes zu ruhen. Denn durch ihre Witwenweihe, vor allem aber durch ihr Bußleben in Rom und das Gelübde an den Papst, ihm mit aller Kraft zu dienen, hatte sie sich von der Welt abgewandt. Agnes hatte nicht nur die äußeren Zeichen ihres hohen Ranges abgelegt. Ihre Lebensumkehr sollte auch durch eine Grabstätte in Rom deutlich werden, da sie sich nicht mehr als Haupt der salischen Herrscherfamilie empfand, sondern als Dienerin der Kirche. Sie, die ihr Leben nach dem Ende der Regentschaft ganz den Interessen des Reformpapsttums gewidmet hatte, wurde daher von Gregor VII. am Festtag der Heiligen Drei Könige, dem 6. Januar 1078, in der St.-Petronilla-Kapelle des Petersdomes beigesetzt.

Beides, Datum und Ort, hätten nicht symbolischer gewählt werden können. Denn die Heiligen Drei Könige waren der mittelalterlichen Interpretation nach die ersten Könige, die von Christus selbst eingesetzt worden waren, indem er ihre Geschenke annahm und die der Legende nach später auf ihren Thron verzichteten, um sich vom Apostel Thomas zu Erzbischöfen weihen zu lassen und ganz Gott zu dienen. Die Kapelle, in der Agnes bestattet wurde, barg das Grab der hl. Petronilla, der Legende nach die leibliche Tochter des Apostelfürsten Petrus, die ihrem Vater nach Rom gefolgt war. So führte Papst Gregor aller Welt vor Augen, dass er Agnes wie eine treue Tochter des Heiligen Stuhles ansah, die nach Rom gekommen war, um ihr Leben ganz in die Dienste des Papsttums zu stellen. Der spätrömische Rundbau der Petronillakapelle, der mit dem Abriss des alten Petersdomes verschwand, diente zudem als Grabstätte einiger Kaiserinnen und Kaiser des weströmischen Reiches, dessen Nachfolge das mittelalterliche deutsche Reich angetreten hatte. Mit diesem Ehrenplatz nahe des Petrusgrabes übertraf Agnes auch Kaiser Otto II., der nach seinem plötzlichen Tod in Rom 983 nur im Vorhof des Petersdomes begraben worden war. Neben Agnes erhielt später allein Mathilde von Tuszien als Frau ein Ehrengrab in der Peterskirche.

Der Tod ersparte der Kaiserin, das weitere Schicksal ihres Sohnes mit ansehen zu müssen. Dieser konnte zwar 1080 den Gegenkönig Rudolf von Rheinfelden besiegen, wurde jedoch im gleichen Jahr wieder von Gregor exkommuniziert, was Heinrich nun mit der Wahl eines Gegenpapstes parierte. Nach dem Tod der Kaiserin, die die letzten zwölf Jahre ihres Lebens ganz der Vermittlung zwischen dem Reformpapsttum und ihrem Sohn gewidmet hatte, verhärteten sich die Fronten endgültig und der Investiturstreit eskalierte immer mehr. 1083 eroberte Heinrich IV. gar Rom und ließ sich im folgenden Jahr im Petersdom vom Gegenpapst Clemens III. zum Kaiser krönen, während Gregor VII. machtlos von der nahen Engelsburg dem Geschehen folgen musste.

Was Heinrich IV. damals am Grab seiner Mutter gedacht haben mag, können wir nur vermuten. Denn mit seiner Politik hatte er ihre Ideale gerade endgültig ins Gegenteil verkehrt. Mit ironischem Spott dürfte er ihre von Papst Gregor verfasste Grabinschrift gelesen haben, die nicht die Kaiserin, Regentin und Mutter eines Kaisers rühmte, sondern allein ihre Rolle als fromme Dienerin des alleinigen Stellvertreters Christi – des Papstes, nicht des Kaisers! – hervorhebt.

Mainzer Sensationsfund

1880 entdeckten Bauarbeiter bei der Anlage der Kanalisation mitten in der Mainzer Altstadt zufällig einen überaus kostbaren romanischen Frauenschmuck. Die zusammen aufgefundenen 25 goldenen, edelsteinverzierten Einzelteile wurden von ihnen zunächst unter der Hand verkauft, konnten aber schließlich durch glückliche Umstände in einer Privatsammlung wieder zusammengeführt werden. Schließlich gelangte das prachtvolle Ensemble, das mittlerweile als Schmuck der Kaiserin Gisela galt, als Geschenk an Kaiser Wilhelm II. nach Berlin, wo es sich bis heute im Kunstgewerbemuseum befindet. Inzwischen vermutet die Forschung, dass der Schmuck aufgrund seiner Entstehungszeit im zweiten Drittel des 11. Jahrhunderts wohl eher Giselas Schwiegertochter Kaiserin Agnes gehörte. Ausgerechnet Agnes, die seit 1061 auf alle äußeren Zeichen ihrer Würde verzichtete, bleibt so der Nachwelt im Gedächtnis als Besitzerin des Kostbarsten, was romanische Goldschmiedekunst für den weltlichen Bereich hinterlassen hat.

Die Bauarbeiter entdeckten den Schatz eingemauert in der Nische eines mittelalterlichen Kellers, der sich im Areal des ehemaligen Mainzer Judenviertels befand. Vermutlich hatte Kaiser Heinrich IV. den Schmuck seiner verstorbenen Mutter Agnes an Mainzer Juden verpfändet, um die Kosten für seinen dritten Italienzug 1090 zu finanzieren. Als er sieben Jahre später zurückkehrte, war das Mainzer Judenviertel durch das durchziehende Kreuzzugheer 1096 in einem grausamen Pogrom zerstört worden. Anscheinend fand damals auch derjenige einen gewaltsamen Tod, der das kostbare Pfand in seinem Keller eingemauert hatte, denn er konnte es offensichtlich nicht mehr bergen. Nur durch diesen schrecklichen Zufall der Geschichte besitzen wir überhaupt ein größeres Schmuckensemble aus salischer Zeit. Alle anderen Juwelen dieser Epoche wurden immer wieder eingeschmolzen und umgearbeitet, um sie dem jeweiligen Zeitgeschmack anzupassen, sofern sie nicht, wie vereinzelt Ringe, hochgestellten Toten ins Grab mitgegeben wurden.

Dass den Schmuck eine Kaiserin getragen haben muss, erklärt sich nicht nur aus den kostbaren Materialien, sondern auch aus Königssymbolen wie der Adlerbrosche oder dem auf byzantinische Vorbilder zurückgehenden Juwelenkragen samt dem zugehörigen Brustbehang, beides reich mit antiken Gemmen und Kameen verziert. Die üppig mit Edelsteinen, Perlen, Email und Golddraht besetzten halbmondförmigen Ohrringe finden sich zudem auf zwei Widmungsbildern der Kaiserin Agnes in liturgischen Handschriften. Broschen, Ringe und Gewandnadeln, alles aus Gold und wiederum mit Emails, Edelsteinen und Perlen versehen, ergänzen das ungemein prachtvolle Ensemble. Gerade bei den großen, kegelförmigen Broschen zeigt sich die hohe Kunstfertigkeit der deutschen Goldschmiede, die wahre Miniaturkunstwerke schufen.

Vielleicht gehörte auch die einzige erhaltene romanische Frauenkrone Kaiserin Agnes. Der mit Filigranarbeiten, Edelsteinen und Perlen verzierte goldene Reif überstand unbeschadet die Jahrhunderte, da er im Bamberger Dom einst die Reliquienbüste der Kaiserin Kunigunde zierte. Heute ist das kostbare Stück in der Schatzkammer der Münchner Residenz zu bewundern. Der Überlieferung nach stiftete Bischof Gunther von Bamberg die Krone seiner Kathedrale, bevor er sich 1064 auf eine Wallfahrt ins Heilige Land begab. Damals ging sein langjähriger Streit mit Kaiserin Agnes um Kloster Bergen (siehe oben) gerade dem Ende zu. Daher bestünde durchaus die Möglichkeit, dass Gunther eine der Kronen der Agnes erwarb, die sie seit 1061 ja nicht mehr trug, um sie als elegante Versöhnungsgeste zum Schmuck seines Domes zu verwenden. Denn die Forschung datiert die Krone eben nicht in die Zeit Kunigundes, sondern in jene der Kaiserin Agnes.

„Die große Kämpferin“

KAISERIN MATHILDE

1102–1167

Mit der Enkelin Wilhelms des Eroberers bekam das deutsche Reich eine Königin, die dank Intelligenz und Tatkraft eine der bedeutendsten Herrschergemahlinnen geworden wäre, hätte nicht der frühe Tod Heinrichs V. alles zunichtegemacht. Von vielen Reichsfürsten als „gute Mathilde“ verehrt und als Witwe Teil ihrer machtpolitischen Pläne musste die Dreiundzwanzigjährige auf Befehl ihres Vaters, des englischen Königs Henry I., in ein ihr weitgehend fremdes Land zurückkehren und eine ungewollte zweite Ehe eingehen. Nach dem Tod ihres Vaters versuchte sie seinem Willen gemäß in einem fast zwanzigjährigen Kampf, sich als seine Nachfolgerin auf dem englischen Thron durchzusetzen, allerdings vergeblich. Erst ihrem Sohn Heinrich II. sollte dies gelingen, der durch seine spektakuläre Hochzeit mit Eleonore von Aquitanien nun auch über die Hälfte des heutigen Frankreich herrschte. Als Stammmutter der Dynastie der Plantagenets erlebte Mathilde das normannische Reich auf seinem absoluten Höhepunkt, dessen raschen Niedergang samt dem Zerfall ihrer Familie sie allerdings nicht mehr mit ansehen musste.

Teure Kinderbraut

Im dritten Jahr seiner alleinigen Herrschaft als deutscher König begann der zweiundzwanzigjährige Salier Heinrich V. sich nach einer standesgemäßen Braut umzusehen. Seine Wahl fiel auf ein gerade einmal siebenjähriges Mädchen, Tochter König Henrys I. von England. Seit der Gefangennahme seines Bruders Robert 1106, den er bis zu dessen Tod fast zwanzig Jahre in Haft hielt, herrschte Henry auch unangefochten über die Normandie. Damit war er unmittelbarer Nachbar des deutschen Reiches, wodurch die geplante Eheschließung Heinrichs V. mit dessen Tochter auch strategische Bedeutung bekam. Sowohl für den deutschen wie den englischen König scheint vor allem ein auf diese Art bekräftigtes Bündnis gegen Frankreich ausschlaggebend für eine solche Eheverbindung gewesen zu sein. Ein weiteres, vielleicht noch wichtigeres Argument für sein Werben um Prinzessin Mathilde war für Heinrich V. offensichtlich die enorme Mitgift von 10.000 Mark Silber, die sein künftiger Schwiegervater in Aussicht stellte. Zum ersten Mal tauchte damit in der deutschen Geschichte das bei späteren Eheschließungen in Königs- und Fürstenhäuser so wichtige Mittel zur Abschließung eines „Ehegeschäfts" auf. Neidvoll blickte Heinrich wohl auf das höchst effektive Steuersystem im Normannenreich, das in Deutschland völlig fehlte. Mittels einer Sondersteuer für die Brautausstattung einer Königstochter konnte Henry rasch die große Summe aufbringen, die in mehreren Tranchen dann an den salischen Hof floss.

Der englische König dürfte durch diese Barschaft, die sein Schwiegersohn dringend für seinen geplanten Romzug benötigte, zudem die großväterlicherseits etwas anrüchige Herkunft Mathildes gnädig überdeckt haben. Denn der Vater Henrys, Wilhelm, hatte zwar vier Jahrzehnte zuvor England erobert und sich zum König krönen lassen, doch war er von unehelicher Geburt. Wilhelms Vater, der normannische Herzog Robert, hatte ihn mit einem einfachen Mädchen, der Gerbertochter Herleve, gezeugt. Daher war Wilhelms damaliger Beiname nicht wie heute „der Eroberer", sondern, weniger schmeichelhaft, „der Bastard".

Sein Sohn Henry I. (1068–1135), der die uneheliche Herkunft seines Vaters nun in den Hochzeiten der Kirchenreform umso schmerzlicher empfinden musste, versuchte diesen Makel nach seiner Thronbesteigung im Jahr 1100 durch eine besonders vornehme Ehe auszumerzen. Er heiratete im gleichen Jahr die schottische Königstochter Edith, die sich als Königin nach dem Vorbild der Gemahlin Wilhelms des Eroberers Mathilde nannte. Sie entstammte der alten angelsächsischen Königsfamilie, die durch Wilhelm von der Macht verdrängt worden war, und legitimierte so zusätzlich die Herrschaft ihres Mannes. Was ihr Prestige enorm steigerte, war die beginnende Verehrung ihrer Mutter Königin Margarethe von Schottland als Heilige, wie die damals entstandene Vita bezeugt, die Königin Mathilde in Auftrag gab.

Allerdings versuchten Neider, die Ehe zwischen Henry I. und Mathilde mit dem Argument zu verhindern, die Braut wäre eine geweihte Nonne und somit nicht mehr ehefähig. Mathilde wies diese schwere Anschuldigung vor einem geistlichen Gericht vehement und mit Erfolg zurück. Sie behauptete, im von ihrer Tante geleiteten Nonnenkloster Wilton zwar erzogen worden zu sein, den Schleier aber nur aus Schutzgründen vor lüsternen normannischen Männern getragen zu haben. Wann immer es ihre strenge Tante nicht sah, hätte sie sich den verhassten Nonnenschleier vom Kopf gerissen und auf ihm herumgetrampelt. Der Erzbischof von Canterbury schenkte ihr Glauben und vollzog als Primas der englischen Kirche Hochzeit und Krönung. Im Februar 1102 kam das erste Kind dieses englischen Königspaares auf die Welt, das ebenfalls den Namen Mathilde erhielt. Im nächsten Jahr folgte dann noch der Thronfolger Wilhelm. Außerehelich betätigte sich König Henry weitaus erfolgreicher, was die stolze Zahl zwanzig von ihm anerkannter „Bastarde" bezeugt, die er später mit hohen Ämtern bestens versorgte.

Für Heinrich V. war Prinzessin Mathilde daher durch ihre zweifache königliche Herkunft sowie durch ihre als Heilige verehrte Großmutter eine passende Partnerin. Neben dem schon erwähnten Bündnis gegen Frankreich sowie die immense Mitgift war es für den Salier wichtig, Schulterschluss mit einem bedeutenden europäischen Monarchen zu suchen, der sich wie er selbstbewusst den Anforderungen des Reformpapsttums stellte. Heinrichs Interesse an dieser Verbindung scheint sehr groß gewesen zu sein. Denn als die Eheabsprache durch eine eindrucksvolle deutsche Delegation am Pfingstfest 1109 in Westminster feierlich bekräftigt wurde, war für ihn klar, dass er noch fast fünf Jahre warten musste, bis seine kleine Braut mit zwölf Jahren dem damaligen Brauch entsprechend ehefähig war. Bedenkt man die nicht allzu große Lebenserwartung der damaligen Zeit, war es für einen zweiundzwanzigjährigen deutschen Herrscher durchaus riskant, so lange mit der möglichen Zeugung eines legitimen Erben zu warten. Immerhin scheint der junge Salier in der Zwischenzeit nicht ganz enthaltsam gelebt zu haben, wie seine damals geborene uneheliche Tochter Bertha zeigt, der er sogar den Namen seiner eigenen Mutter gab.

Die kleine Mathilde durfte noch fast ein dreiviertel Jahr am Hof ihrer Eltern bleiben und dort ihren achten Geburtstag feiern, bis sie im Februar 1110 endgültig Abschied nehmen und per Schiff über den Ärmelkanal in Richtung ihrer neuen Heimat segeln musste. Dort sollte sie möglichst frühzeitig Sprache und Gebräuche lernen sowie in ihre neue Aufgabe als deutsche Königin hineinwachsen. Das englische Königspaar hatte seiner einzigen Tochter eine verschwenderische Brautausstattung und ein großes Ehrengeleit mitgegeben, um am deutschen Hof entsprechenden Eindruck zu machen. Zur Einholung seiner Braut sandte Heinrich V. eine würdige Gesandtschaft. Nach der Landung nahe Boulogne ging die Reise über Land nach Lüttich. In dieser alten Bischofsstadt an der Maas traf die kleine Mathilde erstmals ihren erwachsenen Bräutigam. Das achtjährige Mädchen, das nun plötzlich im Mittelpunkt des Interesses stand, durfte hier gleichsam als Ehrerbietung und Einführung in ihre künftigen Aufgaben als deutsche Königin ihre erste bedeutende politische Aufgabe vornehmen. Sie legte bei Heinrich V. Fürsprache für den in Ungnade gefallenen Herzog Gottfried von Niederlothringen ein, wie man es ihr angewiesen hatte. Was für sie noch wie ein fremdartiges Spiel wirkte, sollte später fester Teil ihrer Pflichten als Königin sein. Damals konnte noch niemand ahnen, dass zehn Jahre später die Tochter eben jenes Gottfried Mathildes neue Stiefmutter werden sollte. Vier Jahre zuvor hatte Heinrich IV. in Lüttich seine letzten Anhänger im Kampf gegen seinen Sohn sammeln können, sodass Heinrich V. bemüht war, auch dort seine Macht und seinen Rang zu demonstrieren, was die Wahl der Stadt für dieses glanzvolle Ereignis erklärt.

Von Lüttich aus reiste der Brautzug nun ins nicht allzu weit entfernte Utrecht, wo der Hof Anfang April 1110 feierlich das Osterfest beging und die offizielle Verlobung feierte. Anschließend erhielt Mathilde schon ihre Morgengabe, reichen Grundbesitz in Niederlothringen (Rheinland und Maasgebiet), also genau in jenem Gebiet, wo man sich gerade aufhielt. Nun ging die Reise weiter nach Köln, damals die bedeutendste Stadt des Reiches. Wenige Jahre zuvor war hier bei Befestigungsmaßnahmen der antike Nordfriedhof der ehemaligen Römerstadt angeschnitten worden, was zu einer kuriosen Fehldeutung führte. Die massenhaft geborgenen Gebeine erklärte man zu Angehörigen der „Elftausend Jungfrauen", die unter ihrer Anführerin Ursula durch die Hunnen in Köln einst ihr Martyrium erlitten hatten. Der Legende nach stammte die Königstochter Ursula wie ihre Begleiterinnen aus England, sodass Mathilde gleichsam von Heiligen ihrer alten Heimat in ihrem neuen Reich empfangen werden konnte. Die Stadt entwickelte sich schon damals zu einem der wichtigsten kontinentalen Handelspartner Englands.

In Köln schiffte sich die illustre Gesellschaft ein. Pferde zogen die Boote flussaufwärts, bis mit Worms und Speyer die Zentren der salischen Dynastie erreicht waren. Nach dem durchgreifenden Umbau durch Heinrich IV. ging der Speyerer Dom gerade seiner endgültigen Vollendung entgegen. Auch wenn Mathilde aus ihrer normannischen Heimat beeindruckende romanische Großbauten kannte, dürfte diese damals größte Kirche der Christenheit sie in Erstaunen versetzt haben. Die bewusst eingesetzten antiken Anklänge sollten ihre Erbauer in der Tradition des in ihnen wiederaufgelebten weströmischen Reiches zeigen. Im sogenannten Königschor am östlichen Ende des Mittelschiffes ruhten die ersten beiden Könige der salischen Dynastie, an deren Seite einst auch Heinrich V. begraben werden wollte. Vielleicht führte der König seine kleine Braut auch in die noch ungeweihte Afrakapelle auf der Nordseite des Domes, in welcher der im Kirchenbann 1106 verstorbene Heinrich IV. damals noch begraben war. Da Mathilde noch kein Deutsch verstand, wird sie wohl erst während ihrer Ausbildung in Trier Näheres über dieses Familien- und Politdrama der Salier erfahren haben: Heinrich V., der von seinem Vater Heinrich IV. schon 1099 nach der Absetzung und Enterbung seines Bruders Konrad zum Mitkönig, aber nicht zum Mitregenten erhoben worden war, griff in den ersten Jahren des 12. Jahrhunderts nach der alleinigen Herrschaft. Aus Angst, dass sein lebenslang umstrittener und exkommunizierter Vater die Herrschaft des salischen Hauses und damit auch seine Nachfolge gefährden könnte, ging Heinrich V. zu den Gegnern Heinrichs IV. über. Der junge König setzte Ende 1105 seinen Vater durch eine List gefangen, nachdem er ihm zunächst Versöhnungsbereitschaft vorgetäuscht hatte. Alle Bitten und Tränen des alten Kaisers nutzten nichts. Anfang 1106 zwang ihn sein eigener Sohn in der Ingelheimer Pfalz zur schmachvollen Abdankung. Am Tag vor dem Fest der Heiligen Drei Könige ließ sich Heinrich V. in Mainz zum alleinigen König des Reiches krönen. Heinrich IV. gelang zwar noch die Flucht aus seiner Haft, doch verstarb er schon im Sommer 1106 in Lüttich, bevor er eine Entscheidungsschlacht führen konnte. Seine Feinde ließen den Leichnam einfach in der Nähe der Stadt verscharren. Dieser letzte Affront war jedoch selbst für seinen skrupellosen Sohn zu viel. Heinrich V. befahl, die Leiche seines Vaters nach Speyer zu bringen, der Grablege der salischen Dynastie, um dem gebannten Herrscher wenigstens in einer noch ungeweihten Seitenkapelle einen einigermaßen würdigen Begräbnisort nahe seinen Vorfahren zukommen zu lassen.

Gut ein halbes Jahr nach ihrer Ankunft im Reich erlebte die kleine Mathilde mit ihrer Krönung gleich einen besonderen Höhepunkt ihres langen Lebens. Heinrich V. hatte für diesen Staatsakt den Mainzer Dom vorgesehen, in dem er selbst vor vier Jahren zum König gekrönt worden war. Die Krönung Mathildes wurde auf den 25. Juli gelegt und damit auf den Festtag des hl. Jakobus des Älteren. Vielleicht war dieser Termin sogar Mathildes persönlicher Wunsch, bewies sie im Laufe der Zeit doch eine besondere Vorliebe für diesen Apostel und berühmten Pilgerheiligen. Als sie 1126 nach England zurückging, nahm sie eine bedeutende Handreliquie des hl. Jakobus mit, die später der Stauferkönig Friedrich Barbarossa vergebens als einstigen Teil des Reichsschatzes zurückforderte. Mathilde übergab diese Kostbarkeit in ihren letzten Jahren der englischen Abtei Reading, wo ihr Vater begraben war. In Mainz gab es auf einem Hügel über der Stadt seit der Mitte des 11. Jahrhunderts eine dem hl. Jakobus geweihte Abtei, was Mathilde sicherlich als Zeichen der Vorsehung auffasste.

Da bei ihrer Krönung der Mainzer Erzbischofsstuhl gerade unbesetzt war, konnte nicht der Primas der deutschen Kirche den Staatsakt vornehmen, sondern die beiden nächstrangigen höchsten Geistlichen, Erzbischof Friedrich I. von Köln und Erzbischof Bruno von Trier. Letzterem vertraute der König seine Braut an, damit sie bis zur ihrem zwölften Lebensjahr an seinem Hof die deutsche Sprache erlernen und umfassend auf ihre höchst bedeutende Aufgabe vorbereitet werden konnte. So nahm Mathilde nach nur wenigen Wochen schon wieder Abschied von ihrem ihr weitgehend unbekannten künftigen Ehemann und reiste mit Erzbischof Bruno Rhein und Mosel hinauf, wo Trier für dreieinhalb Jahre ihren festen Lebensmittelpunkt bilden sollte. Leider erfahren wir nichts über das Ausbildungsprogramm, das Erzbischof Bruno für sie vorbereitet hatte, doch scheint es höchst erfolgreich bei seiner Schülerin angeschlagen zu haben, wie die früh gereifte junge Königin seit ihrem zwölften Lebensjahr an der Seite ihres Mannes eindrucksvoll bewies. Mathildes gebildete Mutter, die in England einen eigenen Hof mit zahlreichen Gelehrten unterhielt, hatte ihr schon eine solide Grundlage vermittelt.

Dass Mathilde sofort nach ihrer Ankunft im Reich mit einer Morgengabe ausgestattet wurde, wie es eigentlich erst nach der Hochzeitsnacht üblich war, und schon zur Königin gesalbt und gekrönt worden war, obwohl noch Jahre bis zur möglichen Eheschließung gewartet werden mussten, erscheint höchst ungewöhnlich. Doch Heinrich V. bekundete so gegenüber seinem vielleicht doch etwas misstrauischen Schwiegervater sein hohes Interesse an seiner Braut und gab dem englischen König gleichsam auch eine Garantie für seinen unumkehrbaren Entschluss zur Hochzeit als Gegenleistung für die schon fließende hohe Mitgift.

Nur wenige Tage nach der Krönung Mathildes brach Heinrich V. zu seinem länger geplanten Romzug auf. Er hatte Großes vor. Nach dem Scheitern seines Vaters beim Investiturstreit (Einsetzung der Bischöfe durch den König vor der eigentlichen Weihe, was vom Reformpapsttum strikt abgelehnt wurde) wollte er nun eine endgültige Lösung erreichen, zumal dies die zunehmend selbstbewusster auftretenden Reichsfürsten von ihm immer drängender erwarteten. Nachdem sein Schwiegervater bereits 1107 im Vertrag von Westminster einen Kompromiss erreicht hatte, glaubte Heinrich V., auch für sich zügig einen Vergleich aushandeln zu können. Die hoffnungsfroh mit Papst Paschalis II. im Februar begonnenen Verhandlungen endeten allerdings in einem Desaster. Der König nahm kurzerhand den Papst samt seinen Kardinälen zeitweise gefangen und presste ihnen nicht nur die volle Anerkennung seiner bisherigen Investiturpraxis, sondern auch gleich die Lösung seines verstorbenen Vaters Heinrich IV. vom Kirchenbann sowie die Zusage zur Kaiserkrönung ab, die dann am 13. April 1111 im Petersdom vollzogen wurde. Damit hatte sich der Kaiser das Papsttum zum Feind gemacht, war er doch offensichtlich exakt in die Fußspuren seines in Rom überaus verhassten Vaters getreten.

Nachdem der Kaiser wieder über die Alpen gereist war, ließ der Gegenschlag nicht lange auf sich warten: Noch im Sommer 1111 wurde Heinrich V. exkommuniziert und auf dem Laterankonzil im März des Folgejahres die erzwungene Vereinbarung für null und nichtig erklärt. Allerdings konnte der Kaiser zunächst verhindern, dass der Kirchenbann über ihn in Deutschland verkündet wurde. Nach seiner Rückkehr ins Reich inszenierte sich Heinrich V. nun als Friedenskaiser im Glanz seiner neuen Würde. Er ließ seinen Vater Heinrich IV., den er an seinem Lebensende so schwer gedemütigt hatte, 1111 neben seine Ahnen im Mittelschiff des Speyerer Domes umbetten und erteilte der Stadt Speyer großzügige Privilegien, damit sie für das Seelenheil seines Vaters betete. Einen Tag danach setzte er seinen Kanzler und engen Vertrauten Adalbert als neuen Erzbischof von Mainz ein, der auch im Leben der Mathilde noch eine entscheidende Rolle spielen sollte. Nur ein Jahr später ließ der Kaiser Adalbert allerdings inhaftieren, da, so Heinrichs Vorwurf, der Erzbischof sich widerrechtlich an Reichsbesitz vergriffen hätte.

Am 7. Januar 1114 trat Mathilde erstmals nach ihrer knapp vier Jahre zurückliegenden Ankunft im Reich wieder ins Licht der Öffentlichkeit. Denn an diesem Tag ließ Heinrich V. in Mainz als Abschluss einer Reichsversammlung die Hochzeit mit ihr feiern. Die Stadt Mainz hatte der Kaiser nicht in erster Linie aufgrund ihrer verkehrsgünstigen Lage ausgewählt, sondern um seinen einstigen Freund Erzbischof Adalbert zu schädigen. Denn die Kosten der prachtvollen Feier sowie Unterbringung und Verpflegung der riesigen Gästeschar wurden aus den Einkünften der Mainzer Kirche bestritten. Obwohl Mathilde erst einen Monat später zwölf Jahre alt und damit eigentlich ehefähig geworden wäre, bestimmte der Kaiser dieses Datum aufgrund seiner Symbolträchtigkeit. Der Hochzeitstermin lag genau auf dem Folgetag des Festes der Heiligen Drei Könige, die nach der mittelalterlichen Auffassung die ersten, weil von Christus persönlich durch die Annahme ihrer Geschenke eingesetzten christlichen Könige waren. In diese Tradition wollte er sich und seine Gemahlin stellen. Die Feierlichkeiten richtete Heinrich V. mit größtmöglichem Prunk aus, präsentierte er sich doch nach seinem römischen „Erfolg" auf dem vermeintlichen Höhepunkt seiner Macht.

Die sogenannte „Anonyme Kaiserchronik" gibt der allgemeinen Hoffnung Ausdruck, nach den Wirren um den gebannten Heinrich IV. unter seinem Sohn endlich in ein glückliches Zeitalter einzutreten, indem hier geschrieben wird: *„Wenn Christus von seinem Himmel auf die Erde hinunterblickte, sah er, dass überall die christliche Religion und Frömmigkeit, ebenso aber auch die glückliche Entwicklung der Dinge, der Reichtum an*

Früchten und eine neue Lebensfreude allenthalben zu wachsen begann." Das glanzvolle Hochzeitsfest schien dieser optimistischen Sichtweise ganz zu entsprechen. Der Chronist schwärmt weiter: *„Zu der Hochzeit strömte eine große Menge von Erzbischöfen, Bischöfen, Herzögen und Grafen, auch von Äbten und Pröpsten und wohlunterrichteten Geistlichen zusammen, sodass kein Greis sich zu erinnern vermochte oder bezeugen konnte, zu seiner Zeit jemals vernommen oder gar gesehen zu haben, dass eine solche Zahl vornehmer Herren bei einer Versammlung vereint gewesen sei. Denn zu der Hochzeit selbst waren fünf Erzbischöfe, dreißig Bischöfe und fünf Herzöge zusammengekommen, von denen der Herzog von Böhmen oberster Mundschenk war. Die Anzahl der Grafen aber, der Äbte und Pröpste konnte von keinem Anwesenden, auch wenn er noch so scharfsinnig war, erfasst werden. Die Geschenke, welche verschiedene Könige und unzählige Fürsten dem Herrn Kaiser zu der Hochzeit schickten oder welche der Kaiser seinerseits der zahllosen Menge von Gauklern und Schauspielern und den vielerlei Leuten aus den verschiedensten Völkern austeilte, hat kein Geschichtsschreiber des Kaisers beschreiben können, so wie sie auch kein Kämmerer zählen konnte."* Der Braut wird darin gehuldigt als *„Jungfrau von vornehmen Sitten, berühmt und schön, von der gesagt wurde, sie bringe Ruhm und Ehre sowohl dem römischen Kaiserreich wie dem englischen Königreich. Sie stammte aus einem alten Geschlecht, das von beiden Seiten her sehr vornehm und königlich war, und gab Hoffnung auf künftige überreiche Tugend in allem, was sie sagte und tat, sodass alle hofften, sie werde Mutter eines Erben des römischen Kaiserreiches."*

Otto von Freising, der über seine Mutter, die Kaiserschwester Agnes ein Neffe Heinrichs V. war, gab rückblickend aber eine ganz andere Sicht auf den damaligen Zustand in Deutschland wieder: *„Kurz nach der Mainzer Hochzeit ... war das Reich in Parteien zerrissen. Diese Zerrissenheit war damals so gewaltig, dass außer Herzog Friedrich und seinem Bruder und dem Pfalzgrafen Gottfried bei Rhein es kaum einen der Fürsten gab, der* *nicht gegen den Kaiser aufstand."* Seiner Meinung nach nutzten die mit der Herrschaft Heinrichs Unzufriedenen ausgerechnet die Hochzeitsfeierlichkeiten, wo alles von Rang und Namen versammelt war, um gegen ihren Herrscher zu konspirieren. Ein großes Thema unter ihnen war natürlich die völlig inakzeptable Behandlung eines ihrer Standesgenossen, des Mainzer Erzbischofs Adalbert. Jederzeit konnte ihnen Ähnliches drohen, wobei auf herrscherliche Milde dann offensichtlich nicht zu hoffen war.

Königin Mathilde, die nach ihrer Hochzeit nun ständig an der Seite Heinrichs V. blieb, musste von Anfang an erleben, wie umstritten und gefährdet die Herrschaft ihres Mannes war. Der Aufstand der Sachsen, den Herzog Lothar von Supplinburg anführte, brachte dem Kaiser im Februar 1115 eine völlige Niederlage im Osten des Reiches bei, der nun dauerhaft für ihn verloren war. Im November des gleichen Jahres berief er einen Hoftag nach Mainz ein, um mit den Reichsfürsten zu verhandeln. Die über die dauerhafte Inhaftierung ihres Erzbischofs erbosten Mainzer Bürger und bischöflichen Ministerialen belagerten die neben dem Dom liegende Bischofspfalz, wo sich das Herrscherpaar aufhielt, die sie beinahe zum Einsturz gebracht hätten. In Todesangst versprach der Kaiser die Freilassung Adalberts. Nach dreijähriger strenger Haft hing dieser *„kaum noch an den Knochen"* wie ein Chronist anschaulich mitteilt. Aus Freundschaft war lebenslanger Hass geworden, mit dem Adalbert jetzt Heinrich verfolgte. Mathilde sollte einen ganz ähnlichen Konflikt später bei ihrem Sohn noch einmal erleben.

Im April 1115 ging auch Erzbischof Friedrich I. von Köln offen zu den Gegnern des Kaisers über und ließ demonstrativ den knapp drei Jahre zuvor ausgesprochenen Kirchenbann jetzt im Reich offiziell bekannt machen. Einen Ausweg aus den desolaten deutschen Verhältnissen bot für Heinrich V. ausgerechnet der Tod der Markgräfin Mathilde von Tuszien im Sommer 1115. Denn bei seinem Romzug vier Jahre zuvor hatte er bei einem dreitägigen vertrauten Aufenthalt bei ihr erreicht, dass die Markgräfin ihn als ihren Lehensherrn auch zum Erben ihrer reichen Eigengüter einsetzte. Nach der inzwischen aufgebrauchten Mitgift seiner Frau

Mathilde bot sich für den Kaiser jetzt die Gelegenheit, über deren Namensvetterin erneut zu Geld zu kommen, um den Kampf gegen seine zahlreichen Gegner aufzunehmen.

Weihnachten 1115 verbrachte das Kaiserpaar noch in Speyer, bevor der Hof nach Augsburg zog, dem traditionellen Ausgangsort der Italienreisen deutscher Herrscher. Im Gegensatz zum ersten Romzug Heinrichs sollte ihn diesmal auch Mathilde begleiten. Nur eine geringe Zahl an Truppen trat mit ihnen die Reise an, daneben einige wenige Reichsbischöfe, welche den Kirchenbann ihres Herrn ignorierten. Im März 1116 überschritt die Reisegesellschaft schon den Brennerpass und zog über Venedig und Treviso nach Canossa. Im Gegensatz zu seinem Vater Heinrich IV., der hier, ebenfalls begleitet von seiner Frau, in einem demütigenden Bußritual um die Aufhebung des Kirchenbanns bitten musste, traten Heinrich und Mathilde dort als die neuen Herren der reichen mathildischen Güter auf. Ein Lobgedicht hieß die Königin gar als „*neue Mathilde*" willkommen, die glanzvoll die Nachfolge ihrer berühmten gleichnamigen Vorgängerin antreten sollte.

Anscheinend verliefen die Übernahme der mathildischen Güter und die Anerkennung in den großen norditalienischen Städten reibungslos, sodass das Herrscherpaar im Frühjahr 1117 umjubelt in Rom einziehen konnte. Papst Paschalis II. hatte es allerdings nach seinen negativen Erfahrungen mit Heinrich V. bei dessen vergangenem Romzug vorgezogen, sicherheitshalber die Ewige Stadt in Richtung der Benediktinerabtei Monte Cassino zu verlassen, obwohl Abt Pontius von Cluny vom Kaiser als Vermittler zum Papst geschickt worden war. Die Abwesenheit des Papstes durchkreuzte die Pläne des Kaisers, vom Bann gelöst zu werden. Für Königin Mathilde bedeutete dies, dass sie nun nicht wie geplant im Petersdom zur Kaiserin gekrönt werden konnte. Dieses Manko versuchte das Herrscherpaar mittels zweier Festkrönungen durch den gebannten Erzbischof Mauritius von Braga zu überspielen, was aber keine rechtlichen Auswirkungen hatte. So blieb Mathilde nur der Titel *regina Romanorum* (Königin der Römer) anstelle eines höherwertigen Ranges als Kaiserin. Dieser feine Unterschied sollte in ihrem weiteren Leben noch eine Rolle spielen. Als Papst Paschalis II. im Januar 1118 starb und Gelasius II. seine Nachfolge antrat, ließ der Kaiser den Erzbischof von Braga zum Gegenpapst Gregor VIII. wählen, doch konnte sich dieser nicht durchsetzen und starb in Klosterhaft. Damit hatte sich auch der Versuch erledigt, Mathildes Krönung im Nachhinein einen offiziellen Charakter zu geben. Für die Königin dürften die römischen Feiern wie überhaupt der Italienaufenthalt der Höhepunkt in ihrer Zeit als deutscher Herrschergemahlin gewesen sein.

Im Gefolge des Kaisers war auch dessen einziges Kind, seine unehelich geborene Tochter Bertha, mit nach Italien gereist. Heinrich V. vermählte sie damals mit seinem Anhänger Graf Ptolemäus II. von Tusculum, um seine Interessen in Mittelitalien und im Umfeld der Stadt Rom dauerhaft zu sichern. Nach der Feier des Pfingstfestes 1118 verließ das Herrscherpaar nach einem immerhin einjährigen Aufenthalt die Ewige Stadt in Richtung Norditalien. Hier erhielt Heinrich V. Nachrichten vom gefährlichen Aufstand seiner Gegner im Reich, angeführt von Erzbischof Adalbert, was seine dringende Rückkehr erforderte. Vor seiner Abreise hatte der Kaiser die Reichsverwaltung seinem Neffen, dem Staufer Herzog Friedrich II. von Schwaben, sowie dem rheinischen Pfalzgrafen Gottfried von Calw anvertraut. Doch nach der Eroberung Oppenheims und der Befreiung von Mainz aus der Umklammerung durch den Schwabenherzog hatte Adalbert mithilfe seiner treuen Mainzer Bürger einen entscheidenden Schachzug gegen den Kaiser gewonnen. Bevor Heinrich V. überstürzt seine Heimreise antrat, setzte er seine sechzehnjährige Gemahlin vermutlich als Statthalterin in Norditalien ein, denn Mathilde blieb dort noch ein ganzes Jahr. Leider gibt es aus dieser Zeit nur spärliche Nachrichten über ihre Tätigkeit. Belegt ist ihre Leitung von Gerichtssitzungen. Die Erfahrung erstmals weitgehend selbstständig ausgeübter Macht dürfte für Mathilde prägend gewesen sein, zumal ihr spätestens nach dem vergangenen Jahr in Rom der imperiale Anspruch des deutschen Königtums überdeutlich vor Augen gestanden haben muss.

1119 ist Mathilde wieder an der Seite Heinrichs V. im Reich nachweisbar, der immer noch tief in die Auseinandersetzung mit den Erzbischöfen von Mainz und Köln sowie den Sachsen verstrickt war. 1121 schien der Dauerkonflikt vollends zu eskalieren. Heinrich belagerte Mainz, während Adalbert seine in Sachsen gesammelten Truppen herbeiführte. Die Reichsfürsten, deren Einfluss immer mehr zunahm, waren der langjährigen Kämpfe jedoch müde und brachten den Kaiser dazu, sich den Beschlüssen eines Vermittlungsausschusses der Großen des Reiches zu unterwerfen. Unmissverständlich forderten sie Heinrich auf, sich mit dem apostolischen Stuhl zu vergleichen. Da auch der neue Papst Calixt II. versöhnungsbereit war, konnte am 23. September 1122 mit dem Wormser Konkordat der Investiturstreit beendet und der Kaiser wieder in die Kirche aufgenommen werden. Mathilde, die an diesem wichtigen Ereignis deutscher Geschichte vor den Mauern der Stadt Worms teilnahm, dürfte vor allem über die Rücknahme der Exkommunikation erleichtert gewesen sein, versündigte sie sich doch in den Augen der Kirche durch die eheliche Gemeinschaft mit einem Gebannten. Vielleicht hoffte sie außerdem, der Himmel würde nun wieder gnädig auf das Herrscherpaar herabblicken, das trotz mittlerweile achtjähriger Ehe immer noch kinderlos war. Nach Abschluss des Wormser Konkordats scheinen die Kontakte zum englischen Hof wieder enger geworden zu sein. 1124 unternahm Heinrich V. mit seinen Truppen einen militärischen Vorstoß nach Metz, um den französischen König Ludwig VI. so lange abzulenken, bis sein Schwiegervater eine Rebellion in der Normandie niedergeschlagen hatte, die bisher von Frankreich unterstützt worden war. Offensichtlich war der Aufenthalt des Kaiserpaares im Frühjahr 1125 in Utrecht ebenfalls im Hinblick auf die englischen Beziehungen gewählt worden. Heinrich V. versuchte damals, diese Stadt aus der Herrschaft des örtlichen Bischofs zu lösen und dem Reich direkt zu unterstellen, damit eine Landbrücke abseits des feindlichen Grafen von Flandern in Richtung Ärmelkanal gesichert blieb.

Am 23. Mai 1125 verstarb Heinrich V. mit nur 39 Jahren an einer Krebserkrankung in Utrecht. Da er die Anzeichen seiner Krankheit wohl lange vor seiner Umgebung geheim gehalten hatte, traf den Hof wie die Königin sein plötzliches Ende unvorbereitet. Unmittelbar vor seinem Tod rief er *„diejenigen, die mit ihm waren, nämlich seine Gemahlin, die Königin Mathilde, und seinen Verwandten, Herzog Friedrich II. von Schwaben, sowie die übrigen Fürsten zu sich, gab ihnen, soweit er konnte, seinen Rat bezüglich des Zustandes des Reiches und vertraute sein Eigentum und die Königin dem Friedrich als seinen Erben an. Die Krone und die übrigen Abzeichen des Königs sollten nach seiner Anordnung bis zur Versammlung der Fürsten in einer völlig sicheren Burg, dem Trifels, aufbewahrt werden"*, beschrieb ein damaliger Chronist das dramatische Geschehen in den letzten Stunden des sterbenden Kaisers.

Heinrich V., mit dem die salische Dynastie in männlicher Linie ausstarb, beendete sein Leben am gleichen Ort wie sein Urgroßvater Konrad II., dem ersten deutschen Herrscher aus dieser Familie. Die Königinwitwe Mathilde, die rasch Vorbereitungen für die von Heinrich V. gewünschte Beisetzung im Dom zu Speyer treffen musste, ließ zunächst den Leichnam für die lange Reise entsprechend vorbereiten. Die entnommenen Eingeweide bestattete sie an der gleichen Stelle, wo schon jene Konrads II. ruhten. Bereits drei Tage nach dem Tod des Kaisers ist der von Mathilde angeführte Trauerzug vierzig Kilometer von Utrecht entfernt bezeugt, die Reise ging anscheinend rasch voran. In Speyer angekommen, geleitete die Königinwitwe ihren toten Gemahl in den Dom, der erst wenige Jahre zuvor endgültig vollendet worden war, und ließ ihn an der Seite seiner königlichen Vorfahren beisetzen. In Mathildes Gepäck befand sich auch der Reichsschatz mit den Krönungsinsignien, die sie Heinrichs Wunsch gemäß von Speyer aus auf die nicht allzu weit entfernte Burg Trifels oberhalb von Annweiler brachte, wo sie bis zur Klärung der Nachfolgefrage auf dem deutschen Thron sicher verwahrt waren.

Die Situation im Reich war ähnlich jener nach dem Tod Kaiser Heinrichs II. 1024. Es blieb jeweils eine kinderlose Witwe zurück, der ihr sterbender Gemahl die Reichsinsignien zur Verwahrung übergeben hatte, bis ein Nachfolger bestimmt war. Doch während Kunigunde bald darauf in das von ihr gegründete Kloster Kaufungen eintrat und damit aus der Geschichte verschwand, begann Mathilde ein zweites Leben, in dem ihre Jahre im Reich geradezu wie eine Vorübung erscheinen. Erzbischof Adalbert von Mainz, der Todfeind Heinrichs V., konnte auch nach dem Tod des Kaisers nicht von seinem Hass ablassen. Geschickt untergrub er die Wünsche des sterbenden Heinrichs V., dass einer seiner beiden staufischen Neffen, Friedrich II. von Schwaben oder dessen Bruder Konrad, beides Söhne seiner Schwester Agnes aus deren erster Ehe mit dem Schwabenherzog Friedrich I. von Hohenstaufen, ihm als deutscher König folge. Adalbert hatte aber keinerlei Interesse an einer Fortsetzung der Herrschaft von Angehörigen des salischen Hauses. Vielmehr hegte er ganz andere Pläne und betätigte sich selbst als „Königsmacher".

Zunächst erreichte er von der Königinwitwe die Herausgabe der Reichsinsignien. Wie ihm das gelang, bleibt im Dunkel der Geschichte verborgen. Mathilde dürfte in den Jahren an der Seite ihres Mannes mehr als einmal erfahren haben, dass dem Erzbischof nicht zu trauen war. Von daher scheint die Überlieferung des Chronisten Otto von Freising – ebenfalls ein Sohn der Kaiserschwester Agnes, allerdings aus deren zweiter Ehe mit dem Babenberger Markgraf Leopold III. von Österreich – Glaubhaftigkeit zu besitzen, Adalbert hätte dies allein durch einen Betrug an der Königinwitwe erreicht. Leider teilt er nicht mit, worin die falschen Versprechungen bestanden, die er ihr machte, um an den Kronschatz zu gelangen. Mathilde gab auf sein Verlangen hin dem Kastellan der Reichsburg Trifels Anweisung, ihm das Gewünschte auszuhändigen. Damit hatte sie allerdings ihre eigenen Einflussmöglichkeiten auf die Nachfolgeregelung im Reich entscheidend geschwächt.

Adalbert berief für den 24. August 1125 eine von ihm geleitete Wahlversammlung der Reichsfürsten nach Mainz ein, um den seit drei Monaten vakanten deutschen Königsthron neu zu besetzen. Sein vorrangiges Ziel war es dabei, den von Heinrich V. designierten Erben, Schwabenherzog Friedrich II., den Weg ins Herrscheramt zu verbauen. Um der Wahlversammlung einen möglichst ausgewogenen Anschein zu geben, berief er je zehn Fürsten und Bischöfe aus Bayern, Schwaben, Franken und Sachsen nach Mainz, damit alle deutschen Stämme gleichgewichtig vertreten waren. Die vierzig Würdenträger konnten sich aber nicht auf einen Kandidaten einigen, sodass immer noch drei Kontrahenten zur Wahl standen. Neben Herzog Friedrich war es dessen Stiefvater Markgraf Leopold III. von Österreich sowie der sächsische Herzog Lothar von Supplinburg. Um das Geschehen in seine Richtung zu lenken, provozierte Adalbert den ihm verhassten Friedrich, indem er von allen Kandidaten den Schwur verlangte, dass diese sich demjenigen unterordnen wollten, der schließlich gewählt würde. Erwartungsgemäß legten Leopold und Lothar den Schwur sofort ab, während Friedrich wütend die Versammlung verließ, die für ihn eigentlich eine reine Formsache war, hatte ihn doch Heinrich V. als nächsten männlichen Nachkommen zum Erben bestimmt und ihm das salische Hausgut samt Königinwitwe und Kronschatz anvertraut. Diesen Eklat interpretierten die Wahlmänner ganz im Sinne Adalberts als einem künftigen König unangemessene Arroganz und Ablehnung der Fürsten als Teilhaber der Königsmacht. Der Kandidat Lothar erreichte schließlich sogar, dass Friedrichs eigener Schwiegervater, der bayerische Herzog Heinrich der Schwarze aus dem Geschlecht der Welfen, auf seine Seite wechselte. Denn Lothar versprach Heinrichs Sohn die Hand seiner Erbtochter Gertrud, was die Chancen der Welfen enorm steigerte, nach dem Tod des damals schon fünfzigjährigen Lothar dessen Nachfolge antreten zu können. Adalberts Rechnung ging auf. Die Fürsten wählten nun seinen Kandidaten, den Sachsenherzog, zum König, der am 13. September 1125 als Lothar III. den deutschen Thron bestieg.

Über die Rolle Mathildes in diesem Machtpoker gibt es eine interessante Vermutung. Es könnte sein, dass Heinrich V. kurz vor seinem Tod der erst Dreiundzwanzigjährigen nahegelegt hat, den jüngeren Bruder des schon verheirateten Friedrich, Konrad, zu ehelichen und ihm dadurch zur Herrschaft zu verhelfen. So hätte der Kaiser nicht nur seiner jungen und fähigen Ehefrau die Fortsetzung ihrer Herrschaft ermöglicht, sondern auch an einen Angehörigen der salischen Dynastie das Reich weitergegeben. Dass bei den Mainzer Wahlverhandlungen dann nur Friedrich zur Verfügung stand, lag daran, dass sich Konrad damals auf einer Pilgerfahrt ins Heilige Land befand. Da nicht abzusehen war, wann und ob er überhaupt von dieser gefährlichen und langen Reise zurückkehren würde, stellte sein Bruder für sich selbst Ansprüche auf den Thron. Nach seiner Rückkehr wurde Konrad 1127 in Rothenburg zum Gegenkönig ausgerufen. Ein Jahr später gelang es ihm sogar, sich in Monza zum König der Lombardei krönen zu lassen. Trotz dieser ersten Erfolge verließ Konrad bald das Glück. Zusammen mit seinem Bruder musste er sich schließlich Lothar III. unterwerfen. Erst nach dessen Tod konnte er 1138 seine Thronansprüche durchsetzen. Allerdings gibt es in der neueren Forschung auch die These, Konrad wäre damals schon verheiratet gewesen und Heinrich V. hätte ihn nie auf Pilgerfahrt gehen lassen, wenn von seiner Seite die Absicht bestand, ihn als potenziellen Nachfolger aufzubauen.

Mathilde blieb nach dem Tod Heinrichs V. noch ein ganzes Jahr im Reich. Ihren Witwensitz scheint sie auf der mächtigen Rheinburg Hammerstein in der Nähe von Andernach genommen zu haben. Anscheinend kehrte der Staufer Konrad in dieser Zeit noch nicht zurück, sodass sie schließlich dem dringenden Wunsch ihres Vaters nachgab und im September 1126 mit ihm den Ärmelkanal überquerte. Der englische Chronist Wilhelm von Malmesbury teilt mit, dass bis zur Zeit ihrer Wiederverheiratung 1128 mehrmals vornehme Gesandtschaften lothringischer und lombardischer Großer am englischen Hof eintrafen und vergeblich Mathilde als ihre Herrin einforderten. Diese Notiz scheint die Theorie über eine von Heinrich V. gewünschte Hochzeit mit seinem Neffen Konrad zu bestätigen, der ab 1128 von der Lombardei aus agierte. Die Chronik des von Mathilde später geförderten Klosters Le Bec-Hellouin in der Normandie berichtet, wohl auf ihre Informationen hin, die Fürsten des deutschen Hofes hätten zu Lebzeiten des Kaisers ihre Klugheit und ihre vornehmen Umgangsformen so geschätzt, dass sie sich auch nach dessen Tod weiterhin von ihr Befehle erteilen lassen wollten. Daher hätten sie gerne Mathilde in ihrem Land als Herrin behalten und selbst nach deren Weggang nach England am dortigen Hof diesen Wunsch vorgebracht. Doch habe ihr königlicher Vater dies nicht gewollt. Auch deutsche Chronisten stellen der „guten" Mathilde ein hervorragendes Zeugnis aus, während sie später in England als arrogante Unruhestifterin verteufelt werden sollte.

Der lange Arm des Vaters

Dass sich Mathildes Schicksal nach dem Tod Heinrichs V. radikal ändern sollte, lag vor allem an einem Unglücksfall in ihrer Herkunftsfamilie, der sich im Jahr 1120 ereignet hatte: Am 25. November 1120 zerschellte bei seiner Ausfahrt aus dem normannischen Hafen von Barfleur das „Weiße Schiff" der englischen Flotte an einem Riff. Bei dieser Schiffskatastrophe kam auch der einzige legitime Bruder Mathildes und damit der künftige Thronerbe der Normandie und Englands ums Leben. Angeblich soll sein Vater König Henry I. nach Erhalt der Todesnachricht seines Sohnes William nie wieder gelächelt haben. Der Kronprinz hatte im Juni 1119 die Tochter des Grafen Fulko V. von Anjou geheiratet, doch war die kurze Ehe kinderlos geblieben. König Henry, der seit 1118 verwitwet war, besaß zwar ein Dutzend unehelicher Söhne. Im Gegensatz zu seinem außerehelich geborenen Vater Wilhelm dem Eroberer war es nun in Zeiten der sich machtvoll durchsetzenden Kirchenreform nur noch für einen in vollgültiger und kirchlich anerkannter Ehe geborenen Sohn möglich, rechtmäßiger Nachfolger zu werden. Daher musste der alte König jetzt alles daran setzen, nochmals einen legitimen Sohn zu zeugen. So ging er nur zwei Monate nach dem

Unfalltod Williams eine neue Ehe ein und heiratete Adeliza. Sie war eine Tochter des niederlothringischen Herzogs Gottfried VII. von Löwen, eines Lehensmanns des deutschen Kaisers, wodurch Henry eine weitere Verbindung zum Reich knüpfte. Leider erfüllten sich seine Erwartungen nicht. Die Ehe blieb kinderlos. In dieser schwierigen Zeit scheint Königin Mathilde Kontakt zu ihrem leidgeprüften Vater gesucht zu haben. Im Frühjahr 1122 plante sie eine Reise nach England. König Henry erwartete seine Tochter schon in Kent, als Mathilde die Reise wieder abbrechen musste, da der mit dem französischen König verbündete Graf von Flandern ihr die Durchreise zum Ärmelkanal verweigerte.

Dass der englische König damals daran gedacht hätte, seine Tochter Mathilde gemeinsam mit Heinrich V. zum Erben einzusetzen, wodurch ein riesiges normannisch-deutsches Reich entstanden wäre, besitzt wenig Wahrscheinlichkeit. Die neue normannische Oberschicht in England wäre wohl nie bereit gewesen, einen solchen fremden Herrn zu akzeptieren. Eine weitere Option, einem Enkel aus dieser Ehe England zu vermachen, erledigte sich durch den frühen Tod Heinrichs V. 1125, da er und Mathilde keine lebenden Kinder hatten. Nur ein englischer Chronist überliefert die etwas zweifelhafte Nachricht, Mathilde hätte ein Kind zur Welt gebracht, das allerdings schon bald nach der Geburt gestorben sein soll. Stimmt dies, dann wäre für König Henry immerhin ersichtlich gewesen, dass seine einzige Tochter nicht unfruchtbar war.

Ein Jahr nach dem Tod ihres kaiserlichen Gemahls gab Mathilde jedenfalls alle nur zu vermutenden Pläne eines weiteren Lebens im Reich auf Wunsch ihres Vaters auf und folgte ihm nach England. Jetzt setzte Henry allein auf sie als Nachfolgerin. Im Anschluss an einen Hoftag Weihnachten 1126 in Windsor ließ er alle geistlichen und weltlichen Großen seines Reiches einen Eid schwören, dass sie, sollte er ohne männlichen Erben sterben, allein seine Tochter Mathilde als Herrin Englands anerkennen würden. Er pries sie an als frühere Kaiserin, die nicht nur väterlicher-, sondern auch mütterlicherseits auf eine lange Reihe von Königen zurückblicken könne. Das wohl inzwischen auch am englischen Hof als Gerücht bekannte Manko einer fehlenden Kaiserinnenkrönung Mathildes durch den Papst versuchte Henry zu überspielen, indem er etwas nebulös und beschönigend verkündete, sie wäre in Rom zweimal unter der kaiserlichen Krone einhergeschritten, die sie aus der Hand des höchsten Priesters empfangen hätte. Geschickt verschleierte er mit der Formulierung „höchster Priester", dass der Papst mit seinen Kardinälen geflohen war und somit nur ein Erzbischof tatsächlich der verbliebene ranghöchste Geistliche in der Ewigen Stadt war. Als Gegenleistungen sicherte er der Schwurgemeinschaft zu, Mathilde nicht außerhalb des Königreiches zu verheiraten. So wollte er der Angst des normannischen Adels begegnen, sich einem landfremden Herrn unterwerfen zu müssen.

Allerdings vergaß er rasch diese Zusage, da er unbedingt erneut eine Eheverbindung zu den Grafen von Anjou knüpfen wollte, wie sie auf seinen Wunsch schon sein verunglückter Sohn William hatte schließen müssen. Die Grafen von Anjou waren direkte Nachbarn der Normandie, auf die sie immer wieder Ansprüche erhoben. König Henry wollte unbedingt einen Ausgleich herstellen. So zwang er seine Tochter Mathilde, den Bruder ihrer Schwägerin, den jungen Gottfried den Schönen von Anjou, zu heiraten. Zuvor musste der König aber beim Papst um einen Ehedispens bitten, da das Brautpaar recht nah miteinander verwandt war. Allerdings konnte dieses Hindernis durch mitgesandte reiche Geschenke in Rom schnell beseitigt werden. Schon nach Pfingsten 1127 musste Mathilde in die Normandie reisen, um sich mit Gottfried zu verloben. Die Hochzeit fand erst im Sommer 1128 in Le Mans statt, nachdem König Henry seinen Schwiegersohn zum Ritter geschlagen hatte, und endete zunächst in einem Fiasko. Nach nur einem Jahr flüchtete Mathilde zurück zu ihrem Vater an den normannischen Hof in Rouen, wo sie zwei Jahre lang getrennt von ihrem Mann lebte.

Das rasche Scheitern der Ehe hatte wohl verschiedene Gründe. Zunächst einmal war der Altersunterschied beträchtlich: Mathilde war bei der Eheschließung 26, ihr Mann erst 15 Jahre alt. Für die Erbtochter des englischen Königs und normannischen Herzogs und Witwe des deutschen Kaisers war es ein enormer gesellschaftlicher Abstieg, „nur" einen Grafen heiraten zu müssen. Sie scheint ihrem gerade mündig gewordenen, aus ihrer Sicht unbedeutenden Mann allzu deutlich ihre Abneigung und Verachtung gezeigt zu haben, während dieser sich von ihrer Arroganz ständig provoziert fühlte. Der junge Gottfried konnte die Nachfolge in der Grafschaft Anjou nur antreten, weil sich für seinen Vater Fulko V. plötzlich eine andere Herrschaftsmöglichkeit eröffnete. Pfingsten 1128 heiratete dieser die Erbtochter Melisende des Königs Balduin II. von Jerusalem, doch scheint die Aussicht für Mathilde, bald einen König zum Schwiegervater zu haben, kein wirklicher Trost gewesen zu sein. Ende August 1131 reiste die immer noch getrennt lebende nunmehrige Gräfin von Anjou mit ihrem Vater nach England. Dort ließ König Henry I. am 8. September in Northampton die geistlichen und weltlichen Großen Englands ihren Eid auf Mathilde wiederholen. Die Versammlung forderte aber auch die Rückkehr zu ihrem Ehemann. Mathilde beugte sich diesem übergroßen Druck und willigte notgedrungen in eine Wiederaufnahme ihrer Ehe ein. Auch Gottfried hatte inzwischen eingelenkt und Besserung gelobt, um seine Frau zur Rückkehr zu bewegen. Als öffentliche Buße hatte er sogar geplant, als Pilger nach Santiago de Compostela zum Lieblingsheiligen Mathildes zu reisen, wovon er aber abgebracht werden konnte.

Der beiderseitige Wille zur Aussöhnung war von Erfolg gekrönt. Denn im März 1133 wurde das erste Kind der beiden geboren, der spätere König Heinrich II. Ihm folgten noch im Mai 1134 mit Gottfried und im Juli 1136 mit Wilhelm zwei weitere Söhne. Allerdings verlief die Geburt Gottfrieds, die in Rouen am Hof ihres Vaters erfolgte, so dramatisch, dass Mathilde danach schwer erkrankte und glaubte, sterben zu müssen. Sie machte ihr Testament und wählte schon die Abtei Le Bec-Hellouin nahe Rouen als Grablege aus, während ihr Vater vergeblich wünschte, sie solle sich in der Kathedrale von Rouen bestatten lassen, wie es ihrem Rang entsprochen hätte. Für alle überraschend überlebte Mathilde und gesundete rasch. Damit blieb König Henry erspart, auch noch sein zweites legitimes Kind sterben zu sehen, an das er all seine Nachfolgehoffnungen knüpfte. Mit ihren drei Söhnen wurde Mathilde zur Stammmutter der Plantagenets, wie sich die Dynastie nun nach dem Turnierzeichen Gottfrieds des Schönen, einem goldenen Ginsterzweig, nannte.

Inzwischen hatte wohl auch König Henry I. begriffen, dass die englischen Barone nicht gewillt waren, einen Grafen von Anjou als künftigen König zu akzeptieren. Vielleicht gab es sogar Pläne, dass er sein Reich nun nur noch Mathilde und ihrem ältesten Sohn Heinrich hinterlassen wollte. Auf jeden Fall zerbrach sein bisher gutes Verhältnis mit seinem Wunschschwiegersohn Gottfried und auch Mathilde scheint den Kontakt mit ihrem Vater vorübergehend eingestellt zu haben. Grund war der Streit um einige Burgen an der Grenze zwischen Anjou und der Normandie, die zu Mathildes Morgengabe gehörten, aber von König Henry beansprucht wurden. Ausgerechnet in dieser innerfamiliär angespannten Situation verstarb am 1. Dezember 1135 der englische König nach kurzer Krankheit in Lyons-la-Forêt. Spätere englische Chronisten, die insgesamt Mathildes nachfolgenden Herrschaftsanspruch ablehnten, verstiegen sich gar zu der gehässigen Bemerkung, der König sei am Ärger über seine Tochter gestorben. Auch die offensichtlichen Schwierigkeiten in Mathildes Ehe wurden von ihnen dahin gehend interpretiert, sie wäre ein arrogantes, in Deutschland verzogenes Mannweib, das kein Ehemann der Welt ertragen könne. Allzu deutlich verbindet sich in diesen Diffamierungen die Angst vor einem weiblichen Herrschaftsanspruch mit, modern gesprochen, fremdenfeindlichen Vorbehalten.

Kampf um Englands Krone

Mit dem Tod des Königs schienen die Großen Englands ihren Schwur auf Mathilde als seiner Nachfolgerin plötzlich vergessen zu haben. Denn unvermittelt tauchte ein Konkurrent um die Krone auf, der sich in nur drei Wochen durchsetzte. Stephan von

Blois, Sohn einer Schwester König Henrys I., hatte schon immer in dessen Gunst gestanden. So vermittelte König Henry ihm die Hand der reichen Erbin Mathilde von Boulogne. Stephan setzte sofort nach Erhalt der Todesnachricht nach England über, wo bereits sein Bruder, Bischof Heinrich von Winchester, den Boden für ihn bereitet hatte. Die Bürger von London, denen Stephan lukrative Steuerprivilegien in Aussicht stellte, öffneten ihm die Tore und jubelten ihm als ihrem neuen Herrn begeistert zu. Bischof Heinrich überzeugte nun noch den zunächst widerstrebenden Erzbischof von Canterbury und sicherte den Kronschatz, sodass sein Bruder Stephan schon am 22. Dezember 1135 zum König von England gekrönt werden konnte. Nachdem er noch den Segen von Papst Innozenz II. eingeholt hatte, schien die Herrschaft seines Bruders unangreifbar.

Mathilde dürfte von diesem Coup ihres Cousins wie auch über die Treulosigkeit des englischen Hochadels mehr als entsetzt gewesen sein. In der Annahme, die Nachfolge ihres Vaters friedlich und unangefochten antreten zu können, scheinen sie und ihr Mann keinerlei militärische Vorbereitungen für einen eventuellen Kampf um Mathildes Thronrechte getroffen zu haben. Zudem war sie beim Tod ihres Vaters mit ihrem dritten Kind schwanger. Nach den schweren Komplikationen bei der Geburt ihres zweiten Kindes und ihrer nachfolgenden lebensbedrohlichen Erkrankung wird Mathilde ausgerechnet jetzt schon aus gesundheitlichen Gründen nicht fähig gewesen sein, irgendwelche Schritte jenseits des Kanals zu unternehmen. Die Ressourcen der Grafschaft Anjou waren zudem nicht allzu üppig, um sofort auf breiter Front zu reagieren.

Zusammen mit ihrem Mann nahm sie zunächst das naheliegendste Ziel ins Visier, die Anerkennung ihrer Herrschaft im Herzogtum Normandie. Auch hier war zunächst Stephan von Blois als Herzog bestätigt worden. Mathilde forderte zunächst die Grenzburgen aus ihrer Mitgift ein, während ihr Mann Gottfried zwar ebenfalls einen Vorstoß in die Normandie versuchte, aufgrund eines Aufstands in Anjou aber wieder in seine Grafschaft zurückkehren musste. Mathilde hielt sich die nächsten drei Jahre bis 1139 nicht in der Grafschaft ihres Mannes, sondern in ihren wenigen normannischen Grenzburgen auf, um sich wenigstens diesen Zipfel ihres versprochenen Reiches zu sichern. In dieser schwierigen Zeit ging Mathilde dazu über, sich nicht mehr „Gräfin von Anjou" zu nennen, sondern sich mit dem erheblich eindrucksvolleren Titel „Kaiserin" zu schmücken. Während sie im Reich an der Seite Heinrichs V. als „Königin der Römer" urkundete, da sie nie durch den Papst in Rom zur Kaiserin gekrönt worden war, setzte sie nun gezielt diesen europäischen Spitzenrang im Poker um die Macht ein. Bis zum Ende ihres Lebens hielt sie an ihrem Kaiserinnen-Titel fest, erweitert durch den Zusatz „Tochter König Henrys". Ab jetzt benutzte sie auch wieder ihr altes Siegel aus ihrer deutschen Zeit, das die thronende Königin mit der Umschrift *„Mathildis dei gratia romanorum regina"* (Mathilde, von Gottes Gnaden Königin der Römer) zeigt, und nicht ihr Gräfinnen-Siegel. Es ist das älteste erhaltene Siegel einer deutschen Königin. Gerade jetzt in ihrer Zeit weitgehender politischer Ohnmacht besann sie sich wieder verstärkt darauf, was sie einst gewesen war, um ihren Machtanspruch zu untermauern. Für ihre Gegner blieb sie aber einfach die Gräfin von Anjou, um sie und ihre Ansprüche möglichst klein zu halten.

Im März 1137 setzte König Stephan in die Normandie über und ließ dem Lehensherrn des Herzogtums, König Ludwig VI. von Frankreich, von seinem Sohn Eustace huldigen. Der neue englische König verprellte aber viele Barone der Normandie durch die flämischen Truppen, die er mit sich führte, obwohl er reichlich Privilegien und Besitztümer verteilte. Noch im gleichen Jahr konnte Gottfried von Anjou dagegen beträchtliche Gebietsgewinne im Westen der Normandie machen. Doch der wichtigste Erfolg für Mathildes Ambitionen war der Übertritt des Grafen Robert von Gloucester, eines unehelichen Sohnes ihres Vaters Henry, von Stephans Seite auf die ihre.

Von dieser erweiterten Machtperspektive aus startete Mathilde Anfang 1139 eine neue Initiative im Kampf um den Thron. Sie sandte den Bischof von Angers zum Papst, um ihm darzulegen, dass sie aufgrund der geleisteten Eide die rechtmäßige Nachfolgerin ihres Vaters sei. Doch ein Anhänger König Stephans hintertrieb auf perfide Weise ihr Vorgehen. Er behauptete am päpstlichen Hof, die Eide der Großen Englands wären ungültig, weil sie von König Henry erzwungen worden wären. Weiterhin verbreitete er, der König hätte auf seinem Sterbebett die Nachfolge seinem Neffen Stephan übertragen und seine Tochter enterbt. Zudem wärmte er jene längst vergessenen haltlosen Vorwürfe auf, Mathildes Mutter wäre bei ihrer Eheschließung schon eine geweihte Nonne gewesen, die Ehe daher ungültig und Mathilde dementsprechend ein Bastard! Bischof Ulger von Angers war auf diesen Tiefschlag gegen seine Herrin nicht vorbereitet. Innozenz II., der damals mit dem Zweiten Laterankonzil vollauf beschäftigt war, blieb daher bei seiner Unterstützung König Stephans, zumal er von dessen Gesandtschaft reiche Geschenke erhielt. Bischof Ulger konnte nach seiner Rückkehr Mathilde nur resigniert von der Käuflichkeit des Papstes berichten und ihr Hoffnung auf einen baldigen Wechsel auf dem Stuhl Petri machen.

Nun war Mathilde bereit, alles in die Waagschale zu werfen und endlich nach England überzusetzen, um ihren verräterischen Cousin direkt zu bekämpfen. Während ihr Mann Gottfried in der Normandie die Stellung hielt, begleitete sie ihr wichtigster neuer Verbündeter, ihr Halbbruder Robert von Gloucester. Mathilde konnte neben diesem vor allem auf die Unterstützung ihres Onkels, König David von Schottland, zählen. Die Zeit schien nun für sie zu arbeiten, denn Stephan hatte mittlerweile nicht nur den enormen Kronschatz für seine Günstlinge weitgehend aufgebraucht, den er von König Henry übernommen hatte, sondern auch einen großen politischen Fehler begangen. Aus Angst vor eventuellen Aufständen einzelner Großer des Reiches versuchte er, die wichtigsten Burgen des Landes unter seine Kontrolle zu bringen. Als sich diesem Ansinnen Bischof Roger von Salisbury sowie dessen Neffen Alexander, Bischof von Lincoln, und Nigel, Bischof von Ely, verweigerten, ließ sie König Stephan einsperren, bis sie ihm ihre Burgen unter Gewaltandrohung übertrugen. Stephans Bruder Bischof Heinrich von Winchester war von dieser Aktion alles andere als begeistert, bedeutete dies doch einen inakzeptablen Zugriff des Königs auf Kirchengut, was er als frisch ernannter englischer Legat des Papstes nie und nimmer gutheißen konnte. Mathilde behauptete später, der Legat hätte damals brieflich Kontakt mit ihr aufgenommen und bedeutende englische Adelsmänner hätten sie aufgefordert, ihr Erbreich in Besitz zu nehmen.

Am 30. September 1139 landete die Kaiserin zusammen mit Robert von Gloucester und einem Trupp ihrer Ritter aus dem Anjou in England. Während ihr Halbbruder sogleich in seinen Stützpunkt Bristol weiterzog, stieg Mathilde zunächst bei ihrer Stiefmutter Königin Adeliza in deren Burg Arundel nahe der Küste ab. Die beiden Damen hatten vorher über Gesandte Kontakt aufgenommen, sodass sich Mathilde hier sicher fühlen konnte. König Stephan, der zunächst daran dachte, seine Cousine sofort gefangen zu setzen, ließ sich von seinem bischöflichen Bruder ins Gewissen reden, dass er damit seinen Ruf ruiniere. So erhielt Mathilde freies Geleit und Bischof Heinrich begleitete sie sogar persönlich nach Bristol. Hier ließ sie sich huldigen und nahm wie selbstverständlich königliche Rechte wahr. Nach zwei Monaten reiste sie weiter nach Gloucester, wo sie sich die nächsten zwei Jahre im Schutz ihres Halbbruders aufhielt und ihre Herrschaftsansprüche weiter ausbaute. Gloucester besaß eine große Burg und war als zeitweilige Residenz der normannischen Könige bestens als Ausgangsbasis für Mathilde geeignet. Aus den Kampfhandlungen der Anhänger der Kaiserin und des Königs entwickelte sich allmählich im Lauf des Jahres 1140 ein Bürgerkrieg im Südwesten Englands, der vor allem aus Belagerungen von Burgen und Plünderungen des Umlandes bestand. Bischof Heinrich von Winchester versuchte Frieden zu stiften, sodass sich Delegationen Mathildes und Stephans zu Verhandlungen trafen. Doch scheiterten diese schließlich an der Sprunghaftigkeit des Königs, während die Kaiserin wohl zu dieser Zeit anscheinend schon zu einem Kompromiss bereit war.

Im Februar 1141 änderte sich jedoch schlagartig die Situation zugunsten Mathildes. In einer Schlacht bei Lincoln gelang es den Anhängern der Kaiserin, König Stephan gefangen zu nehmen und ihn zur ihr nach Gloucester abzuführen. Zusammen mit ihrem Halbbruder beschloss Mathilde, ihn in Bristol lebenslang einzukerkern. Einen Monat später nahm Bischof Heinrich von Winchester Verhandlungen mit ihr auf. Die Kaiserin machte ihm als päpstlichem Legaten das Angebot, künftig völlige Freiheit bei der Vergabe von Bischofssitzen und Abtsstühlen zu lassen, wenn er sie in der heiligen Kirche als Herrin Englands aufnehme und ihr ewige Treue schwöre. Heinrich tat dies und führte sie schon am nächsten Tag in feierlicher Prozession wie eine Königin in die Kathedrale von Winchester. Im April 1141 berief er ein Konzil der englischen Kirche nach Winchester, wo die versammelten Bischöfe und Äbte des Landes Mathilde nun als Herrin Englands anerkannten sowie ihr die Kroninsignien und den Kronschatz übergaben. Nun war sie nur noch eine Stufe von ihrem Ziel, dem Thron Englands, entfernt.

Mit dieser Wahl eines englischen Herrschers durch ein Konzil beschritt Mathilde einen bisher noch nicht gekannten Weg. Ihre Hoffnung setzte sie anscheinend auf eine päpstliche, weil überparteiliche Anerkennung, die sie durch den römischen Legaten Heinrich von Winchester als Anführer des Konzils gegeben sah. Vielleicht hoffte sie auch, dass sich die geistlichen Großen der Insel besser als ihre weltlichen Kollegen an einmal geschworene Eide erinnern würden oder zumindest größere Skrupel besaßen, diese zu brechen. Recht merkwürdig mutet der auf dem Konzil eigens für Mathilde geschaffene Titel *„domina Angliae“* (Herrin Englands) an. Wahrscheinlich war er eine zwischen beiden Parteien gefundene Kompromissformel, um den Königinnentitel zu vermeiden, den auch Mathilde in keiner Zeit ihres Kampfes um den englischen Thron verwandte. Denn der vollgültig durch den Erzbischof von Canterbury gesalbte und gekrönte König Stephan war zwar gefangen, aber (noch) nicht zurückgetreten. Seit dem Konzil von Winchester bis zu ihrem Lebensende nannte sie sich nun klangvoll *„Mathildis imperatrix Henrici regis filia et Anglo-*

rum domina" (Kaiserin Mathilde, Tochter König Henrys und Herrin der Engländer). In dieser Titelfolge fasste sie nicht nur ihr gesamtes Leben, sondern auch all ihre Ansprüche zusammen. Die „Gräfin von Anjou", wie sie von ihren Gegnern abschätzig tituliert wurde, fiel dabei unter den Tisch.

Mit dieser kirchlichen Anerkennung im Rücken konnte die Kaiserin nun freier agieren und weitere Anhänger um sich sammeln. Da sie aber auf keine größeren finanziellen Ressourcen zurückgreifen und auch über keine umfangreichen Güter verfügen konnte, vertröstete sie die zu ihr Übergetretenen vor allem mit Versprechen auf zukünftige Belohnung. In ihrem Auftreten orientierte sie sich nun noch stärker an ihrem machtbewussten Vater, der recht selbstherrlich regiert hatte. Doch was diesem noch als übliche normannische Herrschaftsausübung nachgesehen wurde, rief bei seiner Tochter jetzt herbe Kritik hervor. Daher war es wohl weniger ihr Gebaren, das die meisten Chronisten als kalt, selbstherrlich, hochmütig und beratungsresistent beschrieben, als letztendlich das allgemeine Befremden über ihren weiblichen Herrschaftsanspruch, den sie mit männlichen Mitteln durchzusetzen versuchte.

Wie zahlreich die Anhänger König Stephans noch waren, musste sie bitter erfahren, als sie zwei Monate nach dem Konzil in Winchester nach London zu ihrer geplanten Krönung reisen wollte. Nicht nur die Reiseroute musste umständlich um Burgen ihrer Gegner herumgeführt werden. Auch Stephans Gattin, Königin Mathilde von Boulogne, erwies sich als ernst zu nehmende Widersacherin der Kaiserin. Die englische Königin verfügte dank ihrem Erbland Boulogne über eine schlagkräftige Flotte und hatte flandrische Söldner zu ihrer Unterstützung über den Ärmelkanal geholt. So hielt sie tapfer die Stellung im Südosten der Insel, wobei sie sich auch auf die Unterstützung der Londoner Bürger verlassen konnte. Immerhin waren es Abgesandte dieser Stadt, die in Winchester vergebens bei der Kaiserin um die Freilassung König Stephans gebeten hatten. Die Kaiserin ließ sich dadurch jedoch nicht von ihrem Plan abbringen. Von der Abtei St. Albans aus, wo sie als neue Herrin begrüßt worden war, nahm sie Verhandlungen mit der Stadt London auf, die ihr schließlich die Tore öffnete. Sie hielt mit ihrem Gefolge feierlichen Einzug und begab sich in den Palast von Westminster, um hier ihre Krönung vorzubereiten. Leider verstand es die Kaiserin nicht, die Londoner auf ihre Seite zu ziehen, die von König Stephan privilegiert worden waren. Vielmehr verärgerte sie durch ungeschicktes Handeln die selbstbewussten und wohlhabenden Londoner Handelsherren, indem sie von ihnen, wie schon ihr Vater, hohe Steuern einforderte, um ihren eigenen finanziellen Spielraum zu erweitern. Die Besetzung des Towers mit einem konfliktfreudigen, mächtigen Baron ließ die Stadt wohl zu Recht um eine Einschränkung ihrer gerade aufkeimenden bürgerlichen Freiheiten fürchten.

Am 24. Juni 1141 geschah daher das von Mathilde nicht Vorhergesehene: Es kam zu einem Aufstand der Londoner Bürger, die sich in übergroßer Menge vor dem Palast von Westminster zusammenrotteten. Die Kaiserin war anscheinend völlig überrascht. Ihre nur kleine militärische Schutztruppe, sicherlich eine der Bedingungen der Londoner für ihren Einzug, hatte dem nichts entgegenzusetzen. Hals über Kopf musste Mathilde aus dem Palast fliehen, um einer Gefangennahme oder Schlimmerem zu entgehen und erreichte mit knapper Not das sichere Oxford. Damit war ihr Ziel einer Krönung in weite Ferne gerückt.

Die Kaiserin scheint über diesen Affront außer sich und verzweifelt gewesen zu sein, sodass sie nun einen zweiten, noch entscheidenderen Fehler beging. Nun ließ sie die Burg Bischof Heinrichs belagern, um den päpstlichen Legaten gefangen zu nehmen, dem sie wohl ein falsches Spiel unterstellte. Die überstürzte militärische Aktion ging jedoch gründlich schief. Mathilde wurde von Heinrichs und Stephans Anhängern in der Burg von Winchester umzingelt und konnte sich auch hier nur durch eine riskante Flucht mit wenigen Begleitern vor einer Gefangennahme retten. Eine spätere Überlieferung spricht davon, die Kaiserin wäre von ihren Getreuen gar in einem Sarg aus der Stadt geschmuggelt worden. Mathilde verschanzte sich daraufhin in der Burg Devizes, wo sie eine niederschmetternde Nachricht erhielt. Ihre Gegner hatten nun auch ihren wichtigsten Helfer, ihren Halbbruder Robert von Gloucester, gefangen nehmen können. Heinrich von Winchester, der noch Anfang des Jahres ihre Rechte auf dem Konzil anerkannt hatte, war durch den Überfall Mathildes nun erst recht wieder auf die Seite seines Bruders Stephan gewechselt. Das Spiel der Kaiserin schien verloren. Anfang November 1141 musste sie ihr wertvollstes Pfand, den gefangenen König, an Königin Mathilde von Boulogne ausliefern, damit diese im Gegenzug Robert von Gloucester freiließ.

Bischof Heinrich berief nun ein neues Konzil ein, diesmal in Westminster. Auf diesem führte er Anklage gegen die Kaiserin, die ihre Versprechungen gegenüber der Kirche gebrochen hatte und sogar mit Gewalt gegen ihn vorgegangen war. Damit war der Schwur der geistlichen Herren auf dem Konzil von Winchester hinfällig und König Stephan wieder als rechtmäßiger König anerkannt. Bischof Heinrich nahm Mathilde nicht nur ihren Überfall übel. Aus seiner Sicht hatte sie einen noch weit gravierenderen „Sündenfall" begangen. Im Hochgefühl ihrer Anerkennung auf dem Konzil hatte sie ihren dort gegebenen Schwur sofort vergessen, nicht mehr in die Besetzung freiwerdender Bischofsstühle einzugreifen. Denn sie war ihrem großen Unterstützer, ihrem Onkel König David von Schottland, noch einen Gefallen schuldig. Als der Bischof von Durham starb, setzte David hier gegen den Widerstand der örtlichen Domkleriker seinen Kanzler als Kandidaten durch. Mathilde segnete dieses in den Augen der Kirchenreform unmögliche Vorgehen ab, indem sie den Kandidaten ihres Onkels bestätigte. Damit war für Heinrich klar, was die Versprechungen der Kaiserin wert waren. Nun wollte auch er sich nicht an das in Winchester Vereinbarte mehr halten.

Der treue Robert von Gloucester übernahm nach einer Beratung unter den verbliebenen Anhängern der Kaiserin im Sommer 1142 die Aufgabe, persönlich in die Normandie zu reisen, um von Mathildes Mann militärische Unterstützung zu erbitten. Gottfried der Schöne konnte während der Abwesenheit seiner Frau seine Position in der Normandie weiter ausbauen, auch wenn er noch nicht eine allgemeine Anerkennung gefunden hatte. So half ihm Robert von Gloucester bei seiner Ankunft erst einmal, einige gegnerische Burgen rund um Caen zu erobern. Da der Graf von Anjou selbst noch mitten in den Kämpfen um das Herzogtum steckte, waren seine Möglichkeiten zur Unterstützung seiner Frau begrenzt. Immerhin brachte Robert knapp 500 Ritter mit nach England. Mit sich führte er auch den ältesten Sohn der Kaiserin, den mittlerweile neunjährigen Heinrich. Denn nach der Niederlage Mathildes war es ihm klar, dass diese nun nicht mehr für sich, sondern nur noch für ihren Sohn die Herrschaft einfordern konnte.

Als Robert zurückkehrte, musste er erfahren, dass der zwischenzeitlich schwer erkrankte König Stephan nicht nur wieder genesen war, sondern die Kaiserin in der Burg von Oxford belagerte. Nachdem ihre Gegner schon die halbe Stadt niedergebrannt hatten und die Gefahr für sie immer größer wurde, entschloss sie sich auch hier zu einer waghalsigen Flucht. Wie groß Mathilde selbst die Gefahr einschätzte, zeigt sich an ihrem hier abgelegten Gelübde, eine Abtei zu stiften, sollte sie lebend durchkommen. Mitten in der Nacht verließ sie nur mit drei Rittern durch eine Nebenpforte unbemerkt die Burg auf der Flussseite. Da die Themse durch den harten Winter weitgehend zugefroren war, konnte der kleine Trupp über das Eis auf die andere Seite fliehen. Alle hatten sich zuvor in weiße Mäntel gehüllt, um unbemerkt zu bleiben, was auch gelang. Erst nach einem kilometerlangen Marsch durch tiefen Schnee hatten sie die feindlichen Linien hinter sich gelassen, sodass Mathilde wieder ihre sichere Burg Devizes erreichte. Hier traf sie nach dreijähriger Trennung ihren Sohn Heinrich wieder, den sie nun systematisch als ihren Nachfolger aufbaute. An ihrer Seite empfing er die Huldigung ihrer verbliebenen englischen Vasallen. Die ritterliche Erziehung des Knaben übernahm in den folgenden eineinviertel Jahren weitgehend sein Onkel Robert von Gloucester, der sich meistens in seinem Stützpunkt Bristol aufhielt.

Bis zu ihrem Weggang in die Normandie 1148 unterhielt die

Kaiserin nun in der Burg von Devizes einen bescheidenen Hofstaat. Hier konnte sie sich sicher fühlen, blieb doch der Südwesten Englands trotz aller Angriffe König Stephans weitgehend in der Hand ihrer Anhänger. Diese kämpften zwar in ihrem Namen, doch meist auf eigene Rechnung. Die wechselseitigen ewigen Scharmützel, Belagerungen und Plünderungen der beiden Parteien zermürbten allmählich das englische Volk. In die Geschichte ging diese Periode daher unter dem wenig ruhmvollen Begriff „Zeit der Anarchie" ein. Englische Chronisten gaben Mathilde die Schuld. Einer von ihnen fasste die Situation in einem überspitzten Wortspiel zusammen. Als Verballhornung ihres als Machtanspruch verwendeten Titels *imperatrix* (Kaiserin) schrieb der Autor eines Lebensberichtes König Stephans, sie wäre vielmehr eine *inquietatrix* (Unruhestifterin). Wer mit Stephan unzufrieden war, wechselte zu Mathilde und umgekehrt. Zusammen mit ihrem Halbbruder Robert konnte sie sich in einem Kernland fest behaupten und hier tatsächlich wie eine Landesherrin agieren, unter anderem auch Münzen prägen lassen. 1146 nahm Mathilde Verhandlungen mit ihrem königlichen Cousin auf. Da aber jeder auf seiner Maximalposition beharrte, trennten sich die Gesandtschaften ergebnislos.

Inmitten dieser schwierigen Jahre muss es für Mathilde ein großer Trost gewesen sein, dass sich ihr Mann Gottfried in der Normandie nach zähem Ringen endgültig durchsetzen konnte, was auch ihrem Kampfwillen in England neuen Auftrieb gab. Im Januar 1144 hatte Gottfried der Schöne Rouen, die Hauptstadt der Normandie, erobert und führte von dieser Zeit an den Herzogstitel. Die Kaiserin schickte daraufhin ihren Sohn Heinrich wieder zu seinem Vater zurück, wo er sich die nächsten fünf Jahre auf seine jetzt unbestrittene Aufgabe vorbereiten konnte, als rechtmäßiger Erbe der Normandie baldmöglichst das Herzogsamt auszufüllen. Seinen Mut bewies der junge Mann, als der Vierzehnjährige Anfang 1147 mit einer kleinen Schar Ritter den Ärmelkanal überquerte, um die durch die Einnahme der Burg von Lincoln geschwächte Position seiner Mutter zu stärken. Doch das militärische Kleinstunternehmen war nicht von Erfolg gekrönt. Als er daraufhin auch seine Söldner nicht bezahlen konnte, da weder er noch seine Mutter über genug Geld verfügten, soll gar König Stephan ausgeholfen haben, um den jungen Kämpfer und seine Ritter möglichst schnell wieder loszuwerden. Tatsächlich kehrte Prinz Heinrich sogleich wieder in die Normandie zurück.

Anfang 1148 beschloss die Kaiserin, nach achteinhalbjährigem erfolglosen Kampf England zu verlassen und in die Normandie überzusiedeln. Ihre wichtigsten Unterstützer wie ihr Halbbruder waren mittlerweile verstorben. Nun musste sie auch noch ihre langjährige Residenz Devizes aufgeben, denn die Burg gehörte eigentlich zum Besitz des bischöflichen Stuhles von Salisbury, dessen neuer Amtsinhaber sie jetzt zurückforderte. Um seinem Wunsch Nachdruck zu verleihen, hatte der Bischof sich von Papst Eugen III. eigens eine Urkunde ausstellen lassen, die jeden mit der Exkommunikation bedrohte, der bischöflichen Besitz nicht herausgab. Das wäre natürlich das Letzte gewesen, was Mathilde in ihrer schwierigen Situation noch gebrauchen konnte. Wohl resigniert über ihren für sie aussichtslosen Kampf um die englische Krone, ihre prekäre finanzielle Situation und die bröckelnde Unterstützung verließ sie die Insel, die sie bis zu ihrem Tod nie wieder betreten sollte. Zudem war ihr Sohn Heinrich bald mündig und erwachsen genug, die Thronansprüche seiner Mutter nun für sich selbst durchzusetzen.

König Stephan wollte diesem neuen Konkurrenten um die Krone gleich den Wind aus den Segeln nehmen, indem er die Krönung seines Sohnes Eustace zum Mitkönig betrieb. Um sich hierbei größtmöglich abzusichern, versuchte er, sich die Unterstützung Papst Eugens III. einzuholen. Auf dem Konzil von Reims im Frühjahr 1148 sollte die Angelegenheit verhandelt werden. Doch beging der König den Fehler, dem Erzbischof Theobald von Canterbury die Reise zum Konzil zu verweigern, was dort nicht gut ankam. Der Papst bereitete die Exkommunikation Stephans vor und konnte daran nur durch das plötzliche Auftauchen Theobalds gehindert werden. Aber der Papst war nachhaltig über den englischen König verärgert und damit seine

Zustimmung zur Krönung Eustaces erst einmal vom Tisch.

1149 reiste Prinz Heinrich wiederum nach England. Diesmal in friedlicher Absicht, aber dennoch zur Aufrechterhaltung seiner Ansprüche. In Carlisle erhielt er in einer feierlichen Zeremonie den Ritterschlag von seinem Großonkel König David von Schottland. Diese Idee könnte von der Kaiserin entwickelt worden sein, denn eigentlich wäre es Sache des französischen Königs als Lehensherr der Normandie gewesen, seinen künftigen Vasallen zum Ritter zu schlagen. Doch hätte dies die von normannischer Seite gerne abgeschüttelten französischen Rechte zusätzlich befördert. Zudem war Ludwig VII. noch nicht vom Kreuzzug zurückgekehrt, sodass dieser Affront keine Folgen hatte. Mit König David wurden wiederum die englischen Rechte Heinrichs gestärkt, war er doch einer der stärksten Unterstützer seiner Mutter.

Einen einmaligen Coup gegen den französischen König Ludwig VII. konnte Heinrich durch die Hochzeit mit dessen frisch geschiedener Gemahlin, Eleonore von Aquitanien, am 18. Mai 1152 landen. Die Scheidung, vordergründig wegen zu naher Verwandtschaft ausgesprochen, war von der Königin ausgegangen, obwohl sie während der fünfzehnjährigen Ehe König Ludwig zwei Töchter geboren hatte. In Wahrheit war sie seiner allzu frommen, fast mönchischen Lebensweise überdrüssig. Heinrich scheint Eleonore erst ein Jahr zuvor in Paris kennengelernt zu haben, als er mit seinem Vater Gottfried den französischen Hof aufsuchte, um vor dem Königspaar doch noch den Lehenseid für die Normandie abzulegen. Damals versuchten Vater und Sohn wohl auch erfolgreich, Ludwig VII. von seiner Unterstützung König Stephans abzubringen und auf ihre Seite zu ziehen. Der zehn Jahre jüngere Heinrich muss auf die Königin sowohl durch Attraktivität und Temperament wie auch seine politischen Perspektiven einen großen Eindruck gemacht haben. Dank der Hochzeit mit der Erbtochter des Herzogtums Aquitanien und der Grafschaft Poitou beherrschte der Normannenherzog jetzt halb Frankreich. Auf der Rückreise vom Pariser Hof 1151 war sein Vater Gottfried mit nur vierzig Jahren verstorben, sodass Heinrich neben der Normandie auch die Grafschaften Anjou, Maine und Touraine besaß. Leider wissen wir nicht, was die Kaiserin von ihrer Schwiegertochter hielt, der nicht der allerbeste Ruf vorauseilte. Mit diesem ungeheuren Machtzuwachs im Rücken setzte Heinrich 1153 wieder nach England über, damit er den Kampf um sein wichtigstes Erbreich fortsetzen konnte.

Einen Wendepunkt bedeutete der frühe Tod des ältesten Sohnes König Stephans, der als Thronfolger vorgesehen war. Um England endlich wieder einen dauerhaften Frieden zu geben, verzichtete Stephan darauf, einen weiteren Sohn als Nachfolger zu bestimmen. Unter der Führung seines Bruders Bischof Heinrich konnte noch 1153 der Vertrag von Winchester geschlossen werden. König Stephan adoptierte darin Herzog Heinrich und setzte ihn als Erben Englands ein. Schon im Herbst des folgenden Jahres verstarb Stephan, sodass sich Heinrich II. am 19. Dezember 1154 mit seiner Gemahlin Eleonore unangefochten zum neuen englischen Königspaar krönen lassen konnte. Damit hatte sich nach fast zwei Jahrzehnten des Kampfes um den Thron Mathildes großer Traum erfüllt, wenn auch nicht für sie selbst, sondern für ihren Sohn. Doch ohne ihr zähes Ringen und das unermüdliche Aufrechterhalten ihrer Ansprüche hätte dieser nie Englands Thron bestiegen. Über ihre Anwesenheit bei der Krönung in Westminster ist nichts bekannt. Vermutlich verzichtete sie klugerweise auf eine Reise nach London, um die Krönung nicht mit den Erinnerungen an ihr eigenes Fiasko in Westminster zu belasten. Sie hatte sich in England während der „Zeit der Anarchie" einfach zu viele Feinde gemacht. Auf jeden Fall sandte sie eine ihrer beiden äußerst prächtigen Kronen, die sie aus Deutschland mitgenommen hatte, über den Ärmelkanal, um mit diesem Symbol daran zu erinnern, dass der neue englische König Sohn einer Kaiserin war.

Am Ufer der Seine

Die letzten neun Jahre ihres Lebens verbrachte Mathilde überwiegend in der Nähe der normannischen Hauptstadt Rouen.

Doch zog sie sich nicht in ein Kloster zurück, sondern bewohnte einen Palast ihres Vaters. In Quevilly am Südufer der Seine hatte dieser einst ein Schloss errichtet, zu dem ein weitläufiger Jagdpark gehörte. Neben der Residenz lag zudem die klösterliche Niederlassung Notre-Dame-du-Pré, ein Priorat der von Mathilde besonders geförderten normannischen Abtei Le Bec-Hellouin. Somit konnte die Kaiserin hier nicht nur ein überaus angenehmes weltliches Leben führen, sondern sich auch zunehmend religiösen Pflichten widmen, wie man es von einer Dame ihres Standes und ihres Alters erwartete. Später ließ die Kaiserin aus ihren Mitteln vom benachbarten Saint-Sever eine steinerne Brücke über die Seine hinüber nach Rouen errichten. So förderte sie nicht nur den Handel der Großstadt. Vielmehr hatte sich Mathilde damit einen sicheren, schnellen und bequemen Weg in die Hauptstadt geschaffen. Dies war umso wichtiger, da sie ihren Sohn bei dessen Englandaufenthalten in der Normandie als Statthalterin mehrfach vertrat. Noch deutlich vor Eleonore war sie für ihren Sohn die erste Ratgeberin. Neben der lebenslangen Dankbarkeit Heinrichs II. für ihren Kampf um die Normandie und England schätzte er ihre immense politische Erfahrung wie ihren weiten imperialen Horizont, den sie sich an der Seite Heinrichs V. erworben hatte.

Die Kaiserin dürfte nach den vergangenen zwei turbulenten Jahrzehnten sicherlich ihre unangefochtene Machtstellung in der Normandie genossen haben. Sie förderte Klöster und Kirchen, stellte Urkunden aus, schlichtete Streit. Hier musste sie sich auch nicht mehr die unverschämte Polemik gegen ihren Machtanspruch wie in England gefallen lassen. Jetzt endlich war sie, wie schon in ihrer deutschen Zeit, wieder die „gute" Mathilde, deren Rat gesucht und deren Befehle befolgt wurden.

Die Kaiserin konnte auch noch die Geburt aller ihrer acht Enkel aus der Ehe Heinrichs mit Eleonore erleben, die der Dynastie der Plantagenets eine glänzende und vermeintlich lang während Zukunft versprachen. Seine erste Tochter nannte das Paar Mathilde. Sie kam im Juni 1156 in London auf die Welt und wurde 1167, im Todesjahr ihrer Großmutter, mit dem Welfen

Heinrich dem Löwen, Herzog von Sachsen und Bayern, verlobt. Die Eheverhandlungen fanden schon im Frühjahr 1165 in Rouen statt, an denen die Kaiserin selbstverständlich teilnahm. Aus dieser Ehe ging auch ein Sohn namens Otto hervor, der 1198 mit maßgeblicher Unterstützung seines berühmten Onkels König Richard Löwenherz den deutschen Thron als Otto IV. bestieg und 1209 schließlich in Rom die Kaiserkrone errang. Sowohl bei den Ansprüchen Herzog Heinrichs des Löwen wie auch ihres Urenkels Otto spielte unter anderem die Verwandtschaft mit Kaiserin Mathilde eine Rolle.

Obwohl die Kaiserin großen Einfluss auf ihren Sohn hatte, konnte sie diesen nicht davon abbringen, 1162 seinen Kanzler und engen Freund Thomas Becket zum Erzbischof von Canterbury zu erheben. Mathilde ahnte wohl aufgrund ihrer schmerzhaften Erfahrung mit Adalbert von Mainz, wie schnell sich Freundschaft und Treue in ewigen Hass umwandeln konnten. Wie sie vorhergesehen hatte, verstand sich der neue Primas der Insel plötzlich nicht mehr als Erfüllungsgehilfe der Politik seines Königs, sondern pochte streng und unerbittlich auf die Unantastbarkeit des Besitzes und der Freiheit der ihm anvertrauten englischen Kirche. Der Streit der beiden, in dem Mathilde vergeblich zu vermitteln versuchte, eskalierte 1164 mit der Flucht des Erzbischofs ins französische Exil. Allerdings musste sie nicht mehr miterleben, wie es nach dessen Rückkehr 1170 zu seiner Ermordung in der Kathedrale von Canterbury kam. Ihr Sohn konnte lebenslang nicht mehr den Verdacht abschütteln, in diese ungeheuerliche Bluttat involviert gewesen zu sein, die in ganz Europa Aufsehen erregte. Erspart blieb Mathilde ebenfalls, den rapiden Zerfall der Dynastie der Plantagenets mit ansehen zu müssen, der ab 1173 mit der langjährigen Inhaftierung Eleonores durch Heinrich II. und den Aufstand seiner Söhne gegen ihn begann.

Mathilde verstarb am 10. September 1167 in ihrem Palast nahe Rouen. Wie schon bei ihrer schweren Erkrankung 33 Jahre zuvor gewünscht, fand sie ihr Grab in ihrer normannischen Lieblingsabtei Le Bec-Hellouin, die nicht allzu weit von Rouen entfernt lag.

Zwei Jahre nachdem die Kaiserin von England wieder in die Normandie zurückgekehrt war, brannte das damals schon aufgrund seiner Gelehrsamkeit und als Ausbildungsstätte späterer Bischöfe berühmte Benediktinerkloster vollständig ab. Mathilde engagierte sich beim Wiederaufbau derartig großzügig, dass sie mit einer Grabstätte vor dem Hochaltar der neuen Kirche genau jenen Ehrenplatz einnehmen konnte, der ansonsten für die eigentlichen Gründer reserviert war. Hierher stiftete sie auch ihre wertvollsten Schätze, die noch aus ihrer Zeit an der Seite Heinrichs V. stammten, darunter zwei wertvolle Kronen. Die überlieferte Inschrift ihrer Grabplatte rühmte sie als „Groß durch Geburt, größer durch Heirat, aber am größten durch den Nachkommen. Hier liegt die Tochter, Gemahlin und Mutter Heinrichs."

Für die Erwähnung ihres zweiten Mannes fand sich anscheinend kein Platz. Selbst hier ist noch der Stolz Mathildes zu spüren, der durch die Wiederheirat mit einem einfachen Grafen einen schweren Dämpfer erhalten hatte. Ihr Grabspruch ist gleichsam ein Resümee ihres Lebens wie auch ein letztes Eingeständnis, dass ihr letztendlich Machtausübung im eigenen Namen trotz zähen Kampfes nicht zugestanden wurde.

Wer heute die Abtei besucht, findet leider keinerlei Reste mehr aus der Zeit Mathildes. Im Hundertjährigen Krieg zwischen England und Frankreich geplündert und zerstört, gehen die meisten Gebäude auf den barocken Wiederaufbau zurück. Selbst der mächtige Glockenturm Saint-Nicolas, heute das Wahrzeichen der Abtei, stammt erst aus dem 15. Jahrhundert. Mitte des 19. Jahrhunderts wurden die Gebeine der Kaiserin aus der Kirchenruine geborgen und in die Kathedrale von Rouen übertragen.

ANHANG

Literaturauswahl

Allgemein:

Fößel, Amalie, Die Königin im mittelalterlichen Reich. Herrschaftsausübung, Herrschaftsrechte, Handlungsspielräume, Mittelalter-Forschungen 4, Stuttgart 2000.

Jäschke, Kurt-Ulrich, Notwendige Gefährtinnen. Königinnen der Salierzeit als Herrscherinnen und Ehefrauen im römisch-deutschen Reich des 11. und beginnenden 12. Jh., Saarbrücken 1991.

Lexikon des Mittelalters, Berlin 1980 ff.

Schnith, Karl Rudolf, Frauen des Mittelalters in Lebensbildern, Graz-Wien-Köln 1997.

Uitz, Erika u. a. (Hg.), Herrscherinnen und Nonnen. Frauengestalten von der Ottonenzeit bis zu den Staufern, Berlin 1990.

Weinfurter, Stefan, Das Jahrhundert der Salier (1024–1125), Stuttgart 2004.

Wolf, Gunther, „Sanctae feminae venerabiles" der Ottonen, in: Zeitschrift für Kirchengeschichte 106, 1995, S. 222–230.

Adelheid:

Althoff, Gerd, Otto III., Darmstadt 1996.

Goez, Werner, Lebensbilder aus dem Mittelalter. Die Zeit der Ottonen, Salier und Staufer, 2. Auflage Darmstadt 1998.

Hlawitschka, Eduard, Kaiserinnen Adelheid und Theophanu, in: Schnith, Karl Rudolf (Hg.), Frauen des Mittelalters in Lebensbildern, Graz-Wien-Köln 1997, S. 27–71.

Hüffer, Hermann, Das Leben der Kaiserin Adalheid von Odilo von Clugny (deutsche Übersetzung), Berlin 1856.

Keiser, Bruno, Bevor das Jahr Tausend anbrach. Adelheid – Königin, Kaiserin, Heilige in bewegter Zeit, Düsseldorf 1995.

Laudage, Johannes, Otto der Große, 2. Auflage Regensburg 2006.

Paulhart, Herbert, Die Lebensbeschreibung der Kaiserin Adelheid von Abt Odilo von Cluny, Graz-Köln 1962.

Staab, Franz und Unger, Thorsten, Kaiserin Adelheid und ihre Klostergründung in Selz, Speyer 2005.

Weinfurter, Stefan, Kaiserin Adelheid und das ottonische Kaisertum, in: Frühmittelalterliche Studien 33, 1999, S. 1–19.

Wollasch, Joachim, Cluny und das Grabkloster der Kaiserin Adelheid in Selz, in: Studien und Mitteilungen zur Geschichte des Benediktinerordens und seiner Zweige 116, 2005, S. 19–31.

Theophanu:

Althoff, Gerd, Otto III., Darmstadt 1996.

Colonia Romanica. Jahrbuch des Fördervereins Romanische Kirchen Köln e. V., Bd. XXI, 2006, Neue Forschungen zur Geschichte, Baugeschichte und Ausstattung von St. Pantaleon in Köln.

Eickhoff, Ekkehard, Theophanu und der König, Stuttgart 1996.

Engels, Odilo, Theophanu – Die westliche Kaiserin aus dem Osten, in: Engels, Odilo und Schreiner, Peter (Hg.), Die Begegnung des Westens mit dem Osten, Sigmaringen 1993, S. 13–36.

Fußbroich, Helmut, Theophanu. Die Griechin auf dem deutschen Kaiserthron 972–991, Köln 1991.

Hlawitschka, Eduard, Kaiserin Adelheid und Kaiserin Theophan, in: Schnith, Karl Rudolf (Hg.), Frauen des Mittelalters in Lebensbildern, Graz-Wien-Köln 1997, S. 27–71.

Von Euw, Anton und Schreiner, Peter (Hg.), Kaiserin Theophanu. Begegnung des Ostens und Westens um die Wende des ersten Jahrtausends, 2 Bde., Köln 1991.

Wolf, Gunther (Hg.), Kaiserin Theophanu. Prinzessin aus der Fremde – Des Westreichs große Kaiserin, Köln-Weimar-Wien 1991.

Kunigunde:

Baumgärtner, Ingrid (Hg.), Kunigunde – eine Kaiserin an der Jahrtausendwende, 2. Auflage Kassel 2002.

Dengler-Schreiber, Karin, Kaiserin Kunigundes Familie und Trier, in: Bericht des Historischen Vereins Bamberg 143, 2007, S. 11–24.

Dick, Stefanie u. a. (Hg.), Kunigunde – consors regni. Vortragsreihe zum tausendjährigen Jubiläum der Krönung Kunigundes in Paderborn (1002–2002), München 2004.

Guth, Klaus, Kaiserin Kunigunde. Kanonisation und hochmittelalterlicher Kult, in: Bericht des Historischen Vereins Bamberg 137, 2001, S. 101–116.

Ders., Kaiser Heinrich II. und Kaiserin Kunigunde. Das heilige Herrscherpaar. Leben, Legende, Kult und Kunst, 2. Auflage Petersberg 2002.

Neumüller-Klauser, Renate, Der Heinrichs- und Kunigundenkult im mittelalterlichen Bistum Bamberg, Bamberg 1957.

Pflefka, Sven, Kunigunde und Heinrich II. – politische Wirkungsmöglichkeiten einer Kaiserin an der Schwelle eines neuen Jahrtausends, in: Bericht des Historischen Vereins Bamberg 135, 1999, S. 199–290.

Ders., Heilige und Herrscherin – Heilige oder Herrscherin? Rekonstruktionsversuche zur Kaiserin Kunigunde, in: Bericht des Historischen Vereins Bamberg 137, 2001, S. 35–52.

Schneidmüller, Bernd, Kaiserin Kunigunde. Bamberger Wege zu Heiligkeit, Weiblichkeit und Vergangenheit, in: Bericht des Historischen Vereins Bamberg 137, 2001, S. 13–34.

Weinfurter, Stefan, Heinrich II. (1002–1024). Herrscher am Ende der Zeiten, 3. Auflage Regensburg 2002.

Agnes von Poitou:
Althoff, Gerd, Heinrich IV., Darmstadt 2006.
Black, Mechthild, Die Töchter Kaiser Heinrichs III. und der Kaiserin Agnes, in: Neiske, Franz u. a. (Hg.), Vinculum Societatis. Festschrift Joachim Wollasch zum 60. Geburtstag, Sigmaringendorf 1991, S. 36–57.
Black-Veldtrup, Mechthild, Kaiserin Agnes (1043–1077), Münstersche Historische Forschungen 7, Köln-Weimar-Wien 1995.
Bulst-Thiele, Marie Luise, Kaiserin Agnes, Beiträge zur Kulturgeschichte des Mittelalters und der Renaissance 52, Leipzig-Berlin 1933, Nachdruck Hildesheim 1972.
Schulze-Dörrlamm, Mechthild, Der Mainzer Schatz der Kaiserin Agnes aus dem mittleren 11. Jh., Sigmaringen 1991.
Struve, Tilman, Zwei Briefe der Kaiserin Agnes, in: Historisches Jahrbuch 104, 1984, S. 411–424.
Ders., Die Romreise der Kaiserin Agnes, in: Historisches Jahrbuch 105, 1985, S. 1–29.
Thomas, Heinz, Zur Kritik an der Ehe Heinrichs III. mit Agnes von Poitou, in: Jäschke, Kurt-Ulrich (Hg.), Festschrift für Helmut Beumann zum 65. Geburtstag, Sigmaringen 1977, S. 224–235.

Mathilde von England:
Chibnall, Marjorie, The empress Matilda. Queen Consort, Queen Mother and Lady of the English, Oxford 1991.
Geldner, Ferdinand, Kaiserin Mathilde, die deutsche Königswahl von 1125 und das Gegenkönigtum Konrads III., in: Zeitschrift für bayerische Landesgeschichte 40, 1977, S. 3–22.
Rößler, Oskar, Kaiserin Mathilde, Mutter Heinrichs von Anjou und das Zeitalter der Anarchie in England, Berlin 1897.
Schnith, Karl Rudolf, Kaiserin Mathilde, in: Ders. (Hg.), Frauen des Mittelalters in Lebensbildern, Graz-Wien-Köln 1997, S. 189–213.

Bildnachweis

akg-images: 133
akg-images / Erich Lessing: 135 o.
akg-images / Pietro Baguzzi: 129
ArchimediX GbR, Ober-Ramstadt: 132 u.
Bildarchiv Foto Marburg: 134 o. und u.
Bildarchiv Monheim, Krefeld: 132 o.
Bildarchiv Preußischer Kulturbesitz, Berlin (bpk / RMN): 131
http://commons.wikimedia.org: 135 u.
INTERFOTO / Sammlung Rauch: 130 u.
ullstein bild – heritage: 136
ullstein bild – Steffens: 130 o.

Stammtafel der Ottonen und Salier

Liudolf † 866 ∞

Brun † 880

Otto † 912
∞ Hadwig

Thankmar
† vor 912

Liudolf
† vor 912

Heinrich I. * um 876
Kg. 919
∞ 1. Hatheburg
∞ 2. 909 Mathilde †

1
Thankmar
† 938

2
Otto I. * 912 † 973
Ks. 962
∞ 929 1. Edgitha † 946
∞. Okt. 951 2. **Adelheid v. Burgund**
* um 931 † 999
T. Kg. Rudolfs II. v. Burgund

Wilhelm
(Eb. v. Mainz)
† 968

1
Liudolf †957
∞ Ida v.
Schwaben

1
Liudgard † 953
∞ Konrad d. Rote
Hg. v. Lothringen 967
† 955

2
Otto II. *955 † 983
Ks. 973
∞ **Theophanu** * um 959/60 † 991
I.v. Konstantinos Skleros

2
Mathil
† 99
Äbtissi
Quedlin

Otto
Hg. v. Schwaben
† 982

Otto
Hg. v. Kärnten
† 1004

Adelheid
* 977 † 1043
Äbtissin v. Quedlinburg

Sophia * 978 † 1039
Äbtissin v. Gandersheim u. Essen

Mathilde
* 979 † 1025
∞ Pfgf. Ezzo

Otto I
* 980 †
Ks 99

Heinrich
∞ Adelheid

Konrad II. * um 990 † 1039
Ks 1027
∞ um 1016 Gisela
v. Schwaben † 1043

Brun
(P. Gregor V.)
† 999

Konrad
Hg. v. Kärnten
† 1011

Konrad „d. Jüngere"
† 1039

Wilhelm
B. v. Straßburg
† 1046

Heinrich III. * 1017 † 1056
Ks. 1046
∞ 1. 1036 Gunhild
v. Dänemark † 1038
∞ 2. 1043 **Agnes v. Poitou**
* um 1027/28 † 1077
Hg. Wilhelms v.
Aquatanien u. Poitou

Beatrix
† 1036

Mathilde
* um 1027 † 1034
∞ Kg. Heinrich I.
v. Frankreich

2. Heinrich IV. * 1050 † 1106
Ks. 1084
∞ 1. 1066 Berta v. Turin † 1087
∞ 2. 1089 Praxedis

1. Beatrix
* 1037 † 1061
Äbtissin v. Quedlingburg
und Gandersheim

2. Konrad
* 1052 †1055

2. Adelheid
* 1045 † 1096
Äbtissin v. Gandersh
u. (1063?) Quedlin

1. Heinrich V. * 1086 † 1125
Ks. 1111
∞ 1114 **Mathilde v. England**
* 1102 † 1167
T. Kg. Henrys I. v. England
∞ 1128 Gottfried V. v. Anjou

1. Adelheid
* 1070 † 1079

1. Agnes
* 1072/73 † 1143
∞ 1. Friedrich I. v. Staufen
Hg. v. Schwaben
∞ 2. Leopold III v. Babenberg
Mgf. v. Österreich

1. Konrad
* 1074 † 1101
Hg. v. Niederlothringen

Liudgard † 885
ꝏ Kg. Ludwig d. J.

Oda
ꝏ Kg. Zwentibold v. Lothringen

2
Gerberga
ꝏ 1. Giselbert v. Lothr. † 939
ꝏ 2. Ludwig IV. v. Frankr. † 954

2
Lothar
Frankreich
† 986
ꝏ Hemma
† 988

Ludwig V.
Frankreich
† 987

2
Mathilde
ꝏ Konrad
v. Burgund
† 1032

Rudolf III.
v. Burgund
† 1032

2
Karl
v. Nieder-
lothringen
† 992

Otto
† 1005

2
Hadwig
ꝏ Hugo v.
Franzien

Hugo
(Capet)
† 996

Robert II.
† 1031

Heinrich I.
† 1060

Philipp I.
† 1108

Ludwig VI.
† 1137

2
Heinrich I. † 955
ꝏ Judith
v. Bayern

Heinrich d. Zänker
* 951 † 995
Hg. v. Bayern
955–976, 985–995
ꝏ Gisela v. Burgund
(Schw. Rudolfs III.)

Heinrich II.
Ks. 1014
* 973 † 1024
ꝏ 997/1000
Kundigunde
* um 975 † 1033
T. Gf. Siegfrieds
v. Luxemburg

Brun, B. v.
Augsburg
† 1029

Gisela
† nach 1060
ꝏ Kg.
Stephan I.
v. Ungarn

Hadwig
† 994

Gerberga
† 1001
Äbtissin v.
Gandersheim

2
Brun † 965
Eb. v. Köln

2. Gisela
* 1047 † 1053

2. Mathilde
* 1048 † 1060
ꝏ Rudolf v. Rheinfelden
Hg. v. Schwaben

2. Judith
* 1054 † 1092/96
ꝏ 1. Salomon
Kg. v. Ungarn
ꝏ 2. Wladislaw
Hg. v. Polen